国际贸易“单一窗口”：

物流通关篇

“国际贸易‘单一窗口’系列”编委会 ◎ 编著

中国海关出版社有限公司
中国 · 北京

图书在版编目（CIP）数据

国际贸易“单一窗口”．物流通关篇/“国际贸易‘单一窗口’系列”编委会编著．—北京：中国海关出版社有限公司，2021.6
ISBN 978-7-5175-0502-0

Ⅰ.①国… Ⅱ.①国… Ⅲ.①国际贸易—物流—海关手续
Ⅳ.①F74 ②F252 ③F752.52

中国版本图书馆 CIP 数据核字（2021）第 113734 号

国际贸易“单一窗口”：物流通关篇

GUOJI MAOYI “DANYI CHUANGKOU”：WULIU TONGGUAN PIAN

编　　者：“国际贸易‘单一窗口’系列”编委会
策划编辑：史　娜
责任编辑：刘白雪
出版发行：中国海关出版社有限公司
社　　址：北京市朝阳区东四环南路甲 1 号　　邮政编码：100023
网　　址：www.hgcbs.com.cn
编 辑 部：01065194242-7521（电话）
发 行 部：01065194238/46/54（电话）
社办书店：01065195616（电话）
https://weidian.com/?userid=319526934
经　　销：新华书店
字　　数：411 千字
印　　张：20.25
版　　次：2021 年 6 月第 1 版
印　　次：2021 年 6 月第 1 次印刷
书　　号：ISBN 978-7-5175-0502-0
定　　价：54.00 元

“国际贸易‘单一窗口’系列”丛书编委会

黄冠胜　白建军　高正太　党英杰　王　可　赵　静
石云峰

《国际贸易“单一窗口”：物流通关篇》统审组

仲伟玲　甄宝龙　刘　倩　张　勇　方晓丽　祁亚如
赵京波

《国际贸易“单一窗口”：物流通关篇》编写组

胡　伟　马克鹏　谢　文　郝大兵　杨　柳　王　雯
王桃丰　孙飞芹　周　云　邵铭星　刘姗姗

前 言

目前，国际贸易通关过程中所涉及的大多数部门均开发了业务信息化系统，实现了各部门业务申请、办理、回复的电子化和网络化。但是在各部门系统间缺乏协同互动、未实现充分的数据共享，因此企业在口岸通关过程中需要登录不同的系统填报数据，严重影响了口岸通关效率。

近年来，部分沿海地区的口岸管理部门已经尝试在地方层面建立单一窗口，实现企业一次录入数据后向多个管理部门系统进行申报，并取得了良好的应用效果。为贯彻落实党中央、国务院关于中国国际贸易单一窗口（以下简称“国际贸易‘单一窗口’”）建设的一系列决策部署，统筹推进国际贸易“单一窗口”建设，在总结沿海地区国际贸易“单一窗口”建设试点成果的基础上，结合我国口岸管理实际，并充分借鉴国际上单一窗口的成熟经验，建设国际贸易“单一窗口”标准版。

国际贸易“单一窗口”标准版依托中国电子口岸平台，申报人通过国际贸易“单一窗口”标准版一点接入、一次性提交满足口岸管理和国际贸易相关部门要求的标准化单证和电子信息，实现共享数据信息，实施职能管理，优化通关业务流程。通过国际贸易“单一窗口”标准版可以提高申报效率，缩短通关时间，降低企业成本，促进贸易便利化，以推动国际贸易合作对接。

本书从用户实用角度出发，详细介绍了国际贸易“单一窗口”标准版舱单和运输工具业务的基本功能和使用方法，涵盖水运、空运、公路等多种运输方式，图文并茂地讲述了相关业务单证的录入、申报、查询方法，以及相应的操作技巧和注意事项。参考本书的介绍，用户可以足不出户完成进出境舱单和运输工具物流信息的申报工作，并可以及时准确地获取海关、海事等部门的处理结果，享受国际贸易“单一窗口”“一站式”服务的方便快捷。

企业从国际贸易“单一窗口”进入系统，并根据实际情况进行申报。书中内容如无特殊说明，均以国际贸易“单一窗口”的相关界面进行讲解。由于编写时间有限，书中内容难免存在疏漏、不足之处，望读者不吝指正，以便在后续版本中得以改进和完善。

编者

2021年5月

目　录

上篇　国际贸易“单一窗口”运输工具申报系统实务操作

下篇 国际贸易“单一窗口”舱单申报系统实务操作

上篇

国际贸易“单一窗口”运输工具申报系统实务操作

中国国际贸易单一窗口（以下简称国际贸易“单一窗口”）依托中国电子口岸平台建设，申报人通过国际贸易“单一窗口”一点接入、一次性提交满足口岸管理和国际贸易相关部门要求的标准化单证和电子信息，相关部门通过电子口岸平台共享数据信息、实施职能管理，处理状态（结果）统一通过国际贸易“单一窗口”反馈给申报人。

运输工具申报系统功能是国际贸易“单一窗口”的基本服务功能之一，包括水运运输工具、空运运输工具、公路运输工具申报三大业务类型，为进出境运输企业及其代理企业提供与运输工具相关的电子数据的录入、申报和管理功能。运输工具进出境过程中涉及海关、海事、边检等多个口岸监管单位和运输企业、代理企业、港口码头等多个口岸业务主体，相互之间存在着错综复杂的信息交互。国际贸易“单一窗口”运输工具申报系统针对上述业务主体向监管单位提交的电子数据制定统一的标准规范，真正实现申报人一点接入、一次录入、一次性提交电子数据，标准统一，避免重复操作，减轻人工成本的同时大幅提高了数据的一致性，通关效率逐步提升，从而使企业切身感受到国际贸易“单一窗口”带来的便利。

第一章　水运运输工具申报系统

第一节　业务简介

水运进出境运输工具（以下简称“船舶”）在进出港前，企业需要向海事、海关与边检等部门，分别进行申报。

国际贸易“单一窗口”协同海关总署、交通运输部海事局与国家移民管理局等部门，对船舶单位备案（包括单位人员）、船舶基本信息备案、进出境（港）、在港动态申报与单据申报等业务环节进行整合。相较使用各相关部门单独的预录入应用，国际贸易“单一窗口”减少了企业录入的数据量，实现了录入数据的复用，提高了各部门监管数据的复用与互相印证的可能性，更有利于提升各口岸联检部门对贸易的真实性的判断力。

水运运输工具申报系统涵盖运输工具进出境链条各主要环节，包括备案管理、进出境（港）动态申报、进出境（港）单证申报、在港申报、证书申请、申报历史查询等模块。通过该系统，企业一次递交全部申报信息及相关材料，各执法部门采用统一数据格式，以便优化通关业务流程，提高申报效率，逐步使国际贸易“单一窗口”水运运输工具系统成为企业面对口岸管理相关部门的主要接入服务平台。

船舶代理企业登录国际贸易“单一窗口”水运运输工具申报系统，可一次性录入船舶基本信息、动态或单证数据，分别向海关、海事和边检部门进行申报。上述部门的审批系统接收到相应数据后，按照各自的审核逻辑，对企业申报的业务数据进行审批。审批完成后，审批回执反馈至国际贸易“单一窗口”水运运输工具申报系统中，企业可进行查看、打印等操作。

一、备案管理

该模块实现船舶信息、船舶代理单位的电子化备案与查询功能。企业通过该模块可向海关、海事与边检审批系统申报船舶备案信息、船舶代理单位与人员信息等。

二、进出境（港）申报

国际航行船舶进出境（港），需要向海事部门办理国际航行船舶进出口岸手续、向边检部门申报进出港边防检查单证数据、向海关部门进行运输工具抵离港动态申报与船舶出入境检疫查验申报等。

国际贸易“单一窗口”系统实现各类船舶动态与单证信息的申报。企业可进行海关进境（港）预报、海关进境（港）确报、海关进境（港）抵港报、海关进境预申报单、海关进境申报单、海关进港申报单、边检进境（港）申报、海事进口岸申请、海事进口岸手续、海事两岸直航船舶进港申请与手续、海关出境（港）预报、海关出境（港）确报、海关出境申报单、海关出港申报单、边检出境（港）申报、海事出口岸申请、海事出口岸手续、海事两岸直航船舶出港申请与手续等数据的一次录入，分别向海关、海事和边检部门进行申报。此外，企业还可在国际贸易“单一窗口”查询、下载或自行打印海事部门审批通过的“船舶进口岸手续办妥通知单”“国际航行船舶出口岸许可证”等附件。

三、在港申报

该模块可以实现船舶在港业务数据的录入与申报，例如，从锚地移到码头泊位的动态（靠泊）、泊位之间的移动，包括海事移泊、海关移泊、海关供退物料申报、海关船舶卫生证申报等。

四、删改申请

该模块提供船舶代理企业对向海关录入与申报信息进行删改申请的功能。企业可对海关已审批通过的业务数据，例如，对海关船舶备案、进境（港）预报、进境（港）确报、进境（港）抵港报、移泊、供退物料、出境（港）预报、出境（港）确报等录入、申报信息进行修改。

五、申报历史查询

该模块实现对用户所有申报的数据，进行申报历史记录的查询、复制等功能。

六、参数设置

为了减少用户在常用字段中的反复录入操作，该模块可对部分字段进行默认设置。设置保存成功后，进入界面，系统可根据业务规则，依据已录入的特定字段，将已保存的值自动返填。

第二节　基本操作

进入系统

在国际贸易“单一窗口”成功注册企业用户后，输入用户名与密码登录系统，即可在“标准版应用”界面的“运输工具”栏目中，通过点击“船舶”链接进入水运运输工具申报系统。

系统特色

1. 实现信息的一次录入、多次申报

船舶企业可一次性录入监管单位要求的数据项后，分别向不同业务主管进行申报，提高效率。

在“填写提示”界面（如图1-1所示）的下拉菜单中进行选择后（可同时勾选多个部门），系统会高亮显示当前业务主管部门所需的字段，在用户录入的过程中给予明确的提醒，以免遗漏申报相关监管单位所需的数据。

图1-1　填写提示界面

同时，如果勾选了相应业务主管部门作为填写提示，进行暂存时，系统可能会对所勾选部门所需的字段进行必填性校验。

小提示

如果希望只填写部分信息就进行保存，请去掉“填写提示”界面里的所有勾选项。

向业务主管部门申报的数据有严格的填制规范，如果在录入数据的过程中，字段右侧弹出红色提示，代表当前录入的数据有误，需根据提示要求重新录入。

2. 实现标准代码的统一

对于国别、港口等共有字段，用户录入或选择国际标准代码即可。系统根据用户选择的申报对象，按照不同监管单位的要求，转换成对应的代码进行传输，减少企业重复录入的内容。

3. 调用海事船舶备案数据

可调用海事系统已备案成功的船舶备案数据，返填至船舶备案界面，减少用户录入内容。

4. 调用工商企业备案数据

将企业在国际贸易“单一窗口”注册时填写或系统调用的部分工商信息，返填至船舶代理单位与人员备案的界面，发送至海事部门进行审批。

5. 出口岸手续联系单在线申报

企业可在系统的“出境（港）单证申报”中向海事部门申报“出口岸手续联系单”数据，等待海事部门审批后发回“国际航行船舶出口岸许可证”进行下载或打印。出口岸手续联系单在线申报为船舶出口岸实现无纸化申报奠定了坚实的基础。

一、备案管理

该模块包含船舶备案信息、船舶单位信息和船舶单位人员等信息的备案，数据一次录入，分别向不同的业务主管部门进行申报。同时可调用已在海事部门备案成功的船舶备案数据，进行查看或调用。

（一）船舶代理企业备案

小提示

向海关、海事部门申报进出口岸申请或手续等业务数据前，请务必在此进行代理单位、人员信息的备案申报操作，否则将影响后续业务。

进入水运运输工具申报系统，在左侧菜单中点击“备案管理”→“船舶代理企业备案”，系统自动根据当前登录账户的企业注册内容返填相关信息，并显示在右侧界面内，包括船舶代理企业基本信息与船代操作员信息两部分（如图 1-2 所示）。

图 1-2　船舶代理企业备案界面

在“船舶代理企业备案”界面，将鼠标指针停在“船舶代理企业基本信息”列表右上角“海关”旁的圆点上不动，可显示当前相关业务主管部门的备案状态。点击该圆点，系统弹出船舶代理企业海关申报记录（如图 1-3 所示）。

图 1-3　船舶代理企业海关申报记录界面

在“船舶代理企业备案”界面，将鼠标指针停在“船舶代理企业基本信息”列表右上角“海事”旁的圆点上不动，可显示当前相关业务主管部门的备案状态。点击该圆点，系统弹出船舶代理企业海事申报记录（如图 1-4 所示）。

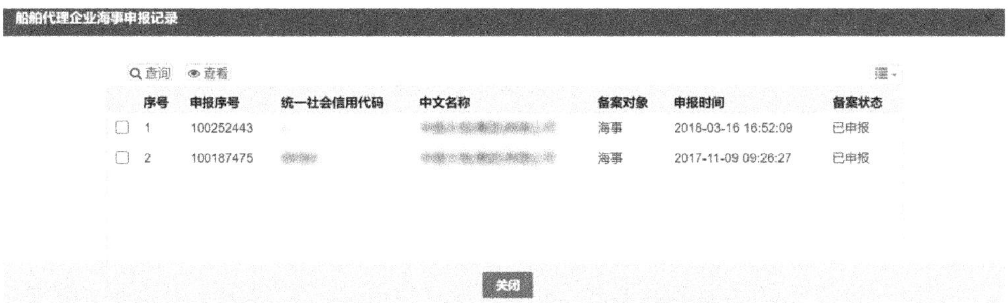

图 1-4　船舶代理企业海事申报记录界面

在“船舶代理企业备案”界面，点击“船舶代理企业基本信息”列表右上角的“编辑信息”按钮，系统弹出“船舶代理企业信息编辑”录入对话框（如图 1-5 所示），可对信息进行修改，修改完成后点击“保存”或“申报”按钮，完成操作。

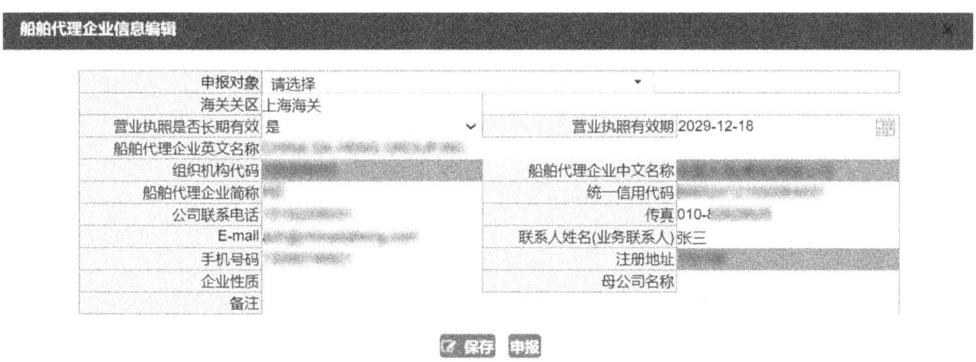

图 1-5　船舶代理企业信息编辑界面

在“船舶代理企业备案”界面，点击“船舶代理企业基本信息”列表右上角的“变更”按钮，系统弹出“船舶代理企业信息变更”录入对话框（如图 1-6 所示），可对信息进行修改，修改完成后点击“变更申报”按钮，完成操作。

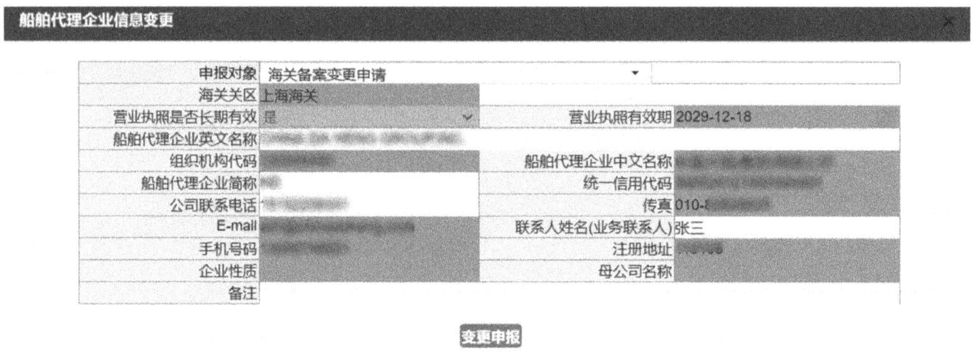

图 1-6　船舶代理企业信息变更界面

在“船舶代理企业备案”界面，点击“船舶代理企业基本信息”列表右上角的“撤销”按钮，系统弹出“船舶代理企业信息撤销申请”录入对话框（如图 1-7 所示），可对信息进行修改，修改完成后点击“撤销申请”按钮，完成操作。

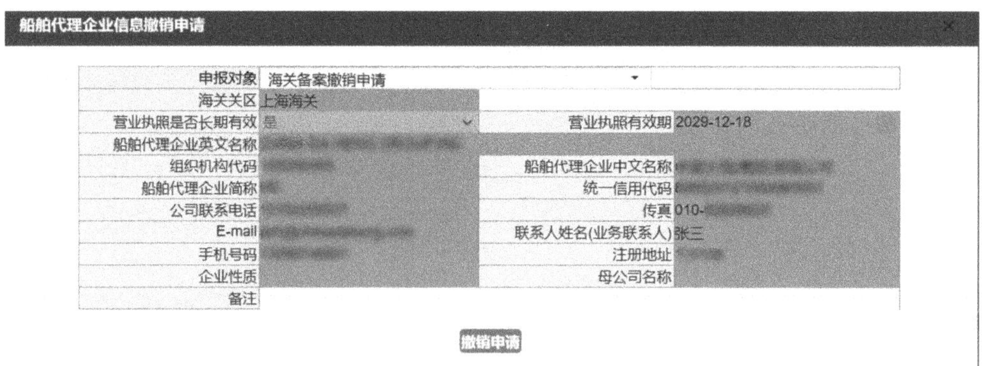

图 1-7　船舶代理企业信息撤销申请界面

在“船舶代理企业备案”界面，将鼠标指针停在“船代操作员信息”列表右上角“海事”旁的圆点上不动，可显示当前相关业务主管部门的备案状态。点击该圆点，系统弹出船舶代理企业操作员申报记录（如图 1-8 所示）。

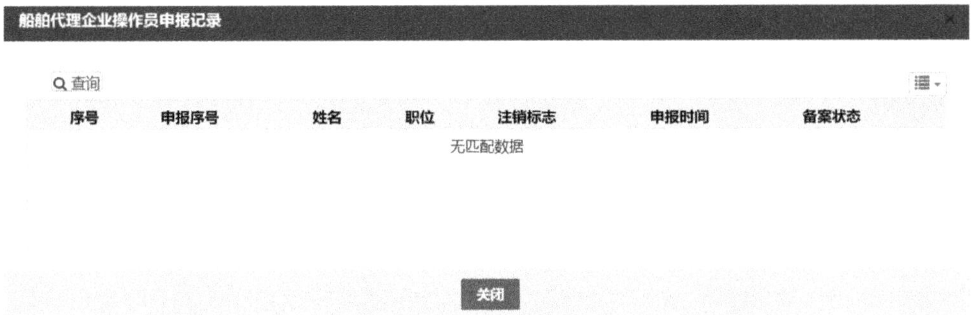

图 1–8　船舶代理企业操作员申报记录界面

在“船舶代理企业备案”界面，点击“船代操作员信息”列表右上角的“编辑信息”按钮，系统弹出“船舶代理企业操作员信息修改”录入对话框（如图 1–9 所示），可对信息进行修改，修改完成后点击“保存”或“申报”按钮，完成操作。

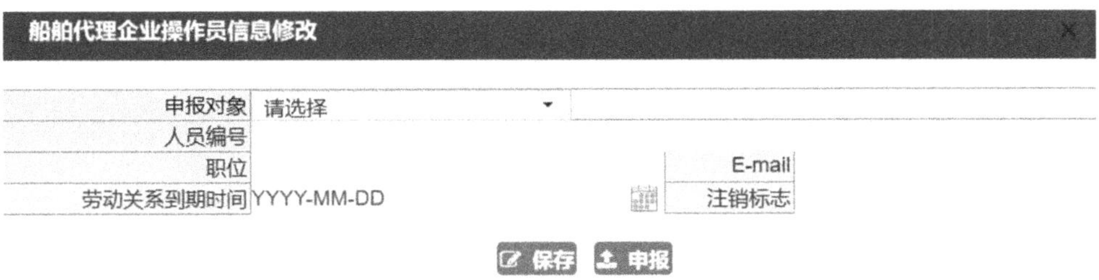

图 1–9　船舶代理企业操作员信息修改界面

在“船舶代理企业备案”界面，点击“船舶代理企业基本信息”与“船代操作员信息”列表右上角的“刷新”按钮，可对当前页面显示的信息进行刷新。

（二）船舶运营企业备案

小提示

向海关申报进出口岸申请或手续等业务数据前，请务必在此进行运营企业的备案申报操作，否则将影响后续业务。

进入水运运输工具申报系统，在左侧菜单栏中点击“备案管理”→“船舶运营企业备案”。在“船舶运营企业备案”界面（如图 1–10 所示）输入查询条件，点击“查询”按钮，在查询结果列表显示满足条件的船舶运营企业信息；点击“重置”按钮，清空已有的查询条件，可重新录入进行查询。

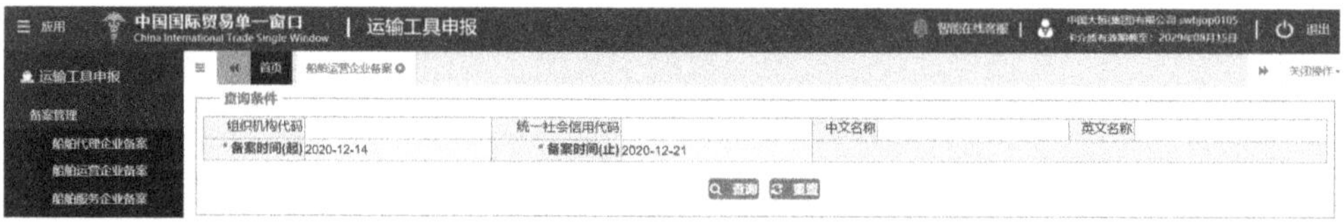

图 1-10　船舶运营企业备案查询界面

点击“船舶运营企业备案”查询结果界面（如图 1-11 所示）列表上方的“新增”按钮，进入“运营企业信息备案”界面，可录入新的运营企业信息。

在“船舶运营企业备案”查询结果列表选中一条具体信息，点击上方“编辑”按钮，进入“运营企业信息备案”界面，可对该运营企业信息进行修改、申报；点击“变更”按钮，进入“运营企业信息备案变更”界面，可对该运营企业信息进行变更申报；点击“撤销”按钮，进入“运营企业信息撤销申请”界面，可对该运营企业信息进行撤销申请；点击“删除”按钮，可对该运营企业信息进行删除。

图 1-11　船舶运营企业备案界面（查询结果）

1. 船舶企业申报记录

在“船舶运营企业备案”查询结果列表选中一条具体信息，点击上方“船舶企业申报记录”按钮，弹出“船舶企业申报记录”查询界面（如图 1-12 所示），可进行信息的查询、回执查询、查看。

图 1-12　船舶企业申报记录界面

在“船舶企业申报记录”界面，选中查询结果列表中的一条详细信息，点击“查看”按钮，进入“运营单位申报历史信息详情”界面，可查看申报的历史详细信息（如图 1-13 所示）。

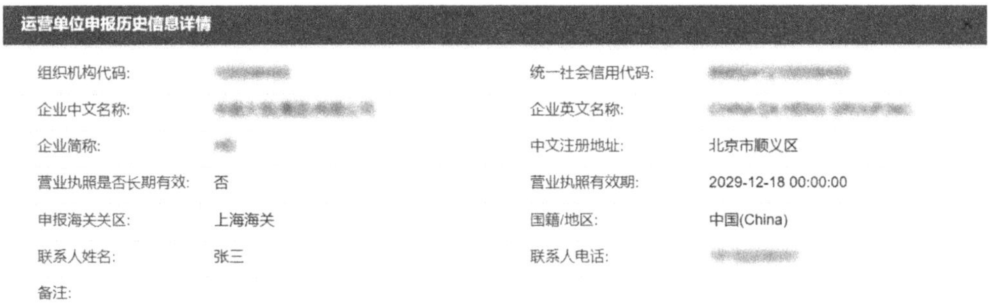

图 1-13　运营单位申报历史信息详情界面

在“船舶企业申报记录”界面，选中查询结果列表中的一条详细信息，点击“回执查询”按钮，进入“申报历史回执查询”界面（如图 1-14 所示），可查看具体回执内容。

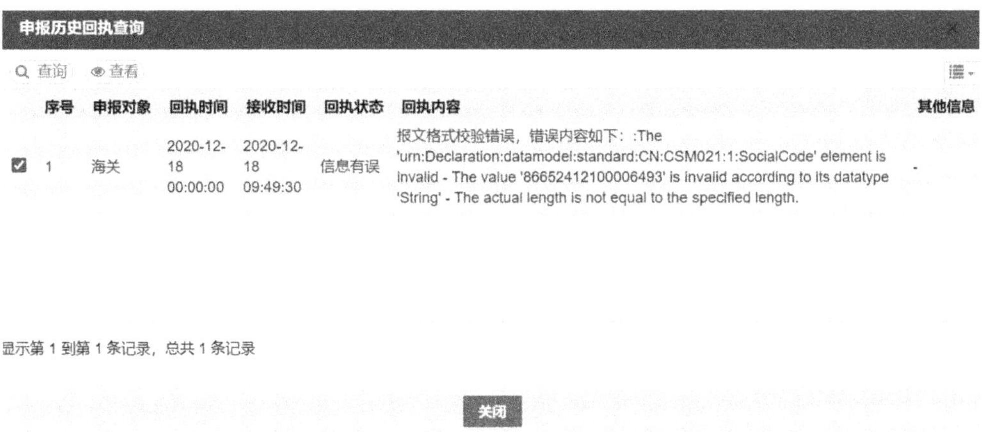

图 1-14　申报历史回执查询界面

在“申报历史回执查询”界面，选中查询结果列表中的一条详细信息，点击“查看”按钮，进入“查看申报历史回执详情”界面（如图 1-15 所示），可查看具体回执内容。

图 1-15　查看申报历史回执详情界面

2. 企业数据查询

在“运营企业信息备案”界面（如图 1-16 所示），可进行信息的新增、暂存、删除、企业数据查询、申报操作。

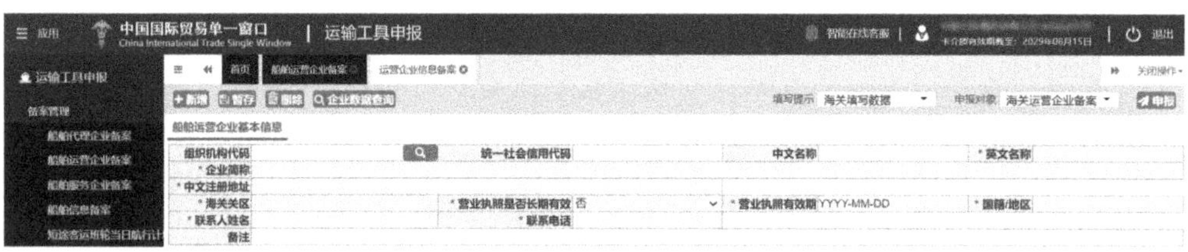

图 1-16　运营企业信息备案界面

在“运营企业信息备案”界面，点击“企业数据查询”按钮，弹出“船舶单位备案信息查询”界面（如图 1-17 所示），可对信息进行查询、重置。选中一条查询结果，点击“导入单位数据”按钮，可导入该运营企业的具体信息。

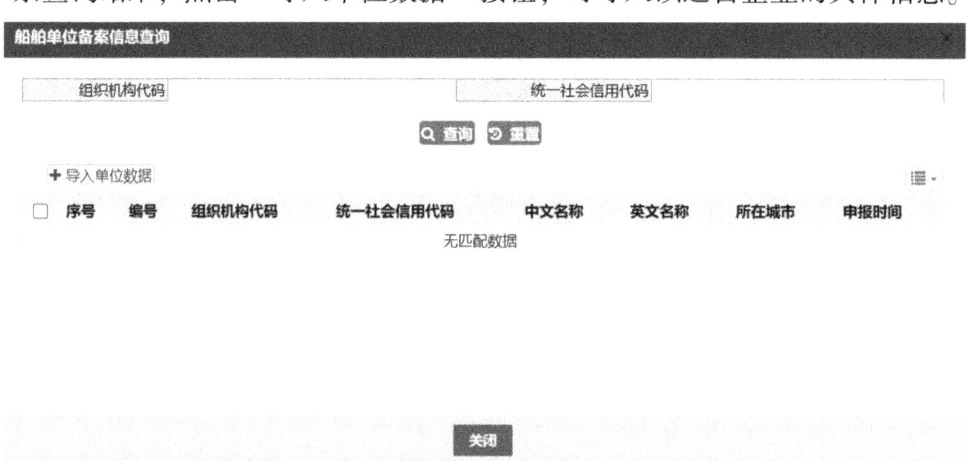

图 1-17　船舶单位备案信息查询界面

（三）船舶服务企业备案

小提示

向海关申报进出口岸申请或手续等业务数据前，请务必在此进行服务企业的备案申报操作，否则将影响后续业务。

进入水运运输工具申报系统，在左侧菜单中点击“备案管理”→“船舶服务企业备案”（如图 1-18 所示），实现船舶服务企业备案数据的编辑、变更、撤销等操作。

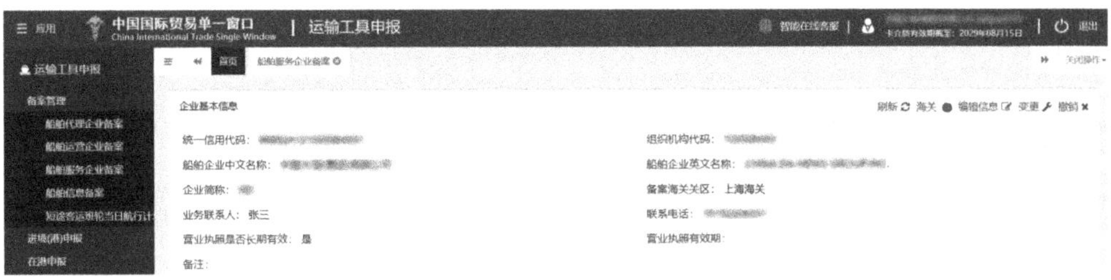

图 1-18　船舶服务企业备案界面

“船舶服务企业备案”界面的“刷新”“海关”旁的圆点、“编辑信息”“变更”“撤销”等按钮功能的操作与“船舶代理企业备案”界面各按钮功能的操作一致。

（四）船舶信息备案

船舶信息在海运运输工具业务申报过程中是基础数据。进入水运运输工具申报系统，在左侧菜单中点击“备案管理”→“船舶信息备案”（如图 1-19 所示），实现船舶信息备案数据的查询、新增、编辑、变更、撤销、删除等操作。

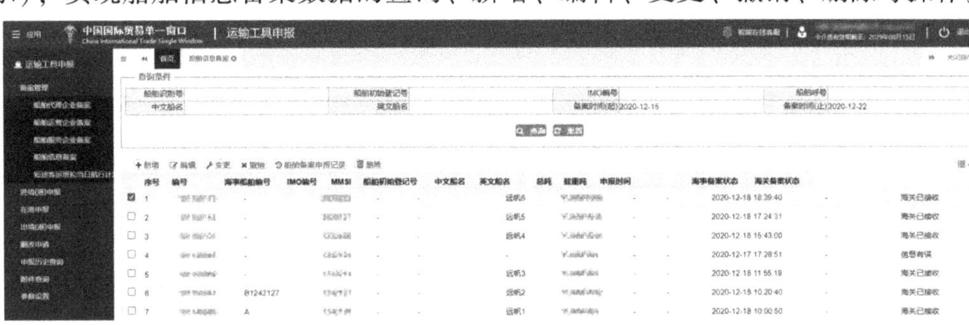

图 1-19　船舶信息备案界面

点击“新增”“编辑”“变更”“撤销”按钮，可进入船舶信息备案详细信息界面，进行相关操作。

在“船舶信息备案”界面查询结果列表中选中一条具体信息，点击“编辑”按钮，进入“船舶信息备案编辑”界面（如图 1-20 所示）。在界面顶部右侧“填写提示”的下拉菜单中进行选择后（可同时勾选多个主管部门），系统将自动在界面中以蓝色+黄底色高亮显示当前业务主管部门监管所需的字段，其中带有红色星号+黄底色的字段为必填项。如果没有选择任何填写提示，界面所有字段名称均为黑色录入过程中，可点击界面上方“暂存”按钮，将当前正在录入的数据进行保存，以防数据丢失。

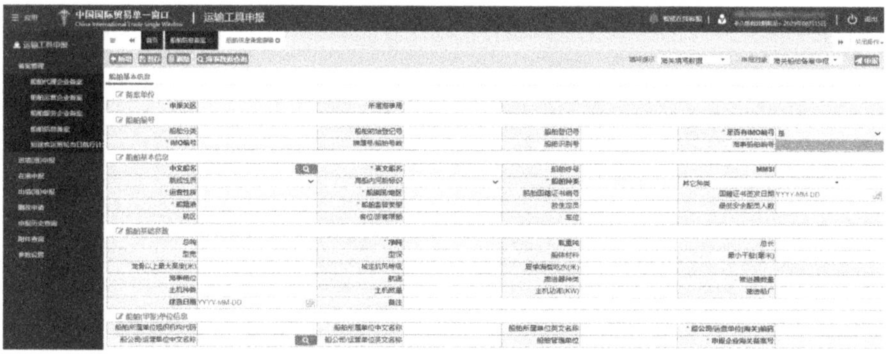

图 1-20　船舶信息备案编辑界面（高亮显示字段）

进行附件管理的录入与操作前，须将船舶基本信息暂存成功。

1. 海事数据查询

小提示

因船舶信息的备案数据不可重复发送，系统在此处提供查询、调用已在海事系统备案成功的船舶数据功能。

在“船舶信息备案编辑”界面，点击上方的“海事数据查询”按钮，系统弹出对话框如图 1-21 所示。

图 1-21　海事数据查询界面

在“船舶识别号”“船舶初始登记号”“IMO 编号”或“中文船名”中自定义数据查询条件后，点击“查询”按钮，系统将实时查询到交通运输部海事局的船舶备案数据，结果返回在下方列表中。

勾选查询到的任一记录，点击“导入单位数据”按钮，相应数据被导入国际贸易“单一窗口”系统中。（请注意：此操作，船舶数据不会显示在界面中！）

如果想在“船舶信息备案编辑”录入界面调用上述导入成功的数据，需点击界面中“中文船名”右侧的放大镜按钮，在弹出的窗口中进行查询与调用。点击“导入”按钮，船舶信息将返填至录入界面中，相关操作如下。

如果调用之前已备案的船舶数据进行修改，可点击“中文船名”右侧的放大镜按钮，在弹出的“船舶备案信息查询”窗口中，进行查询（如图 1-22 所示）。

图 1-22　船舶备案信息查询——中文船名查询界面

可录入查询条件，点击“查询”按钮，相应船舶备案信息显示在下方列表中。点击“重置”按钮，则清空当前录入的查询条件。

小提示

船舶基本信息为公开共享的数据，因此在此可能会查询到多条记录（不同船代对同一船舶基本信息进行修改并保存过）。该情况为正常现象，确认所需要的数据，选择后进行导入即可。

勾选列表中的信息后，点击“导入”按钮，相关数据自动返填到“船舶基本信息”界面中（如图 1-23 所示）。此时可根据实际业务需要，继续进行录入或修改操作。

图 1-23　船舶基本信息——中文船名界面（返填后）

首次录入船舶数据时，界面中的文本类字段（例如，船舶呼号、总吨、备注等）可手工录入，需根据业务主管部门要求，如实填写。

部分字段（例如，申报关区、船舶分类、航线性质、船籍港等）需要在参数中进行调取，不允许随意录入。在相应字段使用键盘空格键，可调出下拉菜单并在其中进行选择，也可以输入已知的相应数字、字母或汉字，迅速调出参数，选择后点击回车键确认录入。

日期类字段（例如，建造时间），点击录入框后，在系统弹出的日历中选择。

小提示

船舶编号部分，系统根据用户在“船舶分类”字段选择的内容，结合 IMO 编号（或船舶编号）自动拼出海事船舶编号。

已备案成功的船舶数据，在此调出进行修改与暂存即可（以便进行船舶动态及单证数据的申报）。请勿重复申报，否则可能会被海关或海事等业务主管系统退单。

2. 新增

将标签页切换至“船舶基本信息”界面，可点击界面顶部“新增”按钮，则将当前录入的内容清空，此时可填写新增内容。如未暂存，则数据无法再调取。请在新增操作前，先使用“暂存”按钮，将数据进行保存。

3. 删除

将标签页切换至“船舶基本信息”界面，可点击界面上方“删除”按钮，系统将提示用户是否删除当前船舶信息备案的数据，需根据实际业务进行权衡操作。

暂存、申报失败的数据可以进行删除。删除后的数据将不可恢复，需重新录入，请谨慎操作。

（五）短途客运班轮当日航行计划

进入水运运输工具申报系统，在左侧菜单中点击“短途客运班轮当日航行计划”，右侧显示查询界面如图 1-24 所示。

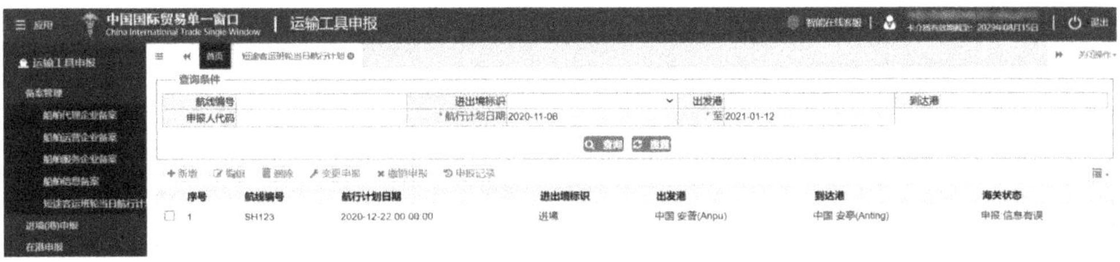

图 1-24　短途客运班轮当日航行计划单证记录界面

录入查询条件，点击“查询”按钮，下方列表显示全部航行计划信息，也可录入各类条件进行查询，相应船舶备案信息显示在下方列表中。点击“重置”按钮，清空当前录入的查询条件。

在查询结果列表选中一条具体信息，点击“编辑”“变更申报”“撤销申报”按钮，将进入相应界面，可以进行信息的修改、变更、撤销操作。

在查询结果列表选中一条具体信息，点击查询结果列表上方的“删除”按钮，则删除该条信息。

在查询结果列表中选中一条记录，点击“申报记录”按钮，系统弹出“短途客运班轮当日航行计划申报记录”界面（如图 1-25 所示）。

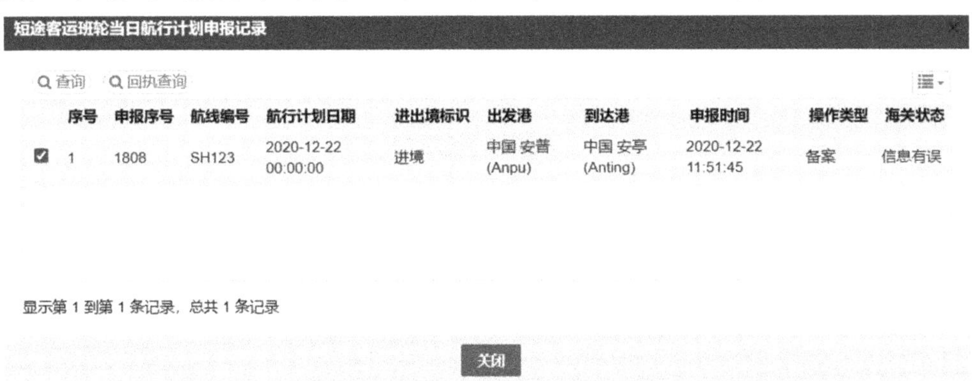

图 1-25　短途客运班轮当日航行计划申报记录界面

在“短途客运班轮当日航行计划申报记录”界面列表中勾选任意一条记录，点击“回执查询”按钮，将弹出“申报历史回执查询”界面（如图 1-26 所示）。

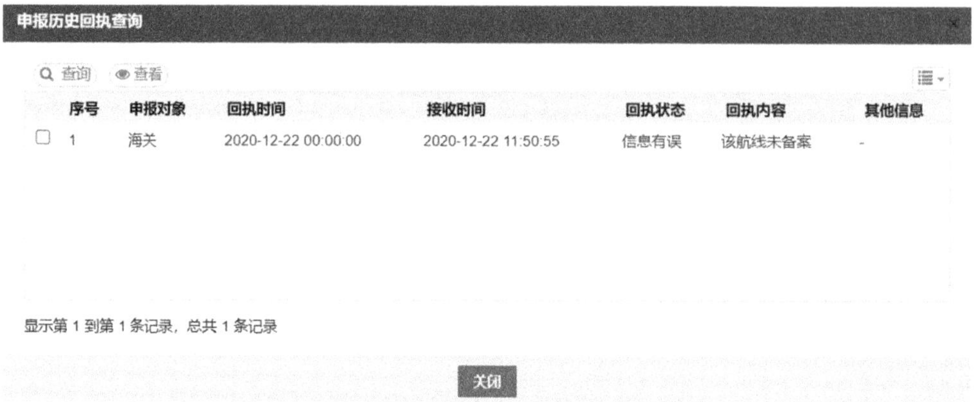

图 1–26 申报历史回执查询界面

在“申报历史回执查询”界面中点击“查询”按钮，系统将刷新查询结果列表。在列表中勾选任意一条记录，点击“查看”按钮，可查看审批部门回执的原始内容（如图 1–27 所示）。

图 1–27 申报历史回执详情界面

1. 新增

在“短途客运班轮当日航行计划”界面中，点击查询结果列表上方的“新增”按钮，进入“短途客运班轮当日航行计划新增”界面（如图 1–28 所示）。

图 1-28　短途客运班轮当日航行计划新增界面

在“短途客运班轮当日航行计划新增”界面，点击上方“新增”按钮，则清空短途客运班轮当日航行计划信息、关区港口信息；点击“暂存”“删除”“申报”按钮，可进行信息的暂存、删除和申报操作。

在录入框录入信息后，点击下方“查询”按钮，返填已备案的信息至信息列表中；点击下方“新增”按钮，清空录入框中航次列表信息；点击下方“保存”按钮，自动保存已录入信息至信息列表中。

在信息列表中选中一条信息，点击下方“删除”按钮，删除该条信息。

2. 单证申报

在“短途客运班轮当日航行计划新增”界面，选择下方信息列表中的一条数据，点击“单证申报”按钮，进入“短途客运班轮进境（港）单证编辑”界面（如图 1-29 所示）。

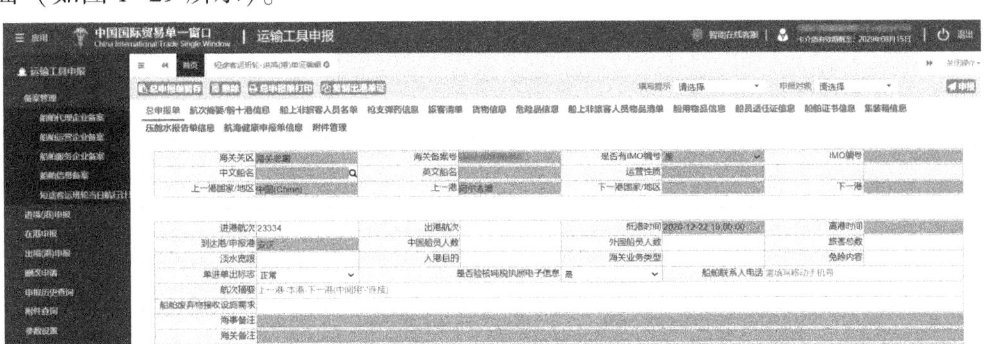

图 1-29　短途客运班轮进境（港）单证编辑界面

二、进境（港）申报

船舶进境（港）前，运输工具企业或其代理需向各监管部门申报进口岸申请，进境（港）预报、确报、抵港报，船舶货物信息，载客及船员、船舶保安信息等单证数据，以及进口岸手续等。

水运运输工具申报系统中，进境（港）申报分为动态申报与单证申报两部分。其中，动态申报数据可新增，单证申报数据不允许直接新增，需基于已录入的船舶进境（港）动态信息生成后，继续录入。

（一）进境（港）动态申报

进境（港）动态申报包括海关抵港预报动态 、海关抵港确报动态、边检进境（港）申报、海事进口岸申请、海事进口岸手续、海事两岸直航船舶进港申请与手续、海关抵港航行计划、海事定期查验申请等。

为了避免重复录入动态申报的数据、实现一次录入分别申报，点击左侧菜单“进境（港）动态申报”后，右侧首先显示进境（港）动态数据的查询界面（如图 1-30 所示）。

“抵港时间”为必须输入的查询条件，最长跨度可查询三个月。抵港时间录入完成后，点击“查询”按钮，下方列表显示在此抵港时间内已暂存或申报过的信息（如图 1-30 所示）。

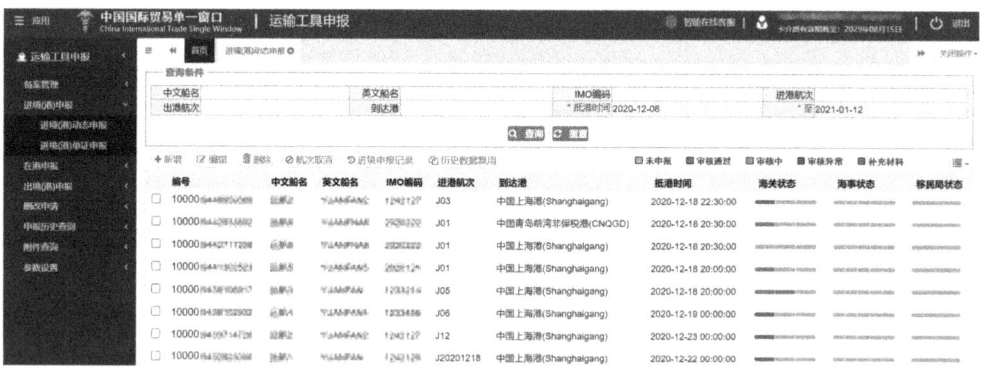

图 1-30　进境（港）动态申报界面（查询结果列表）

在“进境（港）动态申报”界面中，对不同颜色代表的状态进行了说明，直观地显示在列表中，可预览到各业务主管部门的数据状态。

此外，可将鼠标在列表中的不同颜色上悬停，系统会弹出具体的业务名称与状态信息。点击色块后，系统可弹出入境申报记录的信息框，显示更多内容。

首次录入数据，点击“进境（港）动态申报”界面中的“新增”按钮，系统显示“进境（港）动态新增”录入界面（如图 1-31 所示），包含船舶动态信息、海事船岸活动信息、海事前十港船到船活动和附件管理四部分，以切换页签的方式在界面中显示。编辑、删除等操作，详细步骤可参考前文，不再赘述。

图 1-31　进境（港）动态新增界面

进行海事船岸活动信息、海事前十港船到船活动或附件管理的录入与操作前，必须已将船舶动态信息暂存成功。

在“进境（港）动态新增”界面顶部右侧“填写提示”的下拉菜单中选择后（可同时勾选多个主管部门），系统将自动在界面中以蓝色+黄底色高亮显示当前业务主管部门监管所需的字段，其中带有红色星号+黄底色的字段为必填项（如图 1-32、图 1-33 所示）。如果没有选择任何填写提示，界面所有字段名称均为黑色。

图 1-32　进境（港）动态新增界面（高亮显示字段）（一）

图 1-33　进境（港）动态新增界面（高亮显示字段）（二）

界面中，灰色字段（例如，组织机构代码、IMO 编号、中英文船名等）表示不允许手工录入，系统将根据相应的操作或步骤后自动返填。

进港航次、进口实载货物吨数等字段需手工录入，需根据业务主管部门要求，如实填写。

部分字段（例如，报给单位的三个字段、来港目的、到达港等）需要在参数中进行调取，不允许随意录入。使用键盘空格键，可调出下拉菜单并在其中进行选择，也可以输入已知的相应数字、字母或汉字，迅速调出参数，选择后点击回车键确认录入。

日期类字段（例如，抵港时间、离港时间等），点击录入框后，系统自动弹出日历，用户可根据实际情况进行选择，也可直接按照“YYYY-MM-DD”的格式使用键盘直接录入。

此外，部分字段的操作特别说明如下。

1. 中文船名

点击“中文船名”字段右侧的放大镜按钮，在弹出的船舶信息查询窗口中，通过输入船舶识别号、船舶初始登记号、IMO 编号、船舶呼号或中英文船名任意其一（如图 1-34 所示），进行查询，相应船舶信息显示在下方列表中。

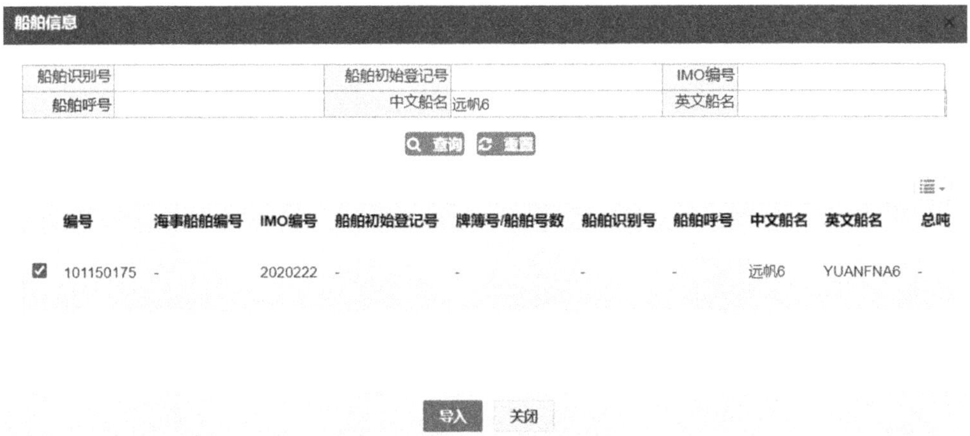

图 1-34　船舶信息查询界面

确认并勾选列表中的信息后，点击“导入”按钮，将相关数据返填到船舶动态信息的部分字段中（如图 1-35 所示）。

图 1-35　进境（港）船舶动态信息——中文船名返填界面

2. 删除

小提示

删除后的数据不可恢复，请谨慎操作。

（1）“删除”白色按钮。

在“进境（港）动态申报”界面中，若要对查询显示在下方列表的数据进行删除，勾选任意一条数据，点击界面中部“删除”白色按钮，系统进行基本的逻辑与校验，弹出温馨提示（如图 1-36 所示），请根据实际业务进行权衡。选择“取消”按钮可放弃删除，选择“确定”按钮继续删除操作。

图 1-36　进境（港）动态申报删除提示界面

若当前选中数据状态为已申报及后续状态，该类数据不允许删除，只可进行修改、暂存或申报等操作。

（2）“删除”蓝色按钮。

在“进境（港）动态新增”界面中，录入完相关数据且暂存后，如需删除，点击界面上方“删除”蓝色按钮，系统进行基本的逻辑与单证校验，弹出温馨提示，请根据实际业务进行权衡操作。删除后的数据不可恢复，请谨慎操作。如果没有进行暂存，点击上方的“删除”蓝色按钮，系统将弹出“无可删除数据”等字样的温馨提示。

若当前选中数据状态为已申报及后续状态，则该类数据不允许删除，只可进行修改、暂存或申报等操作。

3. 新增

首次录入进境（港）动态申报数据时，在“进境（港）动态新增”界面，点击顶端“新增”按钮，系统自动清空当前界面中所有已录入的数据，重新录入一票动态数据。

4. 申报

船舶动态信息录入完毕并确认无误的数据，可根据实际业务，在“申报对象”的下拉菜单中进行勾选后，点击界面右上方的“申报”按钮，将数据向相关业务主管部门进行发送，并等待其审批。

进境（港）动态的“申报对象”包括：海事进口岸申请、海事两岸直航船舶进港申请、海关进境（港）预报、海关进境（港）确报、海关进境（港）抵港报、海事进口岸手续、海事定期查验申请、海事两岸直航船舶进港手续、边检进境（港）申报。

小提示

如何选择申报对象，应依据实际业务与法律法规的规定，系统未做限制。另外，是否需要同时录入进境（港）单证数据，才能进行申报，请务必先向业务主管部门咨询。

5. 进境（港）单证

在“进境（港）动态新增”界面中，录入相关数据后，点击界面顶端“进境（港）单证”按钮，界面自动跳转至“进境（港）单证”界面，供用户继续填写更多的业务数据。录入操作等详情见下文“进境（港）单证申报”。

6. 刷新船舶

如果在上述步骤中，发现船舶动态信息部分关于船舶的灰色字段（例如，运营性质）为空或者显示错误，请另行打开“备案管理”→“船舶信息备案”界面，按照上文船舶信息备案部分的描述，通过“中文船名”右侧的放大镜按钮调出该船信息，进行完善或修改录入，并暂存船舶基本信息即可。

暂存后，可回到“船舶动态信息”界面，点击顶部“刷新船舶”按钮，可将完善或修改后的船舶基本信息，刷新至此处。

小提示

此外，因部分参数字段有依赖关系［例如，边检出入口岸与边检停靠泊位、上一港国家（地区）与上一港港口等］，在系统内的各个字段录入数据时，建议按照由上至下、由左至右的顺序填写。

7. 复制出港动态

在“进境（港）动态新增”界面，点击“复制出港动态”按钮，弹出“出港动态信息”窗口（如图 1–37 所示）。

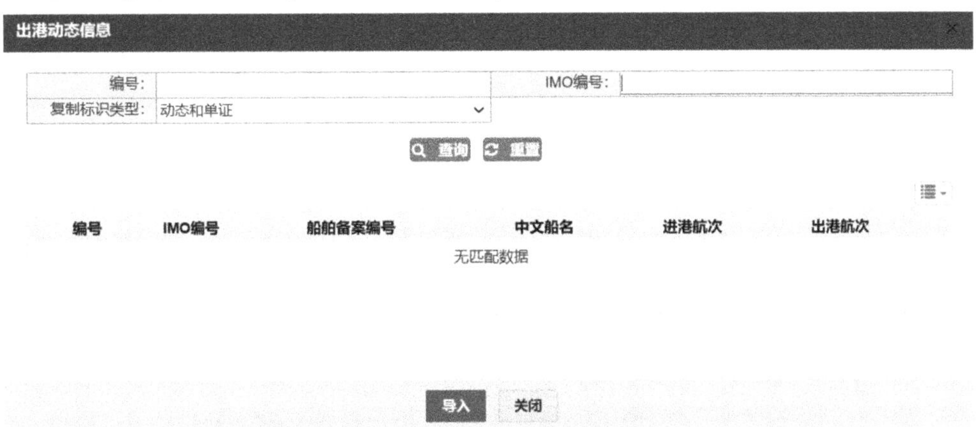

图 1–37 出港动态信息界面

编号和 IMO 编号为必填项，复制标识类型可选择“动态和单证”或“仅动态”。点击“查询”按钮，查询结果列表中显示已有的出港动态信息，选中一条数据，点击“导入”按钮，自动将该条动态信息导入界面录入框。

8. 快捷键按钮

在“进境（港）动态新增”录入界面中，右下角悬停的浅灰色“ ”按钮为查看船舶信息的快捷键。将中文船名字段查询到的数据，返填至船舶动态信息的部分字段后，该快捷按钮会出现。点击该快捷键按钮后，界面右下角弹出对话框（如图 1-38 所示），可查看船舶信息。拖拽该对话框至任意位置，用鼠标滚轮或键盘的上下键，使页面上下滚动，或拖拽对话框右下角，可进行放大、缩小。

图 1-38　船舶信息快捷键对话框

9. 航次取消

在“进境（港）动态申报”界面的查询结果列表中选中一条数据，点击“航次取消”按钮，进入“航次取消申报”界面（如图 1-39 所示），可对“离港航次”录入框进行编辑。

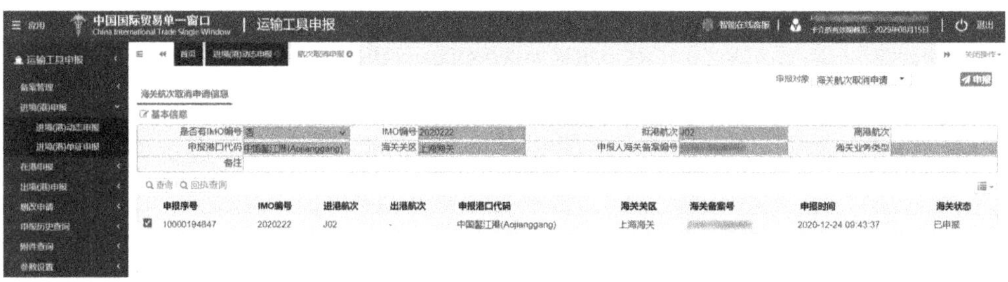

图 1-39　航次取消申报界面

在“航次取消申报”界面，若“离港航次”录入框为空，点击“申报”按钮，则弹出提示窗口（如图 1-40 所示）。

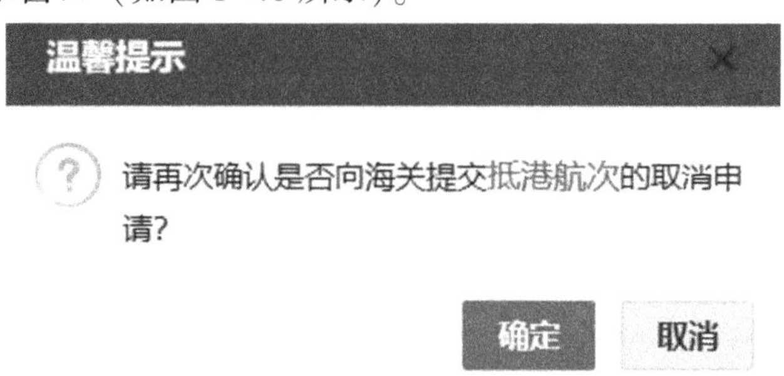

图 1-40　抵港航次取消提示界面

若“离港航次”录入框不为空，点击“申报”按钮，则弹出提示窗口（如

图 1-41 所示）。

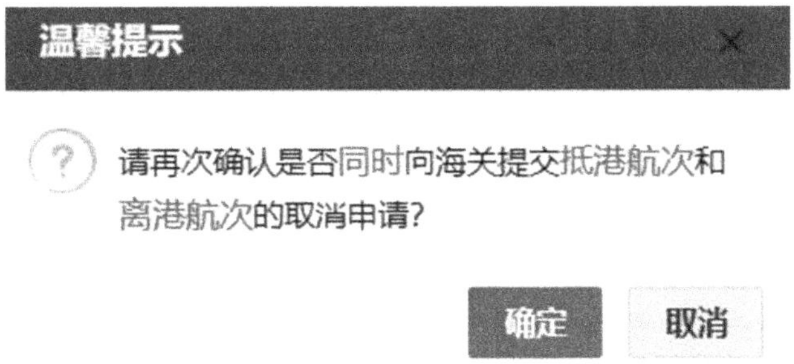

图 1-41　抵港航次、离港航次取消提示界面

航次取消申报成功后，在“航次取消申报”界面查询结果列表中显示被取消航次的具体信息，可查询已有的航次取消信息。对于已申报过的航次取消信息，可进行回执查询。

10. 进境申报记录

在“进境（港）动态申报”界面执行查询操作后，在查询结果列表中勾选一条数据，可点击“进境申报记录”按钮，弹出“动态申报记录”界面（如图 1-42 所示）。系统根据当前数据相关的状态，显示申报记录与回执。查询、回执查询操作，详细方法可参考前文，不再赘述。

申报序号	申报类型	申报时间	申报人	回执时间	回执状态	部委受理ID	附件数量
10000194497	抵港航行计划(海关)	2020-12-19 11:21:50	SWBJOP0105	2020-12-19 00:00:00	退单	-	0
10000194491	抵港航行计划(海关)	2020-12-19 10:36:45	SWBJOP0105	2020-12-19 00:00:00	已通过	-	0
10000194483	抵港航行计划(海关)	2020-12-18 20:26:44	SWBJOP0105	2020-12-18 00:00:00	信息有误	-	0
10000194475	抵港航行计划(海关)	2020-12-18 20:10:53	SWBJOP0105	2020-12-19 00:00:00	已通过	-	0

图 1-42　动态申报记录界面

在“动态申报记录”界面查询列表中选中一条数据，点击“附件查询”按钮，弹出“申报历史附件查询”界面（如图 1-43 所示），列表显示该条数据已有的附件信息。

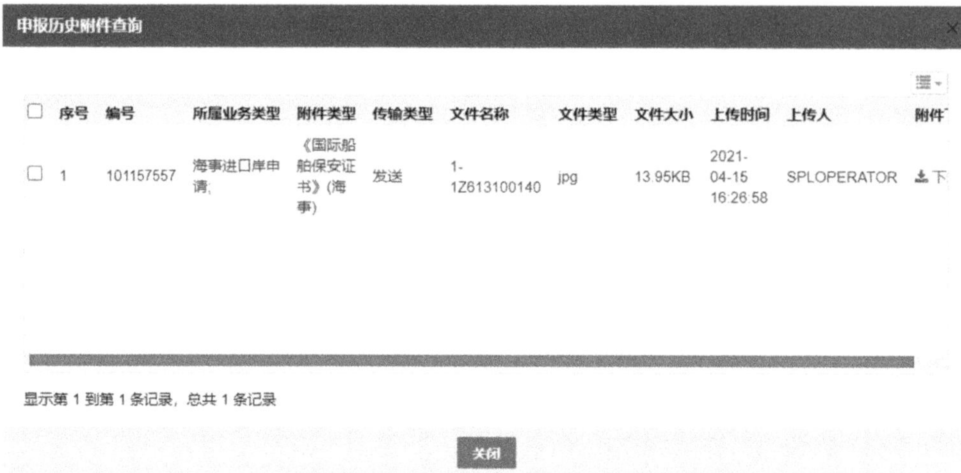

图 1–43　申报历史附件查询界面

在“动态申报记录”界面查询列表中选中一条回执状态为“补充材料”的数据，点击“海事补充材料”按钮，弹出“进境（港）海事补充材料”界面（如图 1–44 所示）。

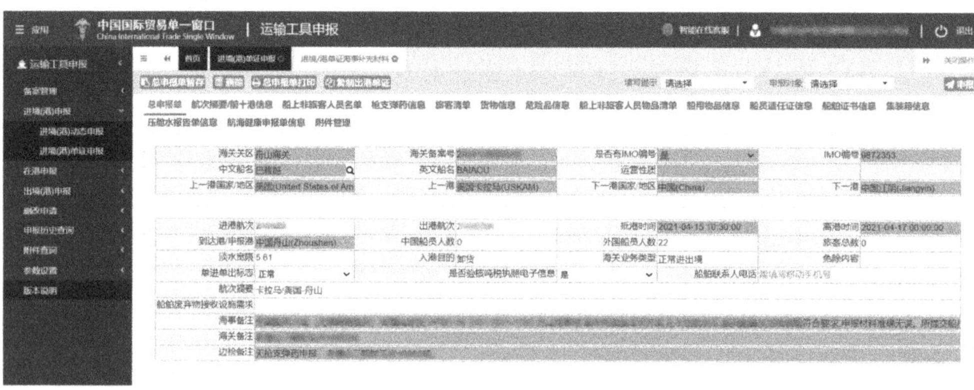

图 1–44　海事补充材料界面

11. 历史数据复用

在“进境（港）动态申报”界面的查询结果列表中选中一条数据，点击上方“历史数据复用”按钮，进入“进境（港）动态复用编辑”界面（如图 1–45所示），自动返填该条数据已有信息至界面录入框，可根据业务实际需要进行修改，置灰部分不可更改。

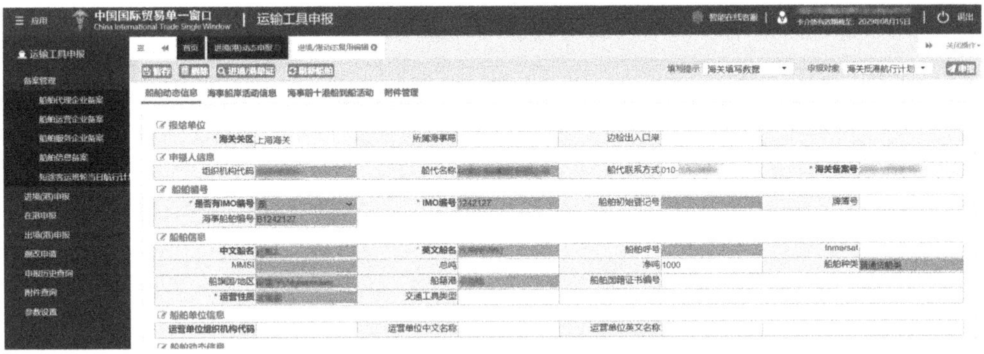

图 1-45 进境（港）动态复用编辑界面

（二）进境（港）单证申报

进境（港）单证申报包括海关进境预申报单、海关进境申报单、海关进港申报单、边检进境（港）申报、海事进口岸手续、海事两岸直航船舶进港手续等。

前文提到，海关进境预申报单、海关进境申报单、海关进港申报单、边检进境（港）申报等单证申报的数据，不可在系统中直接新增，必须由已录入并保存或申报过的进境（港）动态数据生成。

点击左侧菜单“进境（港）单证申报”，右侧显示进境（港）单证申报数据的查询界面。

“抵港时间”为必须输入的查询条件，最长跨度可查询三个月。抵港时间录入完成后，点击“查询”按钮，下方列表显示在此抵港时间内已暂存或申报过的信息（如图 1-46 所示）。

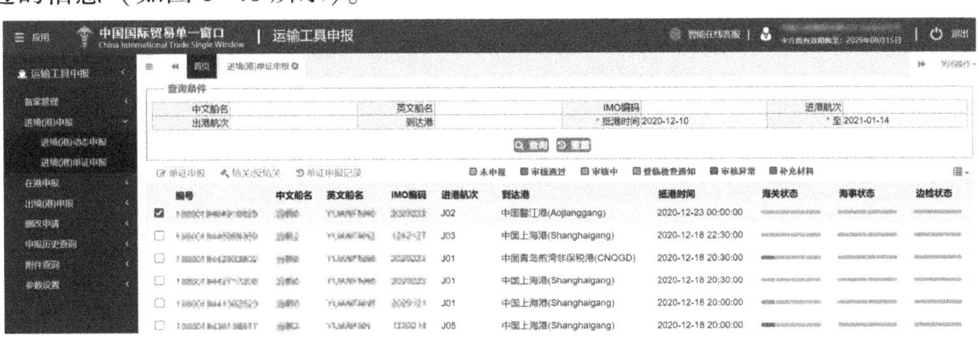

图 1-46 进境（港）单证申报界面

在“进境（港）单证申报”界面中，对不同颜色代表的状态进行了说明，直观地显示在列表中，可预览到各业务主管部门的数据状态。

此外，可将鼠标在列表中的不同颜色上悬停，系统会弹出具体的业务名称与状态信息。点击色块后，系统可弹出入境申报记录的信息框，显示更多内容。

1. 录入与暂存

在“进境（港）单证申报”界面的查询结果列表中勾选一条数据，点击“单证申报”按钮，系统显示“进境（港）单证编辑”界面（如图 1-47 所示）。

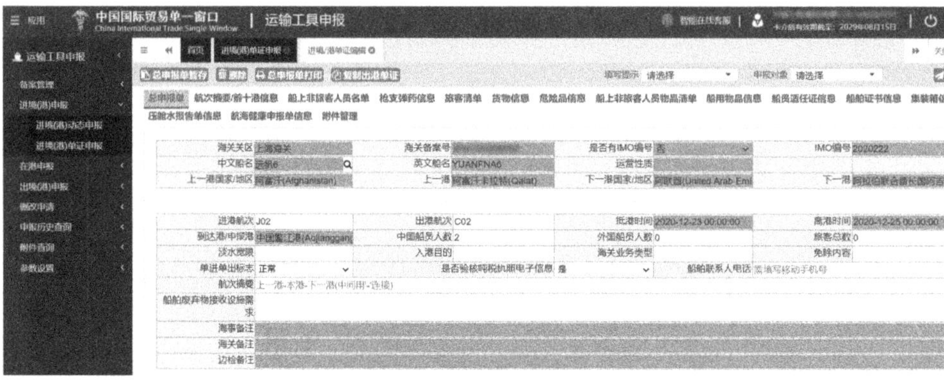

图 1-47　进境（港）单证编辑界面

“进境（港）单证编辑”界面包含总申报单、航次摘要/前十港信息、船上非旅客人员名单、枪支弹药信息、旅客清单、货物信息、危险品信息、船上非旅客人员物品清单、船用物品信息、船员适任证信息、船舶证书信息、集装箱信息、压舱水报告单信息、航海健康申报单信息与附件管理，以切换页签的方式在界面中显示。

如未选择任何填写提示，界面所有字段名称均为黑色。

在“填写提示”的下拉菜单中进行选择后（可同时勾选多个主管部门）。系统将自动在界面中以蓝色+黄底色高亮显示当前业务主管部门监管所需的字段，其中带有红色星号+黄底色的字段，为必填项（如图 1-48 所示）。

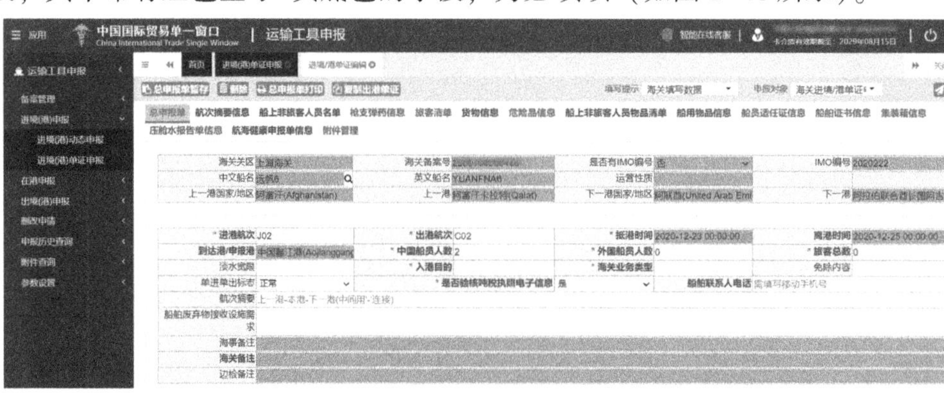

图 1-48　进境（港）单证编辑界面（高亮显示字段）

若所选主管部门需要填写总申报单、航次摘要/前十港信息、船上非旅客人员名单、枪支弹药信息、旅客清单、货物信息、危险品信息、船上非旅客人员物品清单、船用物品信息、船员适任证信息、船舶证书信息、集装箱信息、压舱水报告单信息、航海健康申报单信息与附件管理中的部分页签，则该部分页签突出显示为蓝色，不需要填写的仍为黑色。

“进境（港）单证编辑”界面中灰色字段，系统自动读取对应的进境（港）动态数据并进行返填。如要修改，可关闭当前“单证申报编辑”界面，返回至“进境（港）动态编辑”界面。修改完毕后，点击界面顶端的“进境（港）单证”按钮，等待界面自动跳转至“进境（港）单证编辑”界面即可。

录入过程中，可切换到“总申报单”界面，点击上方的“总申报单暂存”按钮，将当前正在录入的数据进行保存，以防数据丢失。

录入“总申报单”界面的必填数据项后，需先进行“总申报单暂存”操作，否则其余信息表可能无法进行保存操作。

请根据业务主管部门要求，如实填写各页签内的相关内容。

由于进境（港）单证申报内页签较多，更多关于录入、删除及界面中按钮的操作方法，可参考前文的相关描述，此处不再赘述。

此外，部分按钮的操作特别说明如下：

在航次摘要/前十港信息、船上非旅客人员名单、旅客清单、危险品信息、船上非旅客人员物品清单、船用物品信息、船舶证书信息等页签内（如图1-49所示）有“导入”按钮，可通过导入Excel表格的方式，将本地电脑中的数据导入系统中。

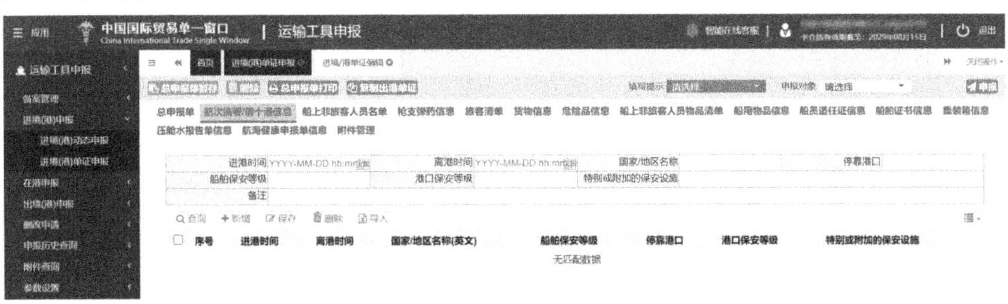

图1-49　进境（港）单证申报界面（航次摘要/前十港信息）

点击界面中部“导入”按钮，系统弹出对话框（如图1-50所示）。请将Excel模板下载至电脑中。切勿随意修改已下载成功的模板格式！在模板（表格）中录入并保存相关信息后，点击“选择文件”按钮，将数据进行导入。

图 1-50　进境（港）单证申报界面（前十港导入）

界面下方列表中显示 Excel 表格内的信息即代表导入成功，直接返回“总申报单”页签，点击“总申报单暂存”按钮，进行保存。

小提示

图 1-50 中的“模板下载”按钮，所下载的 Excel 模板包括所有提供导入功能的页签。录入并保存在本地电脑中后，需要分别在对应的页签内，点击“导入”按钮进行导入操作。

如果在上述页签内手工进行录入，录入完毕一条信息，点击界面中部的“保存”按钮，将所录入的数据保存到界面下方的列表中。全部录入完毕后，可返回“总申报单”页签，点击“总申报单暂存”按钮，进行保存。

2. 复制出港单证

在“进境（港）单证编辑”界面，点击“复制出港单证”按钮，弹出“出港单证信息”界面（如图 1-51 所示）。录入编号和 IMO 编号，点击“查询”按钮，在查询结果列表显示船舶信息，点击“导入”按钮，自动返填船舶信息至界面录入框。

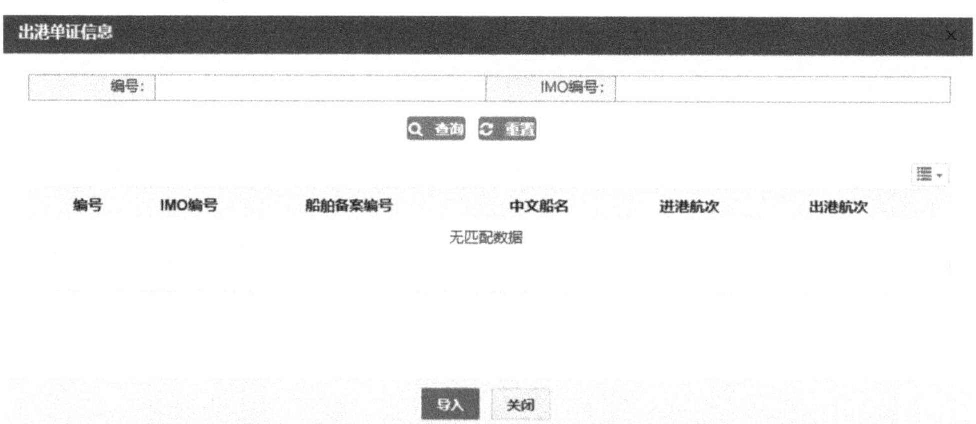

图 1-51　出港单证信息界面

3. 总申报单打印

点击“总申报单打印”按钮，可生成总申报单 PDF 文件并进行打印。

4. 删除

点击“删除”按钮将会删除该申报单下所有单证，请谨慎操作。

5. 申报

进境（港）单证信息录入完毕并确认无误的数据，根据实际业务，在“申报对象”的下拉菜单中进行勾选后，点击界面右上方的“申报”按钮，将数据向相关业务主管部门进行发送，并等待其审批。

进境（港）单证的“申报对象”包括海事进口岸手续、海事两岸直航船舶进港手续、海关进境（港）单证申报——进境预申报单、海关进境（港）单证申报——进境申报单、海关进境（港）单证申报——进港申报单、边检进境（港）申报。

小提示

如何选择申报对象，需依据实际业务与法律法规的规定，系统未做限制。如有疑问，请向相关业务主管部门咨询。

6. 结关/反结关申报

可在此向海关进行结关和反结关的申请。

在“进境（港）单证申报”查询界面的结果列表中选中一条记录，点击“结关/反结关”按钮，进入“结关/反结关申报”界面（如图 1–52 所示）。申报对象可选择“海关结关申请”或“海关反结关申请”，也可同时进行勾选。

图 1–52　结关/反结关申报界面

若该条记录已进行结关/反结关申报，在“结关/反结关申报”界面点击查询结果列表上方的“查询”按钮，查询结果列表显示该条记录；若该条记录未进行结关/反结关申报，则编辑完基本信息后，点击“申报”按钮进行申报，在下方结果列表中自动显示已申报的信息。勾选该条信息，点击“回执查询”按钮可查询回执状态。

小提示

该页面仅用于进境（港）船舶（不再出港）结关/反结关申请！后续仍需出境（港）的船舶，请到出境单证模块提交结关/反结关申请！

单证申报记录查询、回执查询、附件查询、海事补充材料等功能的操作同前文，不再赘述。

三、在港申报

船舶实际进境（港）后，运输工具企业或其代理在各口岸向各监管部门进行在港申报，包括移泊申报、海关供退物料申报等。

（一）移泊申报

可在此进行海事移泊、海关移泊数据的录入与申报。

进入水运运输工具申报系统，在左侧菜单中点击“在港申报”→“移泊申报”，右侧显示“移泊申报查询”界面（如图 1-53 所示）。

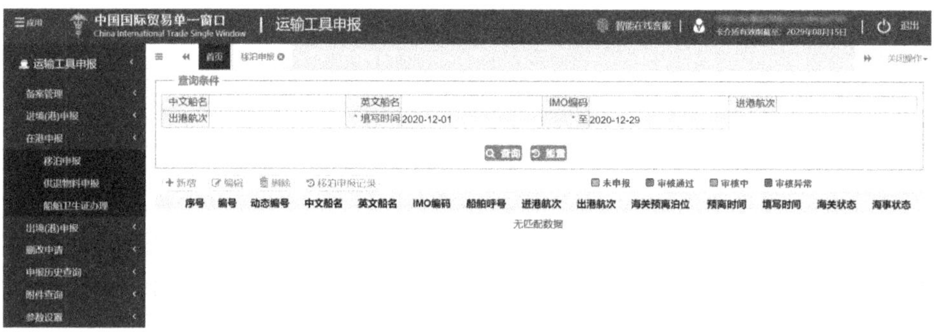

图 1-53　移泊申报查询界面

界面中对不同颜色代表的状态进行了说明，直观地显示在列表中，可预览到各业务主管部门的数据状态。此外，还可将鼠标置于列表中的不同颜色上悬停，系统弹出更详细的状态信息。点击色块后，系统可弹出移泊申报记录的信息框，显示更多内容。编辑、删除、移泊申报记录等功能的操作同前文，此处不再赘述。

首次录入数据，点击“移泊申报查询”界面中“新增”按钮，系统弹出“移泊动态新增”的录入界面（如图 1-54 所示），包括“船舶移泊动态信息”和“附件管理”两个界面，以切换页签的方式在界面中显示。选择填写提示、申报选项的录入、暂存等操作，可参考前文，此处不再赘述。

图 1-54 移泊动态新增——船舶移泊动态信息界面

在“船舶移泊动态信息”界面录完信息并点击“暂存”按钮后，方可进入“附件管理”界面（如图 1-55 所示），上传对应附件。

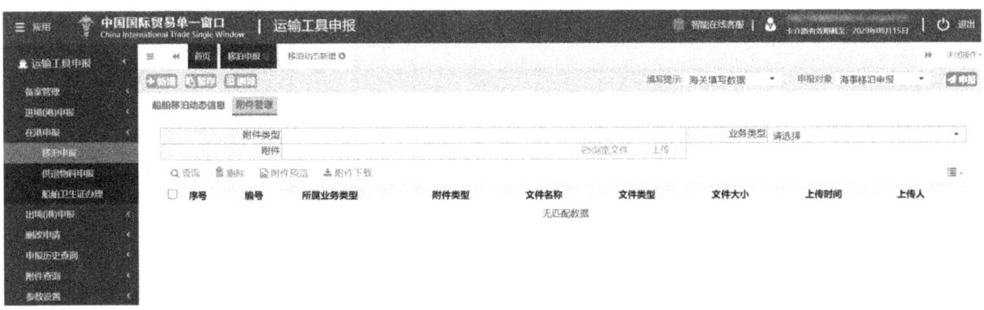

图 1-55 移泊动态新增——附件管理界面

（二）供退物料申报

可在此进行海关供退物料数据的录入与申报。

小提示

进行供船（添加物料）、退船（启卸物料）的数据申报前，需要先向海关申报进境（港）相关业务数据，具体请向主管业务部门咨询。

在左侧菜单中点击“在港申报”→“供退物料申报”，右侧显示界面如图 1-56 所示。界面中，对不同颜色代表的状态进行了说明，直观地显示在列表中，可预览到各业务主管部门的数据状态。此外，还可将鼠标置于列表中的不同颜色上悬停，系统会弹出更详细的状态信息。点击色块后，系统弹出供退物料申报记录的信息框，显示更多内容。

图 1-56　供退物料申报界面

首次录入数据，点击“供退物料申报”界面中“新增”按钮，系统弹出“供退物料新增”的录入界面（如图 1-57 所示），包含供退物料信息、物料明细信息、物料交运明细信息三部分，以切换页签的方式在界面中显示。供退物料信息暂存成功后，录入物料明细信息。

图 1-57　供退物料新增界面

在“供退物料信息”界面，部分信息可手工录入，也可通过信息（例如，物料添加船舶航次）右侧的放大镜按钮，调取已申报过的进出境动态信息（如图 1-58 所示）。

图 1-58　进出境动态信息查询界面

前文提到，因供退物料的申报，需要先向海关进行进出境的动态业务申报。因此在“进出境动态信息查询”界面中，中文船名、英文船名、IMO 编号查询条件需要至少填写一个，等待系统自动获取已通过国际贸易“单一窗口”水运运输工具申报过的动态业务数据。

小提示

如果可以确认船舶的进出境动态业务数据，已通过其他途径向海关申报成功并审批通过的，可以手工录入所有供退物料的信息，不使用“航次编号”调用相关信息。

1. 物料明细信息

供退物料信息暂存后，可进入“物料明细信息”界面，进行物料明细信息的录入、暂存和申报（如图 1-59 所示）。

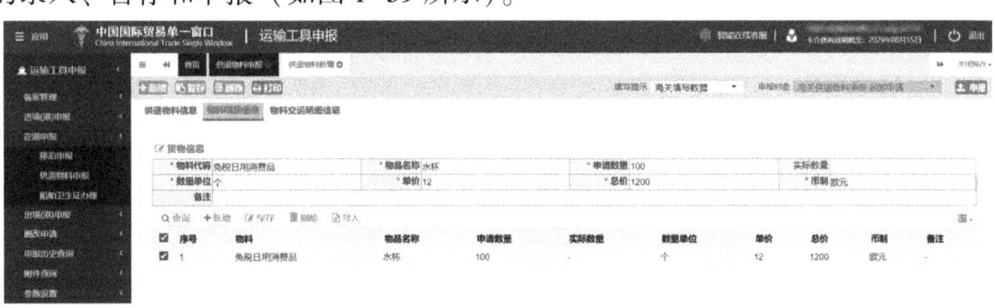

图 1-59　物料明细信息界面

2. 物料交运明细信息

供退物料信息暂存后，才能进入“物料交运明细信息”界面，进行物料交运信息的录入、暂存与申报（如图 1-60 所示）。

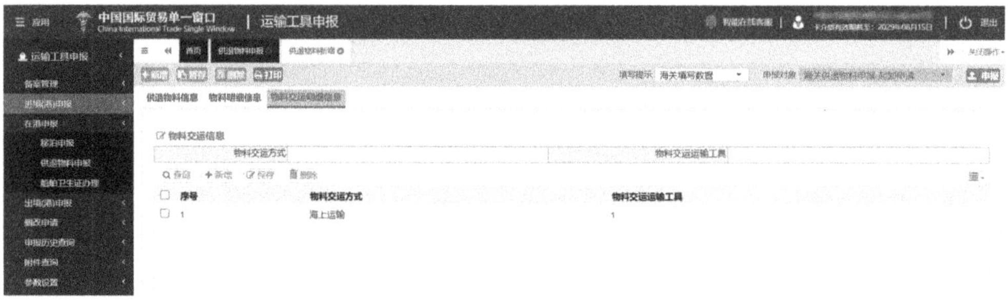

图 1-60　物料交运明细信息界面

新增、暂存、删除、打印功能按钮的操作同前文，不再赘述。

3. 供退完成申报

供退物料申报后，需要点击“供退完成申报”按钮，才能向海关提交供退物料信息，完成申报。

（三）船舶卫生证办理

在此模块进行船舶卫生证的新增、编辑、删除、申报记录查询等操作。在左侧菜单中点击“在港申报”→“船舶卫生证办理”，右侧界面显示如图 1-61 所示。

图 1-61　船舶卫生证办理界面

首次录入数据，点击“船舶卫生证办理”界面中“新增”按钮，系统弹出“船舶卫生证新增”的录入界面（如图 1-62 所示）。在此界面可进行船舶卫生证信息的新增、暂存、删除和申报操作。

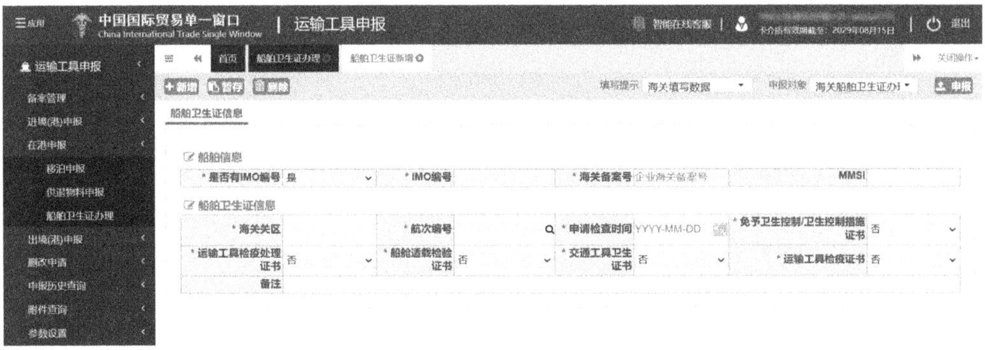

图 1-62　船舶卫生证新增录入界面

四、出境（港）申报

船舶出境（港）前，运输工具企业或其代理需向各监管部门进行出口岸申请，出境（港）预报、确报，船舶货物信息，载客及船员、船舶保安信息等单证数据以及出口岸手续的申报等。

水运运输工具申报系统中，出境（港）申报分为动态申报与单证申报两部分。其中，动态申报数据可新增，单证申报数据不允许直接新增，需基于已录入的船舶出境（港）动态信息生成后，才能继续录入。

小提示

为了减少录入操作，国际贸易“单一窗口”水运运输工具申报系统可根据用户录入的船舶与航次等信息，在后台查找进境（港）单证数据的记录，如查找到则界面给予提示，是否从对应的进境（港）单证数据中复用。

（一）出境（港）动态申报

出境（港）动态申报包括海关离港航行计划、海关离港确报动态、边检出境（港）申报、海事出口岸手续、海事两岸直航船舶出港手续等。

为了避免重复录入动态申报的数据、实现一次录入分别申报，点击左侧菜单“出境（港）申报”→“出境（港）动态申报”后，右侧首先会显示出境（港）动态申报数据的查询界面（如图 1-63 所示）。

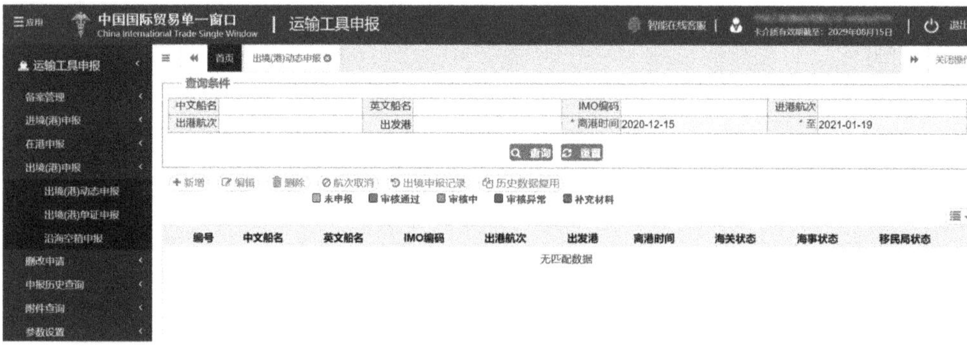

图 1-63　出境（港）动态申报界面

“离港时间”为必须输入的查询条件，最长跨度可查询三个月。离港时间录入完成后，点击“查询”按钮，下方列表显示在此离港时间内已暂存或申报过的信息（如图 1-64 所示）。

图 1-64　出境（港）动态申报界面（查询结果列表）

在“出境（港）动态申报”界面中，对不同颜色代表的状态进行了说明，直观地显示在列表中，可预览到各业务主管部门的数据状态。

此外，可将鼠标在列表中的不同颜色上悬停，系统会弹出具体的业务名称与状态信息。点击色块后，系统可弹出申报记录的信息框，显示更多内容。

1. 录入与暂存

首次录入数据，点击“出境（港）动态申报”界面中的“新增”按钮，系统显示“出境（港）动态新增”申报界面（如图 1-65 所示）。

图 1-65　出境（港）动态新增申报界面

在顶部右侧“填写提示”的下拉菜单中选择后（可同时勾选多个主管部门），系统将自动在界面中以蓝色+黄底色高亮显示当前业务主管部门监管所需的字段，其中带有红色星号+黄底色的字段为必填项（如图 1-66、图 1-67 所示）。如果没有选择任何填写提示，界面所有字段名称均为黑色。

图 1-66　出境（港）动态新增申报界面（高亮显示字段）（一）

图 1-67　出境（港）动态新增申报界面（高亮显示字段）（二）

"出境（港）动态新增申报"界面中，灰色字段（例如，组织机构代码、IMO 编号、中英文船名等）表示不允许手工录入，系统将根据相应的操作或步骤后自动返填。

出港航次、出口实载货物吨数等字段需手工录入，需根据业务主管部门要求，如实填写相关内容。

部分字段（例如，报给单位的三个字段、下一港海关关区、货物种类等）需要在参数中进行调取，不允许随意录入。使用键盘空格键，可调出下拉菜单并在其中进行选择，也可以输入已知的相应数字、字母或汉字，迅速调出参数，选择后点击回车键确认录入。

日期类字段（例如，离港时间、装船日期等），点击录入框后，系统自动弹出日历，用户可根据实际情况进行选择，也可直接按照"YYYY-MM-DD"的格式使用键盘直接录入。

2. 中文船名

点击"中文船名"字段右侧的放大镜按钮，在弹出的"进境（港）信息查询"界面中，抵港时间必填。同时，可通过输入英文船名、中文船名、IMO 编号或进港航次进行查找，系统将当前用户申报过的进境（港）信息，显示在下方列表中（如图 1-68 所示）。

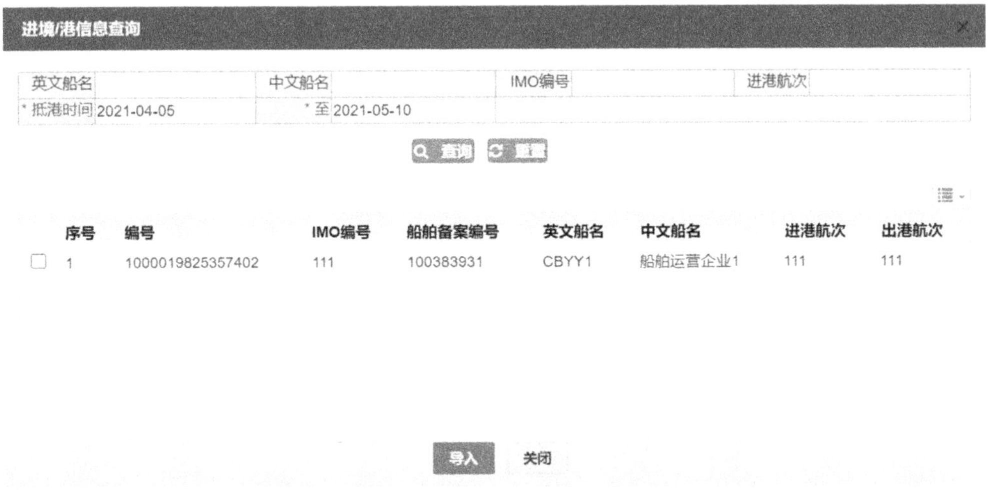

图 1-68　进境（港）信息查询界面

确认并勾选列表中的一条数据信息后，点击“导入”按钮，将相关数据返填到“出境（港）动态新增申报”界面的船舶动态信息部分字段中（如图 1-69所示）。

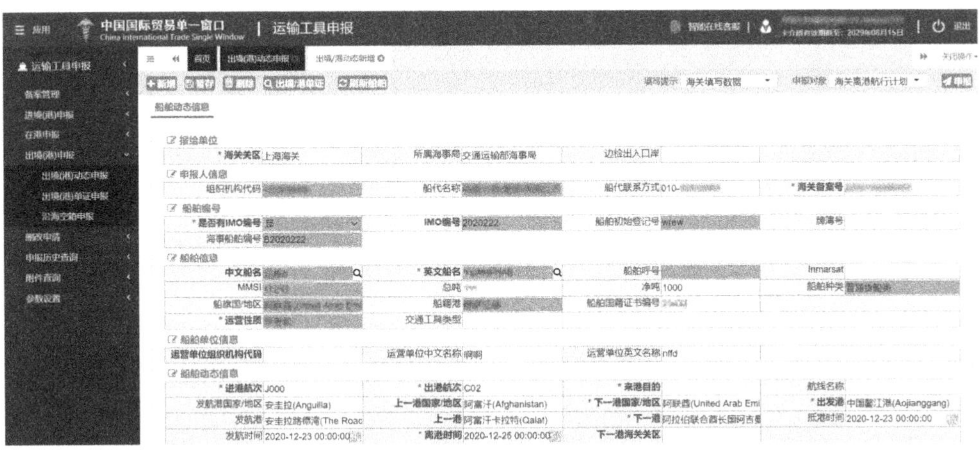

图 1-69　出境（港）动态新增界面（返填后）

3. 英文船名

小提示

对于仅出境的船舶数据（根据实际业务，不需要申报进境的船舶），可在此选择船舶基本数据进行出境（港）动态信息的录入。

点击“英文船名”字段右侧的放大镜按钮，在弹出的“船舶信息”界面中，通过输入船舶识别号、船舶初始登记号、IMO 编号、船舶呼号或中英文船名任一信息，进行查询，相应船舶信息显示在下方列表中（如图 1-70 所示）。

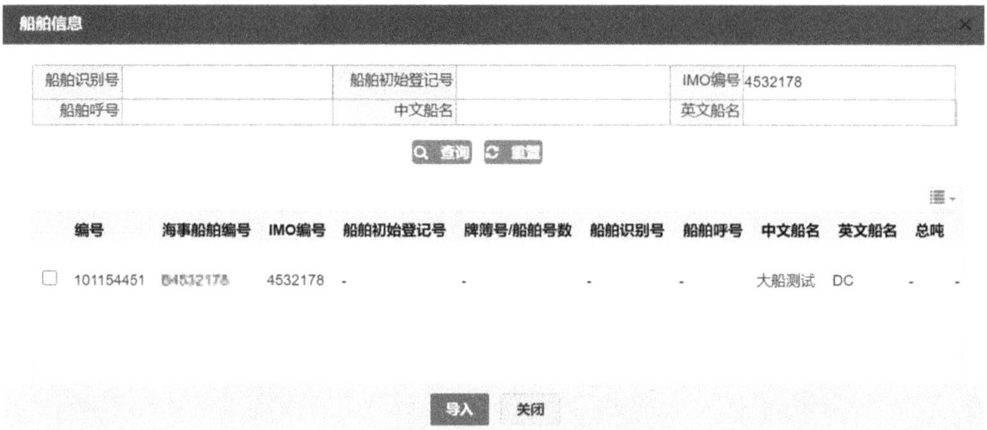

图 1-70　船舶信息界面

确认并勾选列表中的一条数据信息后，点击“导入”按钮，将相关数据返填到“出境（港）动态新增”界面的船舶动态信息部分字段中（如图 1-71 所示）。继续在界面中，录入其他申报所需的数据即可。

图 1-71　出境（港）动态新增界面（返填后）

需根据业务主管部门要求，如实填写相关内容。

更多关于新增、删除、刷新船舶与申报的操作方法可参考上文进境（港）动态申报的相关操作。

4. 编辑

如果已录入并向部分监管部门申报过出境（港）动态数据，请务必在“出境（港）动态申报”界面中进行查询，并对数据进行编辑操作。

小提示

如果所有监管部门所需的出境（港）数据，没有编辑录入、申报在同一条动态数据中，会影响后续出口岸联系单的发送操作。

在“出境（港）动态申报”界面中依据相关条件进行查询后，在查询结果列表中勾选一条数据，点击界面中部“编辑”按钮，界面自动跳转至编辑界面（如图 1-72 所示），需根据实际业务情况对数据进行修改。录入、暂存等操作，详细方法可参考前文，不再赘述。

图 1-72　出境（港）动态申报编辑界面

5. 出境（港）单证

在“出境（港）动态申报新增”界面中，录入相关数据后，可点击界面上方“出境（港）单证”按钮，界面自动跳转至“出境（港）单证”界面，供用户继续填写更多业务数据。

6. 出境申报记录

在“出境（港）动态申报”界面执行查询操作后，在查询结果列表中勾选一条数据，点击“出境申报记录”按钮，系统根据当前数据相关的状态，显示申报记录与回执。

对于海事出口岸手续审批通过的数据，等待海事系统推送“国际航行船舶出口岸许可证”PDF 文件至国际贸易“单一窗口”系统后，企业可自行打印离港证，具体操作如下。

在查询结果列表中勾选一条记录，点击“出境申报记录”按钮，在弹出的对话框中，勾选一条申报类型为“船舶出口岸手续（海事）”并且回执状态为已通过的数据（如图 1-73 所示），然后点击“附件查询”按钮，进入“申报历史附件查询”界面。

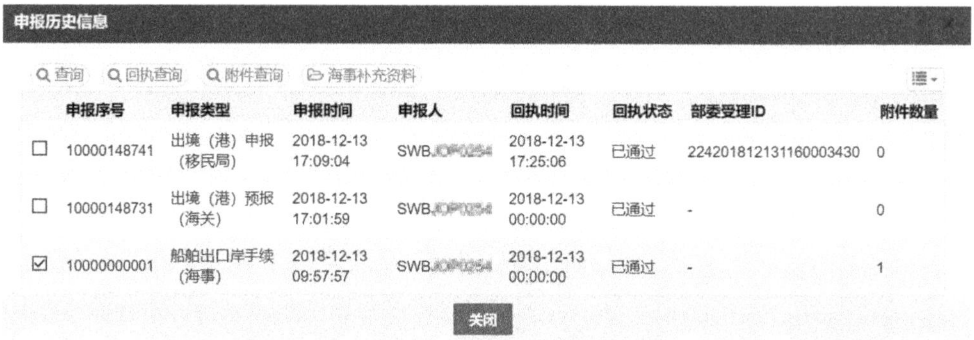

申报历史信息

查询 回执查询 附件查询 海事补充资料

	申报序号	申报类型	申报时间	申报人	回执时间	回执状态	部委受理ID	附件数量
☐	10000148741	出境（港）申报（移民局）	2018-12-13 17:09:04	SWB[illegible]	2018-12-13 17:25:06	已通过	224201812131160003430	0
☐	10000148731	出境（港）预报（海关）	2018-12-13 17:01:59	SWB[illegible]	2018-12-13 00:00:00	已通过	-	0
☑	10000000001	船舶出口岸手续（海事）	2018-12-13 09:57:57	SWB[illegible]	2018-12-13 00:00:00	已通过	-	1

关闭

图 1–73　申报历史信息界面

在“申报历史附件查询”界面中，查找文件名称为“国际航行船舶出口岸许可证”，上传人为“msaret”的记录，此时可在附件下载处，将海事系统推送至国际贸易“单一窗口”的离港证 PDF 进行下载与打印（如图 1–74 所示）。

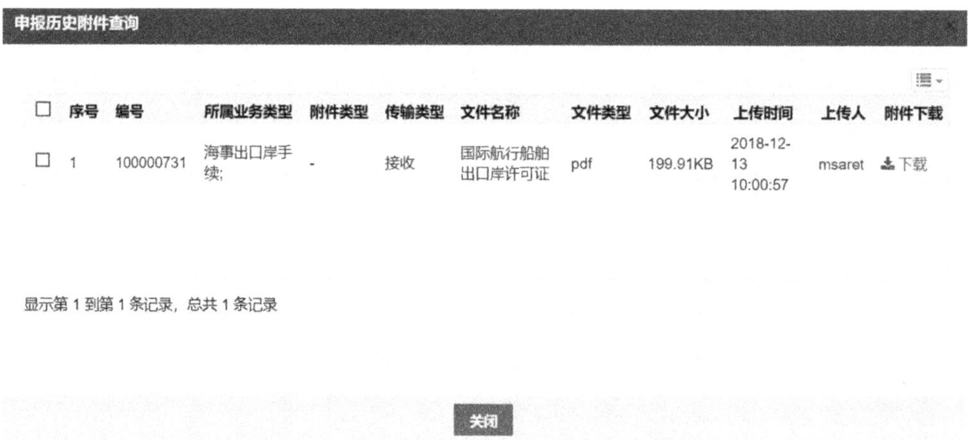

申报历史附件查询

☐	序号	编号	所属业务类型	附件类型	传输类型	文件名称	文件类型	文件大小	上传时间	上传人	附件下载
☐	1	100000731	海事出口岸手续;	-	接收	国际航行船舶出口岸许可证	pdf	199.91KB	2018-12-13 10:00:57	msaret	下载

显示第 1 到第 1 条记录，总共 1 条记录

关闭

图 1–74　申报历史附件查询界面

小提示

如果未收到“国际航行船舶出口岸许可证”的 PDF 文件，请确认海事出口岸手续是否办妥或咨询业务主管部门。

“航次取消”“历史数据复用”按钮的操作同前文，此处不再赘述。

（二）出境（港）单证申报

出境（港）单证申报包括海关出境申报单、海关出港申报单、边检出境（港）申报、海事出口岸手续、海事两岸直航船舶出港手续等。

前文提到，海关出境（港）单证申报、边检出境（港）等单证申报的数据，不可在系统中直接新增，必须由已录入并保存或申报过的出境（港）动态数据生成。

点击左侧菜单栏“出境（港）申报”→“出境（港）单证申报”，右侧显示“出境（港）单证申报”数据的查询界面。

“离港时间”为必须输入的查询条件，最长跨度可查询三个月。输入完离港时间后，点击“查询”按钮，下方列表显示在此离港时间内已暂存或申报过的信息（如图 1-75 所示）。

图 1-75　出境（港）单证申报界面

在“出境（港）单证申报”界面中，对不同颜色代表的状态进行了说明，直观地显示在列表中，可预览到各业务主管部门的数据状态。

此外，可将鼠标在列表中的不同颜色上悬停，系统会弹出具体的业务名称与状态信息。点击色块后，系统可弹出入境申报记录的信息框，显示更多内容。

1. 录入与暂存

在“出境（港）单证申报”界面的查询结果列表中勾选一条数据，点击“单证申报”按钮，系统显示“出境（港）单证编辑”的录入界面，包含总申报单、航次摘要/前十港信息、船上非旅客人员名单、枪支弹药信息、旅客清单、货物信息、危险品信息、船上非旅客人员物品清单、船用物品信息、船员适任证信息、船舶证书信息、集装箱信息、压舱水报告单信息、航海健康申报单信息、附件管理，以切换页签的方式在界面中显示（如图 1-76 所示）。

图 1-76　出境（港）单证编辑界面

如未选择任何填写提示，界面所有字段名称均为黑色，如图 1-76 所示。

在“填写提示”的下拉菜单中进行选择后（可同时勾选多个主管部门），系统将自动在界面中以蓝色+黄底色高亮显示当前业务主管部门监管所需的字段，其中带有红色星号+黄底色的字段，为必填项（如图 1-77 所示）。

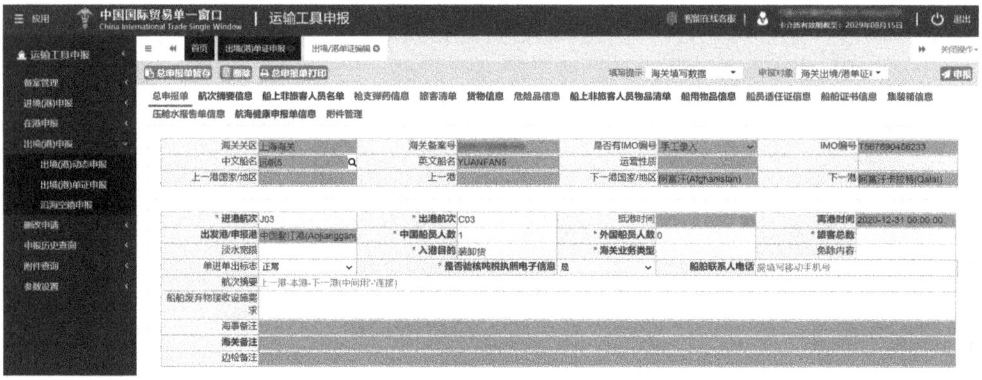

图 1-77　出境（港）单证编辑界面（高亮显示字段）

界面中灰色字段，系统自动读取对应的进境（港）动态数据并进行返填。如要修改，可关闭当前“出境（港）单证编辑”界面，返回至“出境（港）动态数据新增申报”界面。修改完毕后，点击界面上方的“出境（港）单证”按钮，等待界面自动跳转至“出境（港）单证编辑”界面即可。

录入过程中，可切换到“总申报单”界面，点击上方的“总申报单暂存”按钮，将当前正在录入的数据进行保存，以防数据丢失。

录入“总申报单”界面的必填数据项后，需先进行“总申报单暂存”操作，否则其余信息表可能无法进行保存操作。

请根据业务主管部门要求，如实填写各页签内的相关内容。

2. 出口岸联系单

出口岸联系单即海事部门业务上所需的船舶出口岸手续联系单。目前，国际贸易“单一窗口”水运运输工具申报系统可将海关、边检部门的申报或审批结果，发送到海事系统中。

小提示

发送出口岸联系单数据前，请务必确保出境（港）数据与审批结果，在出境（港）单证申报查询结果列表中，同时显示在一条记录中（各监管单位审批结果状态的彩色条，在同一行数据中）。

在“出境（港）单证申报”界面中，选中一条记录，点击“出口联系单”按钮（如图 1-78 所示），系统显示“出口岸联系单申报”界面（如图 1-79 所示）。

图 1–78　出口联系单界面

图 1–79　出口岸联系单申报界面

确认出口岸联系单信息无误后，点击右上角“海事出口岸联系单申报”按钮，向海事系统发送申报信息。界面下方显示申报记录，可点击“查询”按钮进行刷新查看。

小提示

根据业务主管部门的要求，国际贸易“单一窗口”系统对出口岸联系单申报的发送未做限制，可多次发送。

3. 单证申报记录

在“出境（港）单证申报”界面执行查询操作后，在查询结果列表中勾选一条数据，可点击“单证申报记录”按钮，系统根据当前数据相关的状态，显示申报记录与回执。

对于海事出口岸手续审批通过的数据，等待海事系统推送“国际航行船舶出口岸许可证”PDF文件至国际贸易“单一窗口”系统后，企业可自行打印离港证。相关操作参考上文出境（港）动态申报的出境申报记录部分，在此不再赘述。

4. 结关/反结关申报

在“出境（港）单证申报”界面执行查询操作后，在查询结果列表中勾选一条数据，点击“结关/反结关”按钮，进入“结关/反结关申报”界面（如图 1-80 所示），向海关提交结关/反结关申报。

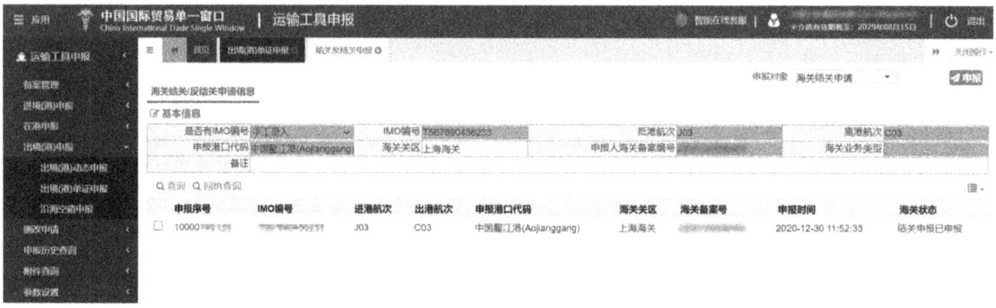

图 1-80　结关/反结关申报界面

（三）沿海空箱申报

进入水运运输工具申报系统，在左侧菜单栏点击“出境（港）申报”→“沿海空箱申报”，右侧显示“沿海空箱申报”界面。

“离港时间”为必须输入的查询条件，最长跨度可查询三个月。录入完离港时间后，点击“查询”按钮，下方列表显示在此离港时间内已暂存或申报过的信息（如图 1-81 所示）。

图 1-81　沿海空箱申报界面（查询结果列表）

在“沿海空箱申报”界面执行查询操作后，在查询结果列表中勾选一条记录，点击“单证申报”按钮，进入“沿海空箱单证编辑”界面（如图 1-82 所示），包括总申报单和沿海空箱信息，以页签方式显示。

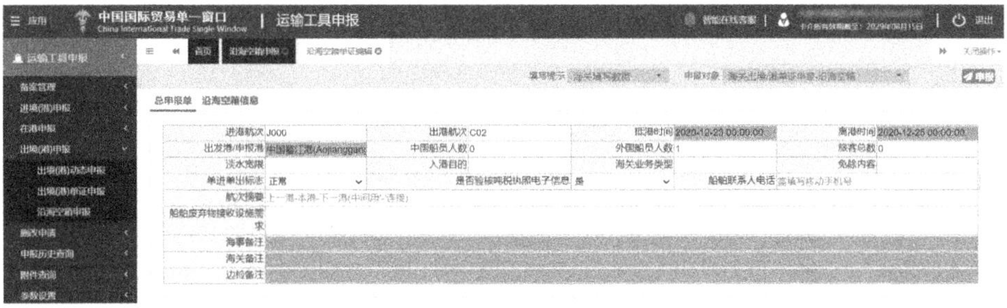

图 1-82　沿海空箱单证编辑界面

在“沿海空箱信息”界面，录入、保存信息后，显示在查询结果列表中。在查询结果列表中选择一条沿海空箱信息，点击“申报”按钮，可向海关进行申报。

1. 单证申报记录

在“沿海空箱申报”界面的查询结果列表中选中一条记录，点击“单证申报记录”按钮，可查询回执和附件信息，补充海事材料（如图 1-83 所示）。

图 1-83　单证申报记录界面

2. 沿海空箱变更

在“沿海空箱申报”界面的查询结果列表中选中一条记录，点击“沿海空箱变更”按钮，进入“沿海空箱变更申请”界面（如图 1-84 所示），可对沿海空箱信息进行修改后，向海关提交变更申请。

图 1-84　沿海空箱变更申请界面

3. 沿海空箱撤销

在“沿海空箱申报”界面的查询结果列表中选中一条记录，点击“沿海空箱撤销”按钮，进入“沿海空箱撤销申请”界面（如图 1-85 所示），可向海关提交撤销申请。

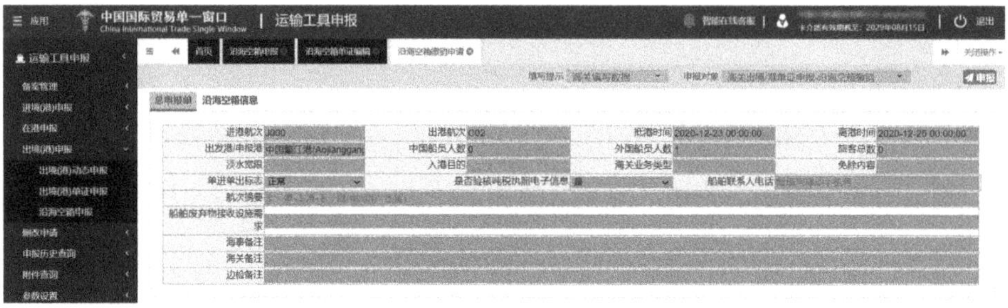

图 1-85　沿海空箱撤销申请界面

五、删改申请

该模块提供船舶代理企业向海关申报修改或删除船舶备案与进出境（港）数据的功能。

海关删改申请：

进入水运运输工具申报系统，点击左侧菜单栏“删改申请”→“海关删改申请”，右侧显示“海关删改申请”界面（如图 1-86 所示）。

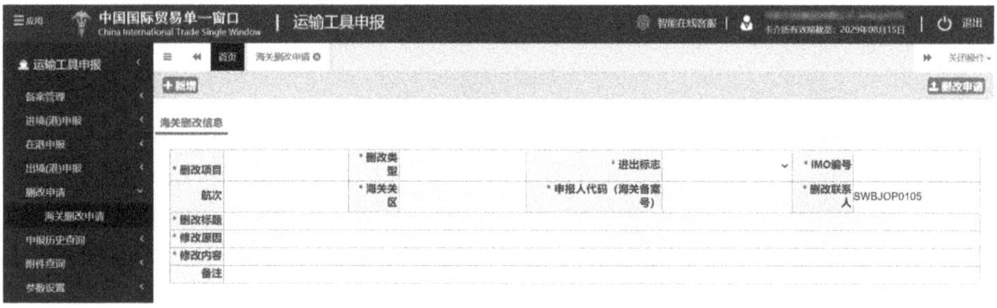

图 1-86　海关删改申请界面

界面中，删改联系人字段由当前登录系统的用户信息自动返填，但是可以手工修改。

IMO 编号、航次、申报人代码等字段需要手工录入，请根据业务主管部门要求，如实填写相关内容。

部分字段（例如，删改项目、删改类型等）需要在参数中进行调取，不允许随意录入。使用键盘空格键，可调出下拉菜单并在其中进行选择，也可以输入已知的相应数字、字母或汉字，迅速调出参数，选择后点击回车键确认录入。

点击界面上方“新增”按钮，系统将清空当前界面内录入的内容，可填写新的内容。

录入完毕并确认无误的数据，可根据实际业务，点击界面右上方的“删改申请”按钮，将数据发送至相关业务主管部门，等待其审批。

六、申报历史查询

在此可对申报过的所有数据进行查询、查看，并可以对申报历史记录进行复制。本书仅介绍动态申报历史查询功能，其他内容从略。

（一）动态申报历史查询

进入水运运输工具申报系统，在左侧菜单中点击“申报历史查询”→“动态申报历史查询”，右侧显示查询界面（如图 1-87 所示）。

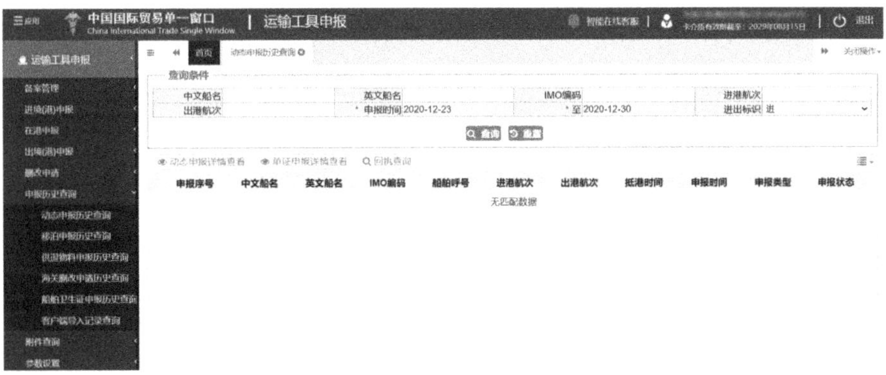

图 1-87　动态申报历史查询界面

界面中，申报时间默认显示为当前日期与时间前一周，进出标识默认为进港。可直接点击“查询”按钮，下方列表根据默认显示的条件，查询出全部动态申报信息（如图 1-88 所示）；也可录入其他查询条件，点击“查询”按钮，查询相应数据。点击“重置”按钮，则清空当前录入的查询条件。

图 1-88　动态申报历史查询界面（结果列表）

界面底部显示当前查询结果总条数，可通过下拉菜单，自定义选择每页显示的记录数，也可点击底部右侧的页数按钮，进行切换。

在查询结果列表中，勾选任意一条记录，点击界面中的“回执查询”按钮，系统弹出“申报历史回执查询”界面（如图 1-89 所示）。

图 1-89　申报历史回执查询界面

在界面中，点击“查询”按钮，可以刷新查询结果列表。勾选任意一条记录，点击“查看”按钮，弹出“查看申报历史回执详情”界面（如图 1-90 所示）。

图 1-90　查看申报历史回执详情界面

1. 动态申报详情查看

在“动态申报历史查询”界面的结果列表中勾选任意一条记录，点击界面中“动态申报详情查看”按钮，系统自动跳转至详情界面（如图 1-91 所示）。在当前界面，仅可对所申报的历史记录进行数据详情查看，因此字段为灰色不允许修改。

图 1–91　动态申报详情查看界面

2. 复制

为方便用户操作，系统提供复制功能。

点击“动态申报详情查看”界面上方的“复制到入境（港）”按钮，进入“入境（港）动态申报新增”界面，并将上述查询到的动态申报详情数据进行复制（如图 1–92 所示）。

图 1–92　进境（港）动态申报新增界面（复制后）

点击“动态申报详情查看”界面上方的“复制到出境（港）”按钮，进入“出境（港）动态申报新增”界面，并将上述查询到的动态申报详情数据进行复制。

3. 单证申报详情查看

在“动态申报历史查询”界面结果列表中，勾选任意一条记录，点击界面中“单证申报详情查看”按钮，进入“单证申报详情查看”界面（如图 1–93 所示）。在当前界面，仅可对所申报的历史记录进行数据详情查看，因此字段为灰色不允许修改。

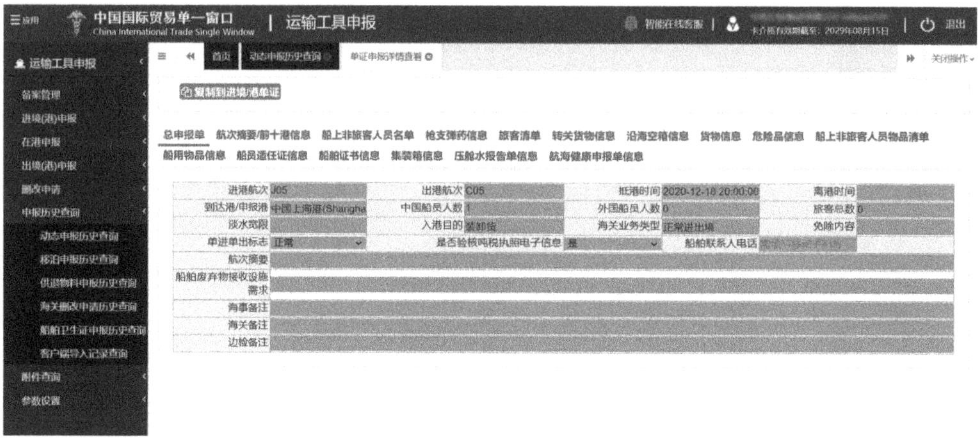

图 1-93　单证申报详情查看界面

小提示

如果所勾选的数据，没有申报过单证业务，点击“单证申报详情查看”时，系统会弹出提示“该数据未进行单证申报业务”。

复制点击“单证申报详情查看”界面上方的“复制到进境（港）单证”按钮，弹出“请选择需要复制的子单证”界面（如图 1-94 所示）。根据实际需要勾选需要复制的子单证（页签）后，点击“确定”按钮，进入进境（港）单证申报界面，自动返填信息至对应的界面录入框。

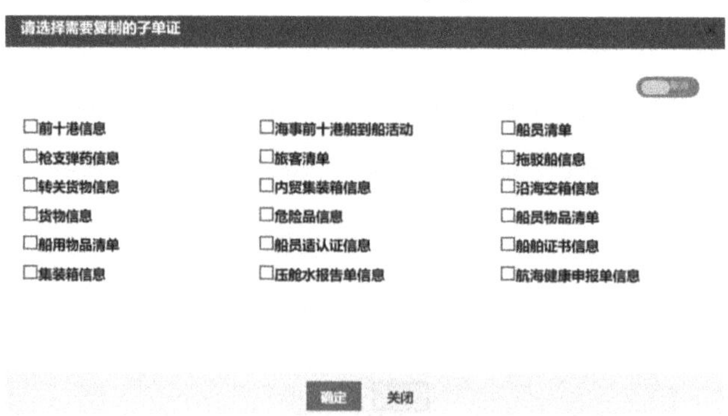

图 1-94　选择需要复制的子单证界面

继续录入其他数据后申报即可，更多具体操作可参考上文，此处不再赘述。

（二）移泊申报历史查询

进入水运运输工具申报系统，在左侧菜单栏中点击“申报历史查询”→“移泊申报历史查询”，右侧显示查询界面（如图 1-95 所示）。

图 1–95　移泊申报历史查询界面

在查询结果列表选择一条记录，点击“移泊申报历史查看”按钮，可查看历史申报记录，点击“回执查询”按钮，可查看申报回执结果。

（三）供退物料申报历史查询

进入水运运输工具申报系统，在左侧菜单中点击“申报历史查询”→“供退物料申报历史查询”，右侧显示查询界面（如图 1–96 所示）。

图 1–96　供退物料申报历史查询界面

在查询结果列表中勾选一条记录，点击“供退物料申报历史查看”按钮，可查看历史申报记录；点击“回执查询”按钮，可查看申报回执结果。

（四）海关删改申请历史查询

进入水运运输工具申报系统，在左侧菜单栏中点击“申报历史查询”→“海关删改申请历史查询”，右侧显示查询界面（如图 1–97 所示）。

图 1-97　海关删改申请历史查询界面

在查询结果列表中勾选一条记录，点击“查看详情”按钮，可查看历史申报记录；点击“回执查看”按钮，可查看申报回执结果。

（五）船舶卫生证申报历史查询

进入水运运输工具申报系统，在左侧菜单栏中点击“申报历史查询”→“船舶卫生证申报历史查询”，右侧显示查询界面（如图 1-98 所示）。

图 1-98　船舶卫生证申报历史查询界面

在查询结果列表中勾选一条记录，点击“申报详情查看”按钮，可查看历史申报记录；点击“回执查询”按钮，可查看申报回执结果。

（六）客户端导入记录查询

进入水运运输工具申报系统，在左侧菜单栏中点击“申报历史查询”→“客户端导入记录查询”，右侧显示查询界面（如图 1-99 所示）。

图 1-99　客户端导入记录查询界面

在查询结果列表中勾选一条记录，点击“回执查询”按钮，可查看申报回执结果。

七、附件查询

进入水运运输工具申报系统，在左侧菜单栏中点击“附件查询”，右侧显示查询界面（如图 1-100 所示）。出港动态编号和 IMO 编号是必填项，填写后点击“查询”按钮，在查询结果列表显示已有的附件信息。

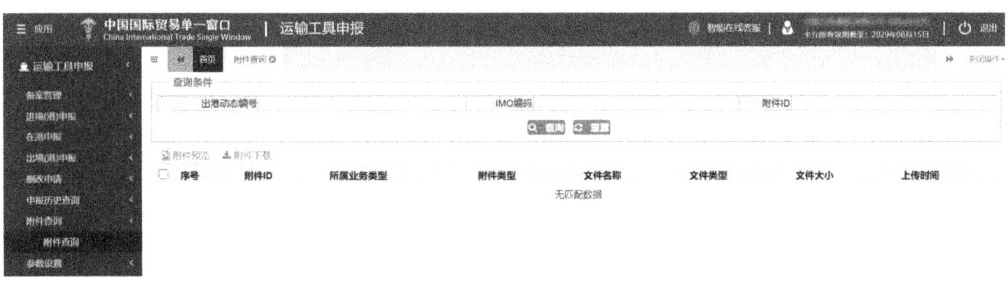

图 1-100　附件查询界面

选中一条附件信息，点击“附件预览”和“附件下载”按钮，可进行附件的预览和下载。

八、参数设置

为了减少用户在部分常用字段中的反复录入操作，可对进境（港）、出境（港）或在港申报的部分字段进行默认设置。设置保存成功后，进入相应界面，根据业务规则录入后，系统将已保存的值自动返填。

进入水运运输工具申报系统，在左侧菜单中点击“参数设置”→“申报默认值设置”，右侧显示查询界面（如图 1-101 所示）。

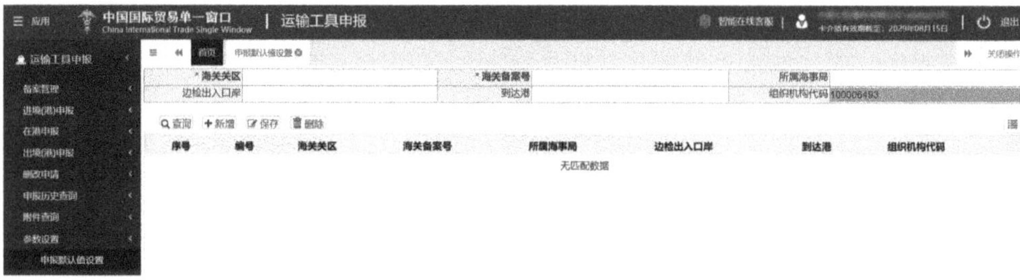

图 1-101　申报默认值设置界面

（一）默认值设置

小提示

相同“海关关区+海关备案号”的组合，只允许录入并保存一条记录，不可重复。保存成功后，可对该条记录进行修改，所修改的内容，将覆盖原内容。

录入查询条件后，点击“查询”按钮，在下方列表中将显示已保存过的全部默认值设置信息。

如果需要修改某条默认值设置，在下方列表里勾选该条数据，待界面上方返填当前数据信息（如图 1-102 所示），修改后点击“保存”按钮即可。

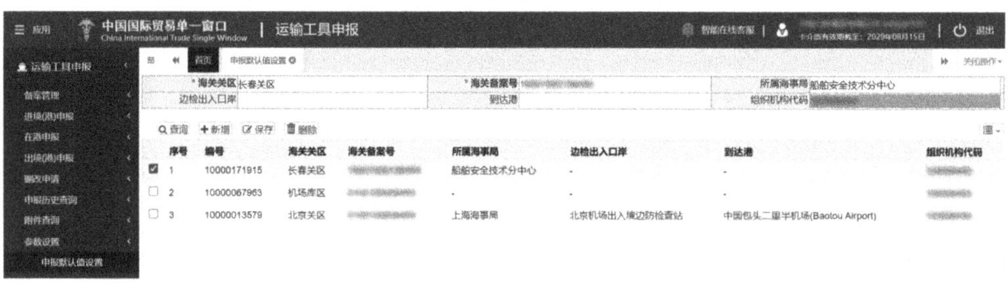

图 1-102　修改默认值设置界面

如果需要新增一条默认值设置，在“修改默认值设置”界面中录入海关关区、海关备案号等字段数据或手工修改数据后，点击“保存”按钮，将记录保存至下方列表中。

小提示

录入海关关区后，海关备案号字段由系统自动返填一个默认值（结构为“直属关区+组织机构代码”），此时可手工修改海关备案号，再保存即可。

点击“新增”按钮，将清空当前界面显示的数据，便于用户重新录入并保存数据。

在列表中勾选任意一条记录，点击“删除”按钮，可将记录删除。删除后的数据需重新录入，请根据实际业务进行操作。

（二）使用默认值

在此设置并保存成功的默认值，在进境（港）、出境（港）或在港申报各界面中，进行新增、修改、录入等操作时，输入相应关区代码后，点击回车键，上述已设置并保存成功的常用信息可返填至相应界面中。

第三节　常见问题

问题 1　在“进境（港）动态申报”查询界面中，通过日期等条件无法查询到申报记录，但在“动态申报历史查询”界面里能够查到。

答　仔细确认查询界面中的查询条件，重新查询，有以下三种查询条件：

（1）“进境（港）动态申报”界面的查询条件是“抵港时间”；

（2）“出境（港）动态申报”界面的查询条件是“离港时间”；

（3）“动态申报历史查询”界面中的条件是“申报时间”。

问题 2　在使用国际贸易“单一窗口”系统之前，已经在业务主管部门备案船舶信息，现在是否需要重新进行船舶信息备案，才能接着开展业务。

答　如果已经在海关或者海事等系统备案过船舶基本信息，只需要确保国际贸易“单一窗口”水运运输工具申报系统中，船舶基本数据与业务主管部门备案的数据一致即可，操作方法有以下两种：

（1）点击“船舶信息备案编辑”界面上方的“海事数据查询”按钮，在“海事数据查询”界面可实时调取海事系统内已备案成功的船舶数据。具体操作可参考前文的“备案管理”→“船舶信息备案”部分。船舶数据导入界面后，将船舶数据进行暂存后，可直接开展后续进出口岸或动态申报业务，不需要向海关、海事系统重复申报该船的备案数据。

（2）手工录入或修改国际贸易“单一窗口”系统中的船舶数据，暂存成功即可（便于后续海事进出口岸或海关动态申报等业务时，系统进行调用）。

小提示

请务必确保使用的国际贸易“单一窗口”系统中的船舶基本信息与业务监管部门持有的数据一致，不必重复申报船舶信息。

问题 3　进出境（港）动态新增申报时，“上一港”“下一港”等字段，无法选择或录入任何内容，一直提示“无匹配项”。

答　前文提到，本系统中的部分字段有依赖关系，例如，国际港口参数，参数数据较多，如果随意输入将会导致调用时间过长，因此在进行字段录入时，建议按照由上至下、由左至右的顺序填写。如果需录入“上一港”或“下一港”，请先在“上一港国家/地区”“下一港国家/地区”的字段内，进行录入或选择。

问题4 因船舶目的地未确定，在“上一港”“下一港”字段的下拉菜单中，能否选择“公海”？

答 在“上一港国家/地区”“下一港国家/地区”字段中，先选择录入“UN 联合国”，即可在“上一港”“下一港”字段中，选择“公海”。

问题5 申报了海关进境（港）预报数据后，退单回执提示“数据不正确，船舶代理企业未向海关备案或与海关备案不符”。

答 “进境（港）动态新增申报”界面中“海关备案号”字段填写不正确。海关备案号是船舶代理企业在海关备案的号码，格式为“4位关区代码+9位组织机构代码”。但全国各关区的业务要求不同，“4位关区”可能是直属关区代码，也有可能是隶属关区代码。请务必与业务主管部门核实清楚，在国际贸易“单一窗口”系统里填写后重新申报即可。

问题6 向海关申报数据后，被海关系统退单，提示“××××数据不正确，错误如下：数据不正确，船舶未备案”。

答 请先与业务主管部门联系，核实这条船在海关系统内是否成功备案。

（1）如果未备案，可以通过国际贸易“单一窗口”系统录入并向海关申报船舶信息。

（2）如果备过案，确保国际贸易“单一窗口”系统里的船舶基本信息与海关系统完全一致，暂存船舶基本信息后，再做动态申报。

（3）如果进行第一步时，界面弹出类似“不可以做变更、重复申报”之类的提示，说明海关系统内存该船信息，重复第二步即可。

小提示

船舶备案信息是进行海关动态业务数据申报的基础，因此请务必确保国际贸易“单一窗口”系统中的船舶信息，与海关系统内完全一致。

请特别留意，海关系统内英文船名前后的空格。

问题7 向海关申报数据后，被退单，回执信息中提示“没有监管点参数数据”。

答 检查以下两点后，重新申报：

（1）与业务主管部门联系，核实所申报的港口参数，在海关审批系统中是否存在。

（2）申报数据时，确认在进境（港）动态新增申报中录入的上一港、下一港、发航港、到达港等港口参数与报给单位里“海关关区”字段所选的关区参数对应或属于同一关区。

问题8　向海事申报进口岸申请，申报后被退，界面提示“MSA进口岸申请信息申报失败：接口服务执行失败，没有该申报单位信息”。

答　该提示代表被海事系统实时退了单。原因是当前登录进行申报的企业操作员信息，与海事系统内的数据不一致。点击“备案管理”→“船舶代理企业备案”，将船舶代理企业基本信息与企业操作员信息填写完整后发送，等待海事系统审批。待右上角的灯变成绿色，再重新申报。

问题9　在国际贸易“单一窗口”水运运输工具申报系统的船舶备案中，录入并向海事申报国内船舶的数据，提示“海事船舶备案信息错误：国内船舶不允许通过单一窗口向海事申报”。进行进口岸申请时，又遇到提示“海事进出口岸确报申报失败！接口服务执行失败，没有该船的信息，请先提交船舶备案信息！”

答　目前，海事系统暂不接收从国际贸易“单一窗口”系统中发送的国内船舶备案数据。因此对于国内船舶，需要先联络海事部门，在海事系统中进行备案，再到国际贸易“单一窗口”系统中使用“海事船舶数据查询”功能。查询到这条国内船舶的备案数据后进行暂存，完成后续的进出口岸业务申报即可。

问题10　录入并向海事系统进行进口岸手续申报后，系统弹出提示“海事进出口岸手续信息错误：船长姓名不能为空！”

答　根据海事业务要求，向海事申报进口岸手续的数据时，必须申报一条“船员职务”为船长的数据。在“进境（港）单证编辑”界面中，选择“船上非旅客人员名单”页签，录入船员职务为船长的信息，继续如实录入其他所需的数据后，重新申报即可。

问题11　向边检系统申报进境（港）单证数据后，系统弹出类似“CYMD-WSBJ，证件号码不能包含空格”的提示。

答　该提示代表被移民局（边检）系统实时退了单，“CYMDWSBJ”为船员名单网上报检的缩写。仔细检查“船上非旅客人员名单”页签内，“证件号码”字段后面是否存在空格，尤其是通过Excel表格导入的数据。去掉空格后重新申报即可。

第二章 空运运输工具申报系统

第一节 业务简介

国际贸易“单一窗口”空运运输工具申报系统为企业提供空运运输工具进出境过程中各类单证的录入申报功能，所涉及的单证类型主要有企业备案、航空器备案、航班备案、当日飞行计划备案、进境预报、进境确报、总申报单、机组名单、在港动态、退供物料、出境预报、出境确报等。企业可通过空运运输工具申报系统向海关提交上述电子数据，海关接收到企业提交的电子数据后进行审核处理，处理结果反馈至本系统，企业可再进行查询及后续操作。

一、备案管理

备案管理是运输工具办理进出境手续的前提条件。根据海关对进出境运输工具监管办法的要求，进出境运输工具、进出境运输工具负责人和进出境运输工具服务企业应当在经营业务所在地的直属海关或者经直属海关授权的隶属海关备案。

空运运输工具申报系统的备案管理模块，为企业提供空运进出境运输工具及相关企业的电子化备案与查询功能，企业可向海关提交备案电子信息，并查询海关的处理结果。

（一）企业备案

企业可使用空运运输工具申报系统向海关提交空运运输工具运营企业、运输工具代理企业、物料供退服务企业备案电子数据，再根据海关对企业备案的相关要求到经营业务所在地直属海关或者经授权的隶属海关办理备案，避免现场录入数据耗费等待时间和信息准备不充分等意外情况。海关对备案信息审核通过后会向空运运输工具申报系统反馈海关备案编码，该编码可供后续运输工具进出境申报业务使用。

（二）航空器备案、航班备案、当日飞行计划备案

进出境航空器在办理进出境手续前应事先向海关发送航空器、航班的备案数据，以及每日发生的当日飞行计划备案数据。以上备案数据经海关审核通过后才可进行进出港动态信息的申报。航班和飞行计划发生调整的，运营企业或其代理企业应及时向海关重新报送备案数据。

海关对进出境运输工具、进出境运输工具负责人及进出境运输工具服务企业的备案实行全国海关联网管理。已经在某个关区成功办理了备案手续的，在其他关区开展进出境业务前无须再重新办理备案。

二、进境（港）申报

航空器进境（港）前运输工具负责人应在海关规定的时限内提前向海关申报进境（港）动态预报数据。海关校验该航空器、航班是否已在海关备案；已有备案信息的，海关处理进境（港）动态预报数据并向空运运输工具申报系统反馈处理结果。因天气等原因导致航班取消的，运输工具负责人应立即向海关报送进港航班取消申请。

航空器有确定的抵达或者直接进港的时间和泊位后，运输工具负责人应在海关规定的时限内提前向海关申报进境（港）动态确报数据。海关校验该运输工具是否已申报预报动态，已有预报动态的，海关处理进境（港）动态确报数据并向空运运输工具申报系统反馈处理结果。

航空器进境（港）确报动态信息海关审核通过后，运输工具负责人可以进行相关航空器进口单据的申报，包括总申报单、机组人员名单。海关校验该运输工具是否已申报确报动态。已有确报动态的，海关处理进口单据信息并向空运运输工具申报系统反馈处理结果。

三、在港申报

航空器办结进港申报手续后，在港停靠期间更换停靠地点的，运输工具负责人应当事先通知海关，向海关提交在港动态。

航空器在港停靠期间若需装卸航空物料，应事先向海关申报供退物料清单。

四、出境（港）申报

航空器在港口作业完毕安排出境（港）前，运输工具负责人应在海关规定的时限内提前向海关申报出境（港）动态预报数据。海关校验该航空器、航班是否已在海关备案。已有备案信息的，海关处理出境（港）动态预报数据并向空运运输工具申报系统反馈处理结果。因天气等原因导致航班取消的，运输工具负责人应立即向海关报送出港航班取消申请。

航空器在出境（港）前30分钟以内，运输工具负责人需向海关提交航空器出口单据，包括总申报单、机组人员名单。海关处理进口单据信息并向空运运输工具申报系统反馈处理结果。

航空器在实际出境（港）后，运输工具负责人应在海关规定的时限内向海关申报出境（港）动态确报数据。海关处理出境（港）动态确报数据并向空运运输工具申报系统反馈处理结果。

五、申报历史查询

用户可通过此模块，查询所有已申报的数据，以及相应的状态和海关处理结果。

第二节　基本操作

进入系统

在国际贸易“单一窗口”成功注册企业用户后，输入用户名与密码登录系统，即可在“标准版应用”页签的“运输工具”栏目中，通过点击“空运”链接进入空运运输工具申报系统。

一、备案管理

用户可以在“备案管理”模块中进行“航空器代理企业备案”“海关航空器企业备案”“航空器信息备案”“航班信息备案”“当日飞行计划备案”的录入与申报等操作，相关数据申报后将向相关业务主管部门发送，主管部门处理后，用户可在本模块中查看处理回执。用户还可通过“航空器备案查询”“航班信息查询”“当日飞行计划查询”菜单进行各类数据的查询操作。

进入空运运输工具申报系统，点击左侧菜单栏“备案管理”，展开业务菜单如图 2-1 所示。

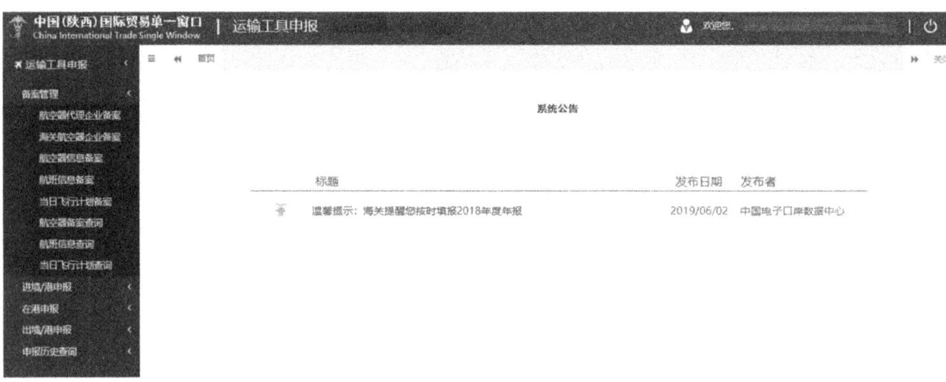

图 2-1　备案管理主界面

（一）航空器代理企业备案

本模块用于向海关、边检部门申报航空器代理企业备案信息。

进入系统，在左侧菜单栏中点击“备案管理”→“航空器代理企业备案”，系统自动根据当前登录账户的企业注册内容返填相关信息，并显示在右侧界面内（如图 2-2 所示）。

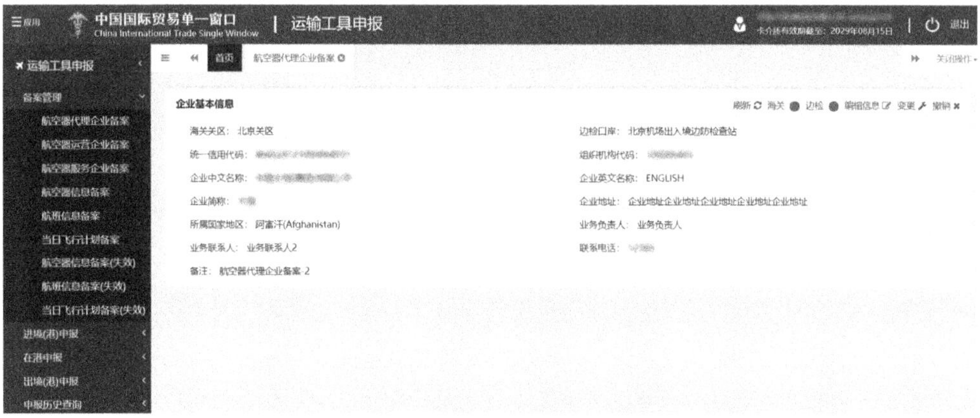

图 2-2　航空器代理企业备案界面

1. 刷新

点击“航空器代理企业备案”界面右上角的“刷新”按钮，可对当前页面显示的信息进行更新。

2. “海关”彩色圆点

点击“航空器代理企业备案”界面右上角“海关”旁的彩色圆点按钮，系统弹出“代理企业申报记录”（如图 2-3 所示）。

图 2-3　代理企业申报记录界面（一）

3. “边检”彩色圆点

点击“航空器代理企业备案”界面右上角“边检”旁的彩色圆点按钮，系统弹出“代理企业申报记录”（如图 2-4 所示）。

图 2-4　代理企业申报记录界面（二）

4. 编辑信息

点击“航空器代理企业备案”界面右上角的“编辑信息”按钮，进入“航空器代理企业备案修改”界面。

如未选择任何填写提示，界面所有字段名称均为黑色。在“填写提示”的下拉菜单中进行选择后，系统在界面中以蓝色高亮显示当前业务主管部门监管所需的字段，其中带有黄底的字段，为必填项（如图 2-5 所示）。

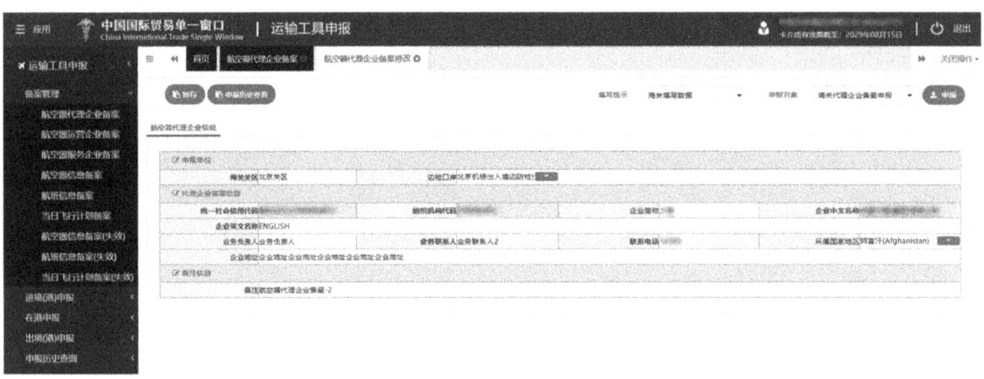

图 2-5　航空器代理企业备案修改界面（高亮显示字段）

根据实际情况对信息进行补充修改后，从页面右上方的“申报对象”栏通过下拉菜单选择申报对象后点击“申报”按钮。

点击“申报历史查看”按钮，可查询已申报的信息（如图 2-6 所示）。

图 2-6　代理企业申报记录界面（三）

在“代理企业申报记录”界面查询列表中勾选一条记录，点击“回执记录”按钮，可查看回执状态和回执内容（如图 2-7 所示）。

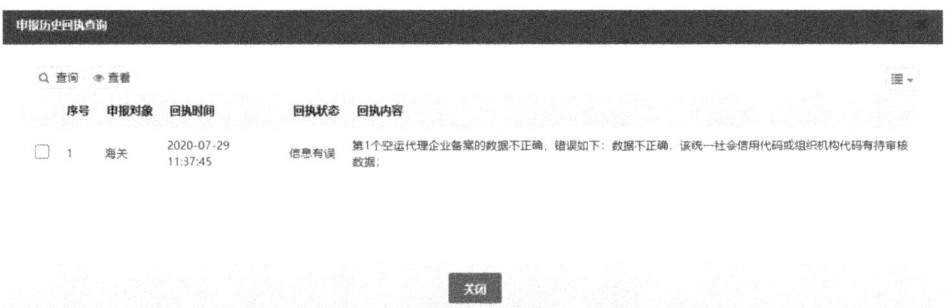

图 2-7　申报历史回执查询界面

在“申报历史回执查询”界面，选择一条回执记录，点击“查看”按钮，可查看申报历史回执详情信息（如图 2-8 所示）。

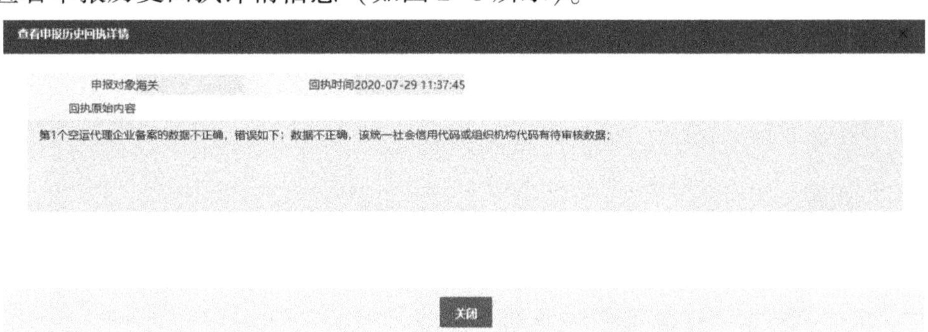

图 2-8　查看申报历史回执详情界面

5. 变更

点击“航空器代理企业备案”界面列表右上方的“变更”按钮，进入“航空器代理企业备案变更”界面（如图 2-9 所示）。

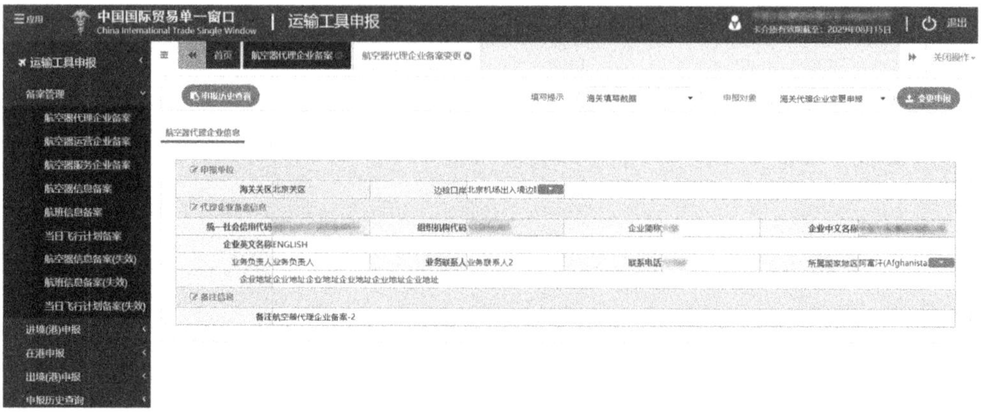

图 2-9　航空器代理企业备案变更界面

根据实际情况修改信息后，从页面右上方的“申报对象”栏通过下拉菜单选择申报对象后点击“申报”按钮，进行申报。“申报历史查看”按钮操作同前文，此处不再赘述。

6. 撤销

点击“航空器代理企业备案”界面列表右上方的“撤销”按钮，进入“航空器代理企业备案撤销”界面（如图 2-10 所示），在此可进行相关操作。

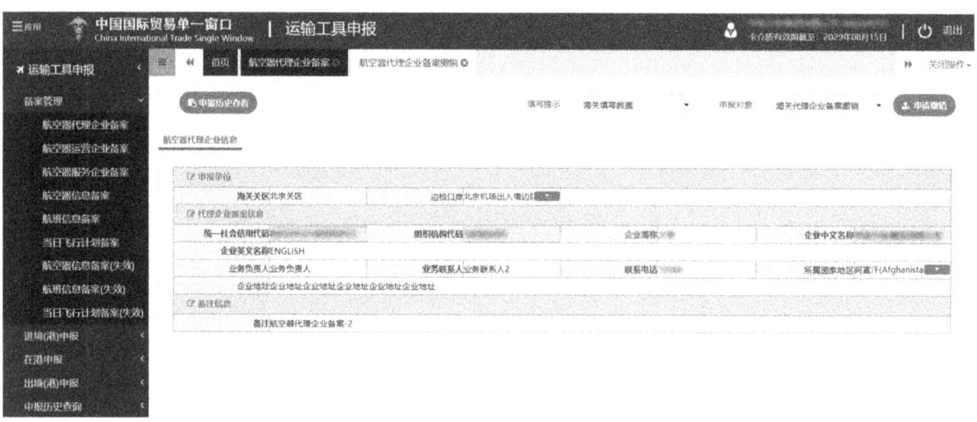

图 2-10　航空器代理企业备案撤销界面

7. 航空器代理企业备案录入说明

（1）海关关区：选填，录入海关关区四位代码或中文名称。

（2）边检口岸：必填，录入边检口岸三位代码或中文名称。

（3）统一信用代码：灰色，由系统自动返填。
（4）企业简称：必填，60 字符。
（5）组织机构代码：灰色，由系统自动返填。
（6）备注：选填，1024 字符，按实际信息进行填报。

（二）航空器运营企业备案

本模块用于向海关申报航空器运营企业备案信息。

进入系统，在左侧菜单栏中点击“备案管理”→“航空器运营企业备案”，界面右侧显示“航空器运营企业备案”查询界面（如图 2-11 所示）。

图 2-11　航空器运营企业备案查询界面

1. 新增

在界面中，点击“新增”按钮，进入“航空器运营企业备案”录入界面（如图 2-12 所示）。

图 2-12　航空器运营企业备案录入界面

可在此界面进行运营企业备案信息的新增、暂存、删除操作。根据实际情况录入信息后，在页面右上方的“申报对象”栏通过下拉菜单选择申报对象后点击“申报”按钮，进行申报。

“航空器运营企业备案”查询界面的“编辑”“变更”“撤销”“删除”“航空器企业申报记录”等按钮的操作同前文，此处不再赘述。

（三）航空器服务企业备案

本模块用于向海关申报航空器服务企业备案信息。

进入系统，在左侧菜单栏中点击“备案管理”→“航空器服务企业备案”，系统自动根据当前登录账户的企业注册内容返填相关信息，并显示在右侧界面内（如图 2-13 所示）。“刷新”“编辑信息”“变更”“撤销”按钮的操作同前文，此处不再赘述。

图 2-13　航空器服务企业备案界面

点击“航空器服务企业备案”界面列表右上角“海关”旁的彩色圆点，系统弹出海关服务企业备案申报记录（如图 2-14 所示）。

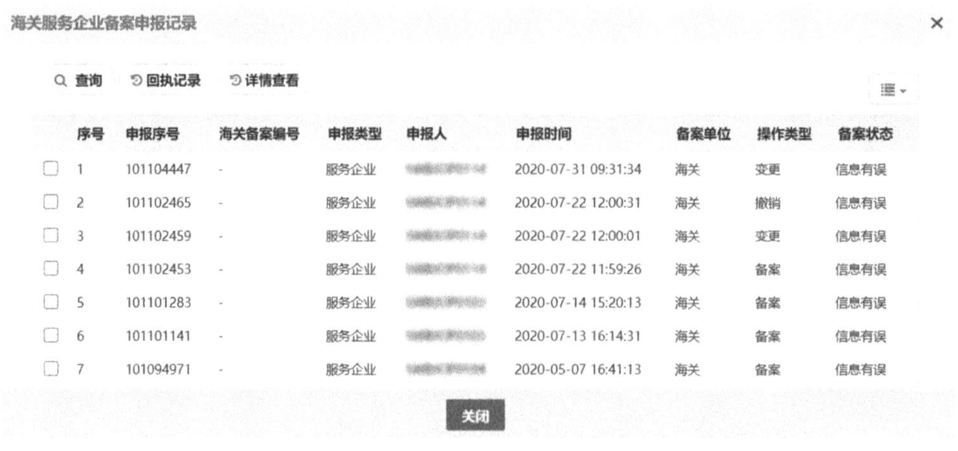
海关服务企业备案申报记录

查询　回执记录　详情查看

	序号	申报序号	海关备案编号	申报类型	申报人	申报时间	备案单位	操作类型	备案状态
☐	1	101104447	-	服务企业	[illegible]	2020-07-31 09:31:34	海关	变更	信息有误
☐	2	101102465	-	服务企业	[illegible]	2020-07-22 12:00:31	海关	撤销	信息有误
☐	3	101102459	-	服务企业	[illegible]	2020-07-22 12:00:01	海关	变更	信息有误
☐	4	101102453	-	服务企业	[illegible]	2020-07-22 11:59:26	海关	备案	信息有误
☐	5	101101283	-	服务企业	[illegible]	2020-07-14 15:20:13	海关	备案	信息有误
☐	6	101101141	-	服务企业	[illegible]	2020-07-13 16:14:31	海关	备案	信息有误
☐	7	101094971	-	服务企业	[illegible]	2020-05-07 16:41:13	海关	备案	信息有误

关闭

图 2-14　海关服务企业备案申报记录界面

（四）航空器信息备案

本模块用于向海关申报航空器备案信息。

进入系统，在左侧菜单栏中点击“备案管理”→“航空器信息备案”，进入“航空器信息备案”界面，可对航空器信息进行新增、编辑、删除、变更和撤销申报记录等操作（如图 2-15 所示）。

图 2-15　航空器信息备案界面

点击“新增”按钮，进入“航空器备案新增”界面，包括航空器备案申报和附件管理两部分，以页签形式显示（如图 2-16 所示）。航空器备案申报页面可对航空器信息进行新增、暂存、删除、申报等操作；附件管理页面可查询、预览、上传客舱座位分布图。

图 2-16　航空器备案新增界面

界面中，文本类字段（例如，航空公司中文名称、备注等）可手工录入，请根据业务主管部门要求，如实填写或修改相关内容。

右侧带有三角形标识（例如，航空器国籍/地区等），表示该类字段需要在参数下拉表中进行调取，不可随意录入。将光标置于字段中，点击空格键，调出下拉菜单并在其中进行选择。可以直接输入已知的相应数字、字母或汉字，迅速调出参数，使用上下箭头选择后，点击回车键确认录入。

此外，如果不是首次进行航空器信息备案（例如，调用之前的航空器信息数据进行修改），可点击“航空器注册编号”字段右侧的放大镜按钮，在弹出的窗口中进行查询（如图 2–17 所示）。

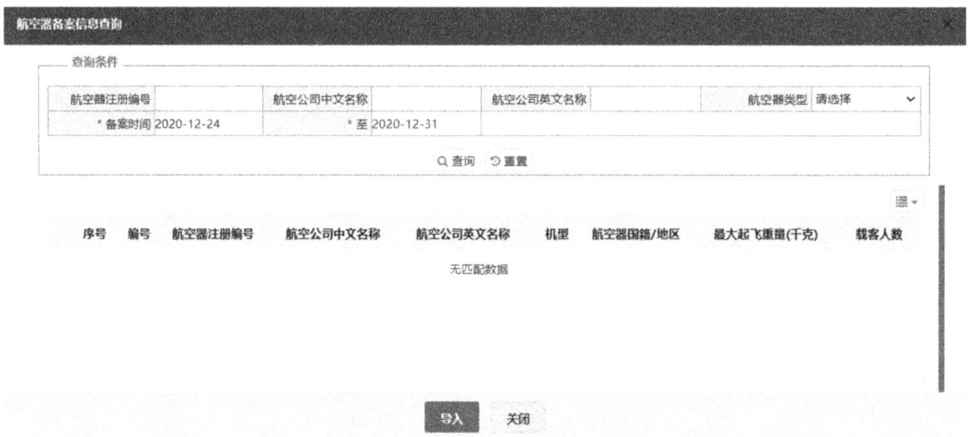

图 2–17　航空器备案信息查询界面

可录入航空器注册编号、航空器类型或航空公司中、英文名称，选择备案时间，点击“查询”按钮，相应航空器备案信息显示在下方列表中（如图 2–18 所示）。点击“重置”则清空当前录入的查询条件。

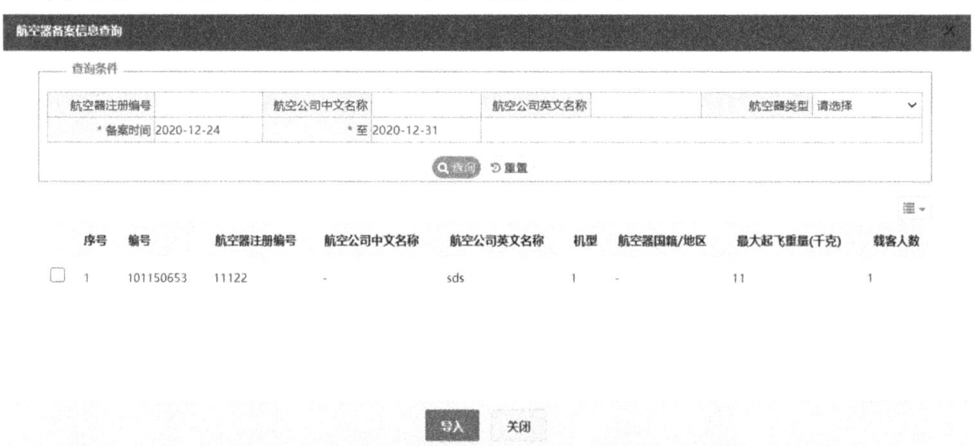

图 2–18　航空器备案信息查询界面（列表）

勾选列表中的信息后，点击“导入”按钮，将相关数据返填到“航空器备案新增”界面中（如图 2–19 所示）。此时可根据实际业务需要，继续进行录入或修改操作。

图 2-19　航空器备案新增界面（返填后）

1. 操作按钮说明

（1）新增：点击界面上方的“新增”按钮，会将当前录入的内容清空，此时可填写所需的新增内容。如未点击“暂存”按钮，则新增数据不会被保存。

（2）暂存：对当前已录入数据进行暂存，暂存时如果相关字段填写不规范，会有提示。

（3）删除：只可以删除状态为暂存的记录，删除后数据不可恢复。

（4）申报：点击“申报”按钮，当前录入企业信息将向所选申报对象发送。申报时会对相关字段进行初核，如有相关字段不符合相关填报要求无法申报成功，用户可按系统返回的提示信息修改后再申报。

小提示

如果在此没有查到已备案的航空器数据，同时航空器的确已在海关等监管部门备案成功，直接在其他业务需要航空器备案数据的位置录入相应航空器备案数据即可，不需要在国际贸易“单一窗口”重新申报，直接进行后续业务申报即可。

2. 录入信息说明

（1）海关关区：必填，录入海关关区四位代码或中文名称。

（2）航空公司英文名称：必填，256 位字符，按实际信息填写。

（3）航空公司中文名称：选填，256 位字符，按实际信息填写。

（4）航空器注册编号：必填，25 位字符，按实际信息填写或点击录入框右边的查询按钮，查询已有的信息进行导入。

（5）航空器国籍/地区：必填，输入国家/地区代码或中文名称。

（6）航空器类型：必填，按实际信息在下拉菜单中选择。

（7）机型：必填，35 位字符，按实际信息填写或在下拉菜单中选择确认。

（8）最大起飞重量（千克）：必填，14 位整数，按实际信息填写。

（9）标准客舱布局载客人数：此为条件项，当航空器类型为通用航空器时必填，四位整数，按实际信息填写。

（10）航空器所有人：必填，256 位字符，按实际信息填写。

（11）所有人证件类型：此为条件项，当航空器类型为通用航空器时必填，按实际信息在下拉菜单中选择。

（12）所有人证件号码：此为条件项，当航空器类型为通用航空器时必填，35 位字符，按实际信息填写。

（13）备注：选填，512 位字符，按实际情况填写。

3. 附件管理

使用该页签，须先填写“航空器备案申报”，暂存后，才能进行附件管理的上传操作。点击“附件管理”标签页，切换至上传界面（如图 2-20 所示）。

图 2-20　附件管理界面

界面中，右侧带有三角形标识（附件类型），表示该类字段需要在参数中进行调取，不可随意录入。将鼠标置于字段中，点击空格键，调出下拉菜单（客舱座位分布图）并进行选择。

小提示

上传附件大小不能超过 200KB。

（五）航班信息备案

本模块相关操作，请参考“航空器信息备案”。

点击左侧菜单栏“备案管理”→“航班信息备案”，右侧显示“航班信息备案”查询界面（如图 2-21 所示）。

图 2-21　航班信息备案界面

首次录入数据，点击“新增”按钮，进入“航班信息新增”界面，包括航班信息、航段信息两部分，以切换页签的方式在界面中显示（如图 2-22 所示）。

图 2-22　航班信息备案新增界面

1. 航班信息

航班信息部分内容如图 2-23 所示。

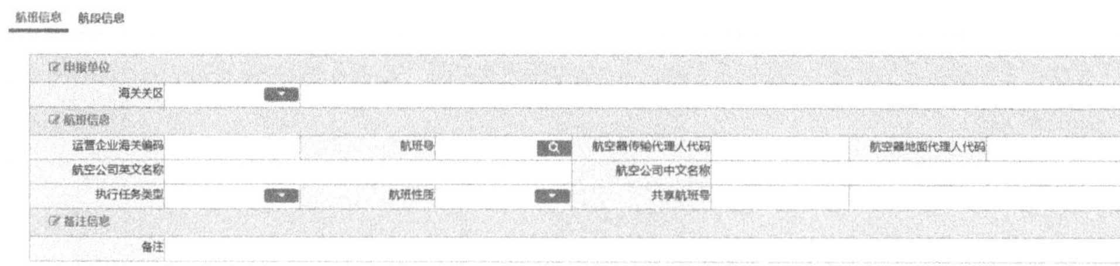

图 2-23　航班信息界面

航班信息录入说明如下。

（1）航空公司英文名称：必填，256 位字符，按实际信息填写。

（2）航空公司中文名称：选填，256 位字符，按实际信息填写。

（3）航空器传输代理人代码：必填，18 位字符，按实际信息填写。

（4）航空器地面代理人代码：必填，18 位字符，按实际信息填写。

（5）共享航班号，选填，256 位字符，按实际信息填写。

（6）执行任务类型：必填，在下拉框中选择。

（7）航班性质：必填，在下拉框中选择。

（8）备注：选填，512 位字符，按业务主管部门要求填报。

（9）航班号：必填，17 位字符，按实际信息填写或点击录入框右边的查询按钮，进入“航班备案信息查询”界面（如图 2-24 所示），查询已有信息进行导入。

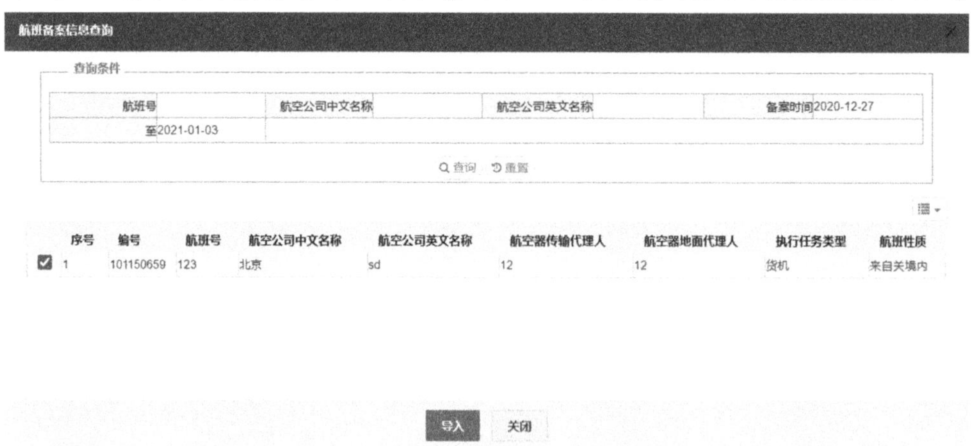

图 2-24　航班备案信息查询界面

上述信息录入完成后，“航班信息备案”界面如图 2-25 所示。

图 2-25　航班信息备案界面（返填后）

2. 航段信息

若使用该页签，须先填写“航班信息”，暂存后，才能进行航段信息的保存操作。点击“航段信息”标签页，切换至录入界面（如图 2-26 所示）。

图 2-26　航段信息录入界面

可在该页面进行航班信息的增加、删除、修改、保存、查询等操作。具体见前文，此处不再赘述。

选择出发港与目的港后点击“保存”按钮，在下方列表中显示才能确认保存完成（如图 2-27 所示）。

图 2-27　航段信息添加界面

（1）出发港：必填，输入 3 位空运港口代码或中文名称进行确认。

（2）目的港：同出发港。

（3）长期飞行计划备案。

选中“航段信息”界面查询结果列表中任一条信息，点击“长期飞行计划备案”按钮，可以在弹出的“长期飞行计划”界面按实际需求进行该航班的长期飞行计划备案（如图 2-28 所示）。

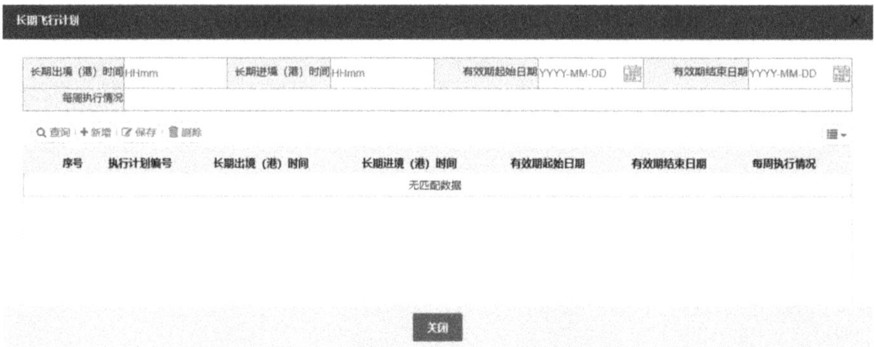

图 2-28　长期飞行计划备案界面

录入相关字段后，点击“保存”按钮，在下方列表中显示才能确认保存完成（如图 2-29 所示）。

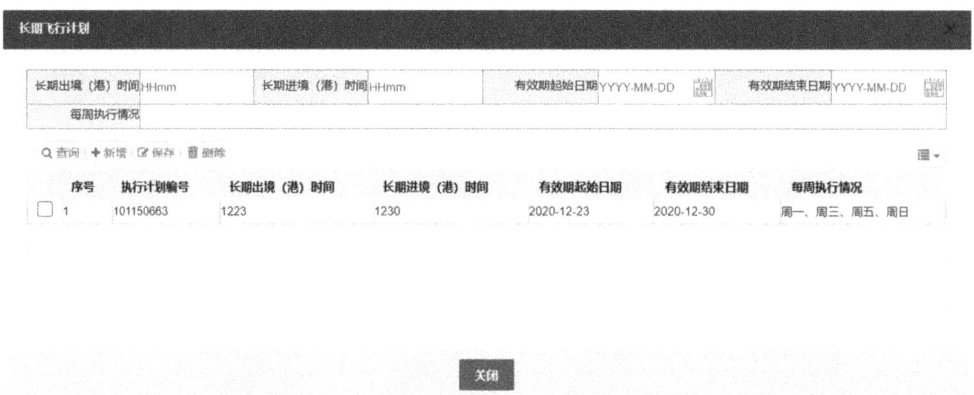

图 2-29　长期飞行计划界面（添加后）

具体填写说明如下。

①长期出境（港）时间：必填，24 小时制（例如，18：30 填 1830）。按照该航班向中国民航总局备案的夏秋或冬春计划中的离港时间填写。

②长期进境（港）时间：同上。按照该航班向中国民航总局备案的夏秋或冬春计划中的抵港时间填写。

③有效期起始日期：必填，直接在时间列表中选择。按照中国民航总局批复的该航班夏秋或冬春计划中的有效期起始日期填写。

④有效期结束日期：同上。按照中国民航总局批复的该航班夏秋或冬春计划中的有效期结束日期填写。

⑤每周执行情况：必填，512 位字符，按实际情况填写。根据航班每周实际运营情况分别按照 1、2、3、4、5、6、7 填写；其中数字 1 至 7 代表周一至周

日，例如，航班运营情况为周一、周三、周五、周日，也可以直接录入，例如，一、三、五。

根据实际情况填写航班与航段信息后，选择申报对象并点击“申报”按钮向相关业务主管部门申报。

（六）当日飞行计划备案

点击左侧菜单栏中“备案管理”→“当日飞行计划备案”，在右侧界面进行当日飞行计划备案操作（如图 2-30 所示）。

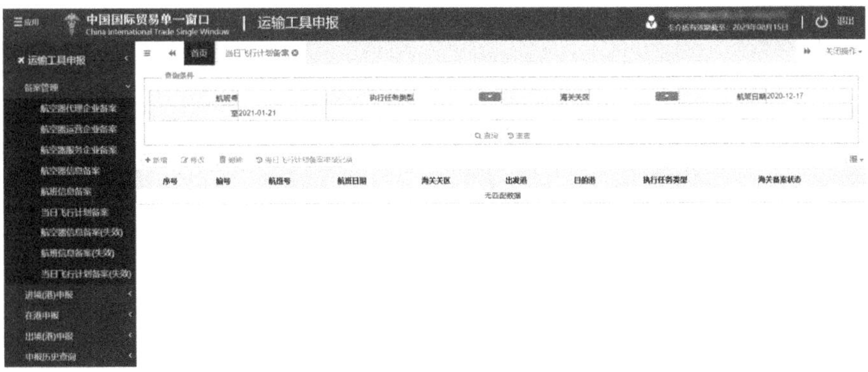

图 2-30　当日飞行计划备案界面

在界面中，选择航班日期，点击“查询”按钮，相应的当日飞行计划备案信息显示在下方列表中（如图 2-31 所示）。

图 2-31　当日飞行计划备案界面（查询结果）

首次录入数据，点击“新增”按钮，进入“当日飞行计划新增”界面，可以进行新增、暂存、删除、申报操作（如图 2-32 所示）。

图 2-32　当日飞行计划新增界面

点击“航班号”右侧的放大镜按钮，弹出“当日飞行计划备案信息查询”界面（如图 2-33 所示）。

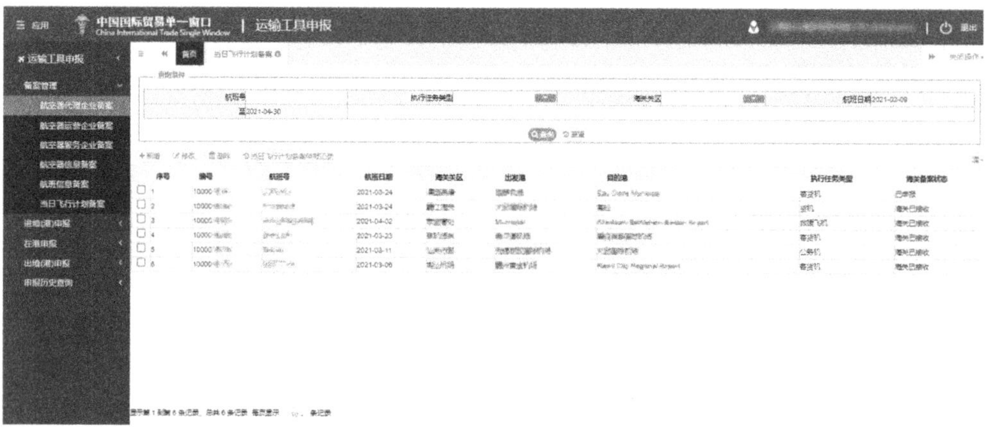

图 2-33　当日飞行计划备案信息查询界面

在界面中，录入航班日期、航班号、执行任务类型、海关关区等查询条件，在下方列表中，选中一条记录查询该记录当日飞行计划备案信息（如图 2-34 所示）。

图 2-34　当日飞行计划备案信息查询界面（查询结果）

在“当日飞行计划备案信息”查询界面，选中一条记录，点击“导入”按钮，自动将该条信息导入“当日飞行计划新增”界面录入框中（如图 2-35 所示）。

图 2-35　当日飞行计划新增界面（返填后）

二、进境（港）申报

用户可以在“进境（港）申报”模块中进行“进境（港）动态申报”“进境（港）单证申报”“进境（港）航班取消申报”的数据录入与申报等操作。相关数据申报后将向相关业务主管部门发送，主管部门处理后，用户可在本模块中查看到对应的处理回执。

（一）进境（港）动态申报

在左侧菜单中点击“进境（港）申报”→“进境（港）动态申报”，进入“进境（港）动态申报”界面（如图 2-36 所示）。根据界面上方的查询条件输入相关信息，点击“查询”按钮，可以查询到本企业已经操作过的进境（港）动态信息记录，查询到的信息显示在列表中（如图 2-37 所示）。同时可以选择列表中的任意一条信息进行修改、删除、查看申报记录等操作，也可点击“新增”按钮录入新的动态申报数据。

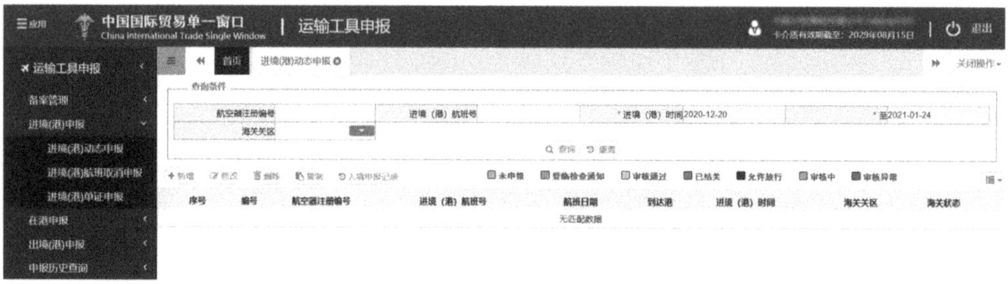

图 2-36　进境（港）动态申报界面

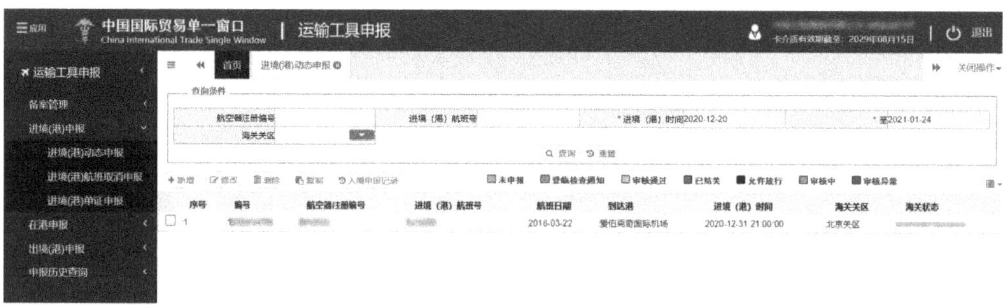

图 2-37　进境（港）动态申报界面（查询结果）

在界面的中部，对不同颜色代表的状态进行了说明，直观地显示在列表中，可预览到各业务主管部门的数据状态。

此外，可将鼠标置于列表中的不同颜色条上悬停，系统将弹出详细的状态信息（显示预报与确报的状态）。点击颜色条后，系统可弹出“动态申报记录”的信息框，显示更多内容。该功能同“进境申报记录”按钮。

“进境（港）动态申报”界面操作按钮说明如下。

（1）查询：输入查询条件后，可以查询到对应查询条件的企业备案信息。

（2）重置：点击“重置”按钮，原输入的查询条件信息将被清空。

（3）新增：点击“新增”按钮，系统自动打开“进境（港）动态新增”界面。

（4）修改：可对列表中选中的数据进行修改、暂存与申报操作。操作在界面下方列表中选中一条记录点击此按钮，系统自动打开“进境（港）动态修改”界面。

（5）删除：只可以删除海关状态为暂存的记录，删除后数据不可恢复。

（6）复制：可复制列表中选中的数据的进境（港）动态信息。在界面下方列表中选择一条记录点击此按钮，系统自动复制该条数据的信息至“进境（港）动态复制”界面，可在此基础上，根据实际业务需求进行修改。

（7）入境申报记录：选择列表中一条记录，点击此按钮，可以查询该数据从首次申报至当前时间的企业申报情况及回执情况（如图 2-38 所示）。

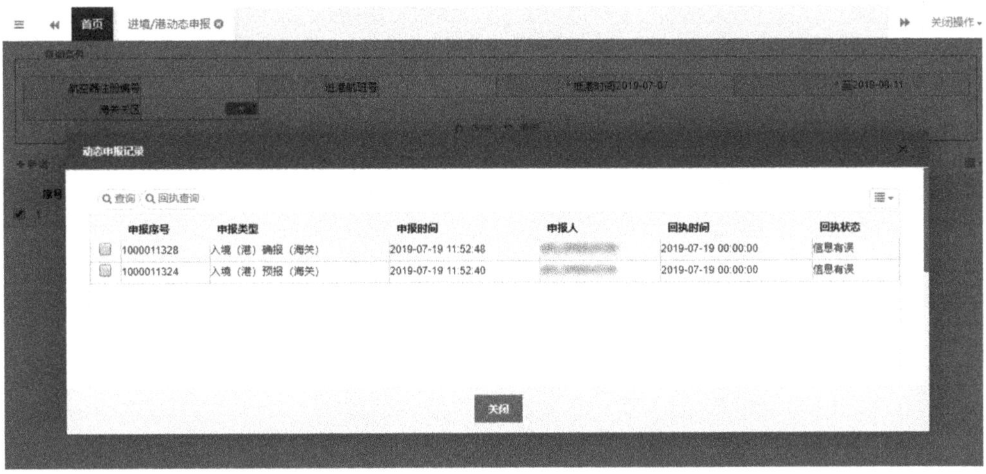

图 2-38　动态申报记录界面

1. 进境（港）动态新增

在“进境（港）动态申报”界面点击“新增”按钮，系统自动打开“进境（港）动态新增”界面（如图 2-39 所示）。

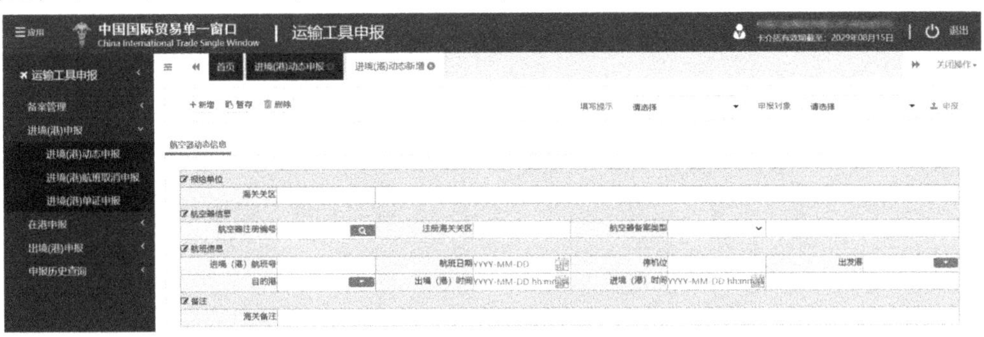

图 2-39　进境（港）动态新增界面

在顶部右侧“填写提示”的下拉菜单中选择“海关填写数据”后，申报对象选择“海关进境（港）预报”“海关进境（港）确报”，可同时选择。系统将自动在界面中以蓝色+黄底色高亮显示当前业务主管部门监管所需的字段，其中带有红色星号+黄底色的字段，为必填项。如果没有选择任何填写提示，界面所有字段名称均为黑色（如图 2-39 所示）。

（1）"进境（港）动态新增"界面操作按钮说明。

①新增：点击该按钮后将清除当前界面中所有信息。如当前已有录入数据建议保存后再点击该按钮，否则当前已录入数据无法找回。

②暂存：对当前已录入数据进行暂存。暂存时如果相关字段填写不规范，会有提示。

③删除：删除暂存状态的数据。一旦删除无法恢复，请慎用。

④申报：点击该按钮，当前录入企业信息将向所选申报对象发送。申报时会对相关字段进行初核，如有相关字段不符合相关填报要求无法申报成功，用户可按系统返回提示信息修改后再申报。

（2）录入信息说明。

①海关关区：必填，4 位海关关区代码或中文名称。

②航空器注册编号：必填，25 位字符。填写方式参照"航空器备案申报"中对航空器注册编号的说明。

③进港航班号：必填，17 位字符。

④航班日期：必填，在时间列表中选择。

⑤停机位：必填，35 位字符，按实际信息填写。

⑥出发港：必填，输入 3 位空运港口代码或中文名称进行确认。按照上一个起飞航空港国际航空运输协会（IATA）三字代码填写（包括所有国内、国外航空港）。

⑦目的港：必填，输入 3 位空运港口代码或中文名称确认。按照接受申报航空港的国际航空运输协会三字代码填写。

⑧出港时间：必填，在时间列表中选择日期与时间。填写上一港实际起飞时间或计划起飞时间。时间格式为 24 小时制，数据格式为"CCYYMMDDHHMM+08"。航程不足 4 小时的，航空器起飞前申报；航程超过 4 小时的，航空器抵达本港的 4 小时前申报。

⑨进港时间：必填，在时间列表中选择日期与时间。填写根据离港时间计算所得的时间或飞行计划中的预计抵达时间。

⑩海关备注：选填，512 位字符。

2. 进境（港）动态修改

在"进境（港）动态申报"界面，根据界面上方的查询条件输入相关信息，点击"查询"按钮。在下方查询结果列表中选中一条记录点击"修改"按钮，系统自动打开"进境（港）动态修改"界面（如图 2-40 所示），除灰色字段无法修改外，其他操作参照"进境（港）动态新增"。

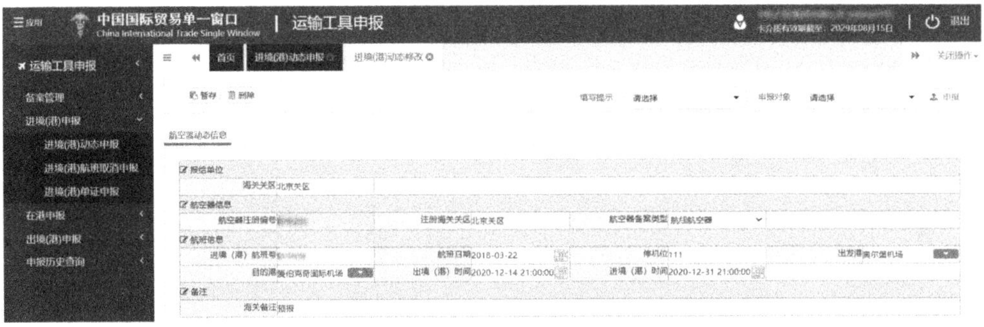

图 2-40　进境（港）动态修改界面

3. 进境港动态复制

在“进境（港）动态申报”界面，根据界面上方的查询条件输入相关信息，点击“查询”按钮。在下方查询结果列表中选中一条记录点击“复制”按钮，系统自动复制该条数据信息至“进境（港）动态复制”界面（如图 2-41 所示），可在此基础上，按实际业务需求进行修改。

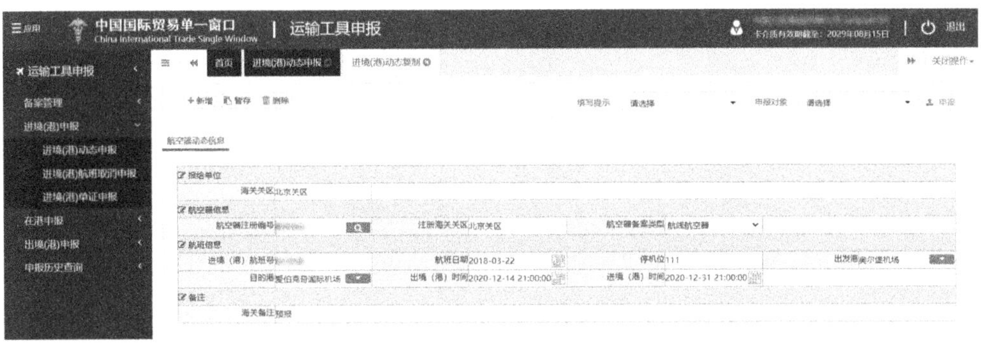

图 2-41　进境（港）动态复制界面

（二）进境（港）航班取消申报

在左侧菜单栏中点击“进境（港）申报”→“进境（港）航班取消申报”，进入“进境（港）航班取消申报”界面（如图 2-42 所示）。

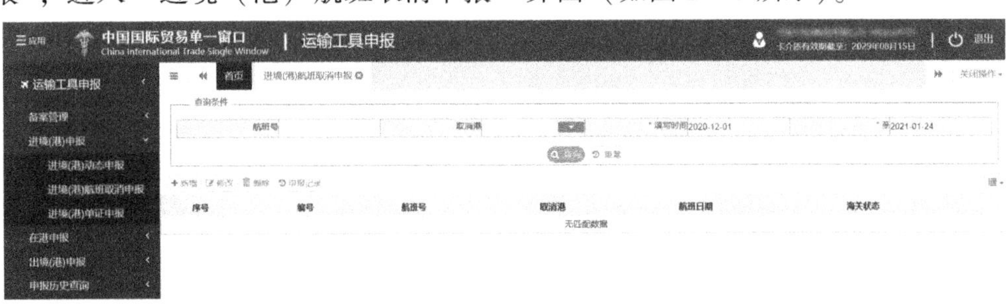

图 2-42　进境（港）航班取消申报界面

可在此界面进行航班取消申报的新增、修改、删除、申报记录查询等操作，具体参考前文，此处不再赘述。

（三）进境（港）单证申报

在左侧菜单中点击“进境（港）申报”→“进境（港）单证申报”，右侧显示具体的操作界面（如图2-43所示）。

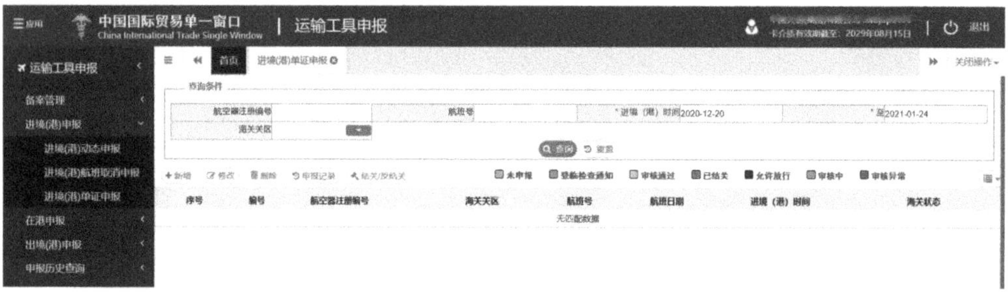

图2-43　进境（港）单证申报界面

1. 新增、修改

通过点击“新增”或“修改”按钮可以分别打开“进境（港）单证申报新增”和“进境（港）单证申报修改”界面，具体操作方法可以参考“进境（港）动态申报”模块。

“进境（港）动态申报新增”界面（如图2-44所示）包括“总申报单信息”“机组名单信息”两部分，以切换页签的方式在界面中显示。

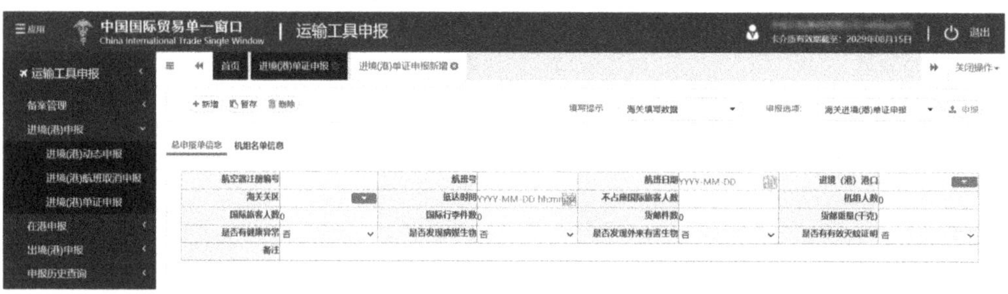

图2-44　进境（港）单证申报新增——总申报单信息界面

小提示

申报历史查询提供用户曾经进行的所有申报记录查询，同一条进境或出境动态数据如果多次申报，在查询界面会产生多条申报记录。总申报单信息和机组名单信息是单独申报的，选择的申报选项不一样，需要申报两次。

（1）总申报单信息。

在“总申报单信息”界面，相关信息录入说明如下。

①航空器注册编号：必填，25 位字符，按实际信息填写。
②航班号：必填，17 位字符，按实际信息填写。
③航班日期：必填，在时间列表中选择录入。
④进境港口：必填，输入 3 位空运港口代码或中文名称进行确认。
⑤海关关区：4 位海关代码。
⑥抵达时间：必填，在时间列表中选择录入。
⑦机组人数：必填，4 位整数。
⑧国际旅客人数：同上。
⑨不占座国际旅客人数：选填，4 位整数。
⑩国际行李件数：选填，8 位整数。
⑪货邮件数：选填，8 位整数。
⑫货邮重量：选填，8 位整数，3 位小数。
⑬是否有健康异常：是；否。
⑭是否发现病媒生物：是；否。
⑮是否发现外来有害生物：是；否。
⑯是否有有效灭蚊证明：是；否。
⑰备注：选填，512 位字符。

（2）机组名单信息。

“机组名单信息”界面如图 2-45 所示。

在界面查询已有的机组名单信息，可进行新增、保存、删除、导入、申报等操作。在上方录入框录入信息后，点击“保存”按钮，自动显示在下方结果列表中。

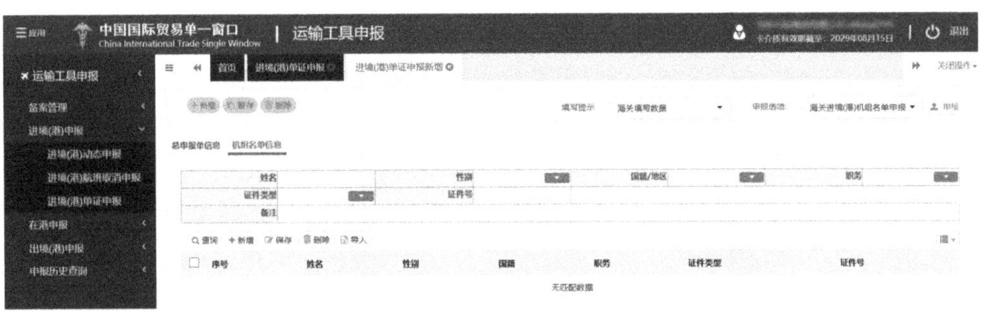

图 2-45　进境（港）单证申报——机组名单信息界面

录入信息说明：除备注项为选填项外，其他都是必填项，按实际情况填写后保存，可录入多项。“总申报信息”暂存后，点击“机组名单信息”页面的“导入”按钮，弹出“机组名单导入”界面，支持 Excel 文件导入（如图 2-46 所示）。

图 2-46　进境（港）单证申报——机组名单导入界面

2. 结关/反结关

在“进境（港）单证申报”界面的查询结果列表中选中一条记录，点击“结关/反结关”按钮，弹出“结关/反结关申报”界面（如图 2-47 所示），在此可进行相关操作。

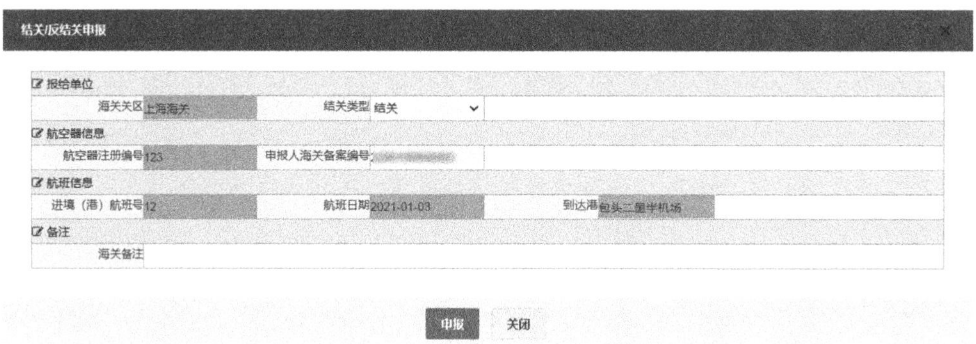

图 2-47　进境（港）单证申报——结关/反结关申报界面

三、在港申报

“在港申报”模块包括“供退物料申报”和“海关在港申报”两个基本功能。用户可以进行相应电子数据的录入和申报操作，相关数据申报后将向相关业务主管部门发送，主管部门处理后，用户可在本模块中查看处理回执。

（一）供退物料申报

在左侧菜单栏中点击“在港申报”→“供退物料申报”，进入供退物料申报界面（如图 2-48 所示）。

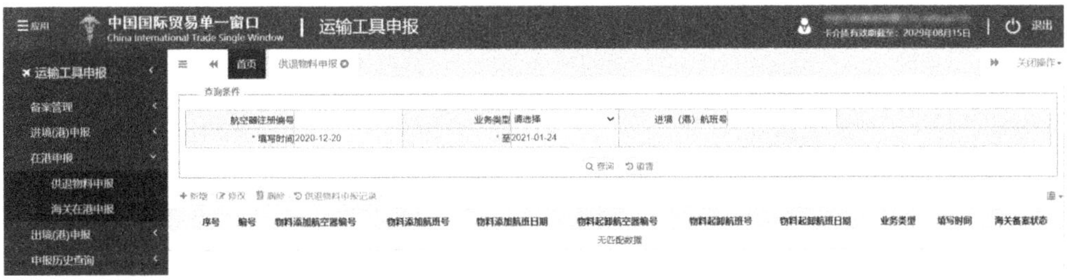

图 2-48　供退物料申报界面

根据界面上方的查询条件输入相关信息，点击“查询”按钮，可以查询到相关信息记录。查询到的信息显示在列表中，同时可以选择列表中的任一信息进行修改、删除、查看供退物料申报记录等操作，也可点击“新增”按钮录入新的供退物料申报数据。

1. 供退物料新增

在“供退物料申报”界面点击“新增”按钮，系统自动打开“供退物料新增”界面，包括“供退物料信息”和“货物明细信息”两部分，以页签方式显示（如图 2-49 所示）。

图 2-49　供退物料新增——供退物料信息界面

（1）供退物料信息。

①业务类型：必填，在下拉列表中选择，包括起卸申请、起卸完成、添加申请、添加完成、调拨 5 类。

②物料添加航班号：根据业务类型决定是否填写，17 位字符。

③物料起卸航班号：根据业务类型决定是否填写，17 位字符。

④物料添加航班日期：根据业务类型决定是否填写，在时间列表中选择。

⑤物料起卸航班日期：根据业务类型决定是否填写，在时间列表中选择。

⑥运输工具服务企业代码：必填，根据实际情况填写。

⑦出发/目的港：必填，输入 3 位空运港口代码或中文名称进行确认。

⑧海关关区：必填，4 位海关关区代码或中文名称。

⑨备注：选填，512 位字符。

（2）货物明细信息。

在“供退物料信息”界面“业务类型”下拉框选择一种类型后，才能进入“货物明细信息”界面（如图 2-50 所示）。

该界面可进行货物明细信息的查询、新增、删除、导入、申报等操作。具体参考前文，此处不再赘述。

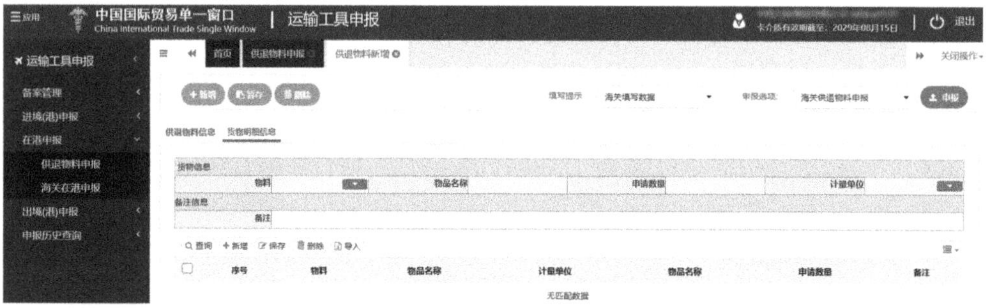

图 2-50　供退物料新增——货物明细信息界面

①物料：必填，在下拉列表中选择。

②物品名称：必填，根据实际情况填写。

③申报数量：必填，根据实际情况填写。

④计量单位：必填，在列表中选择。

⑤备注：选填，512 位字符。

（二）海关在港申报

在左侧菜单栏中点击“在港申报”→“海关在港申报”，进入“海关在港申报界面（如图 2-51 所示）。可以通过新增或查询出相关记录进行修改的方式进行操作，具体操作方法可以参考“进境（港）单证申报”及“进境（港）动态申报”。

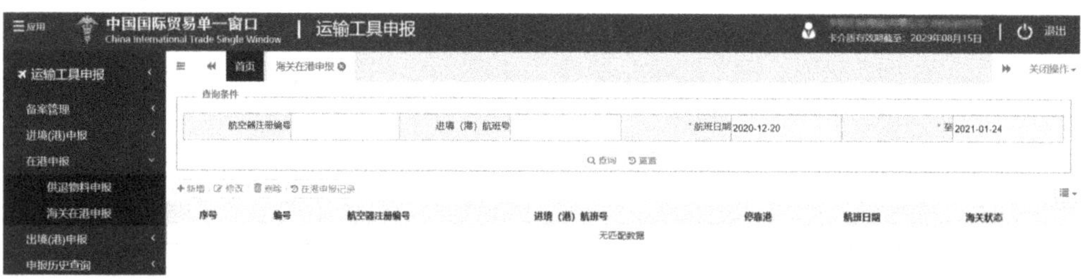

图 2-51　海关在港申报界面

可在此界面进行海关在港申报的查询、新增、修改、删除等操作。具体参考前文，此处不再赘述。

四、出境（港）申报

相关操作可以参考进境（港）申报。

（一）出境（港）动态申报

在左侧菜单栏中点击“出境（港）申报”→“出境（港）动态申报”，进入“出境（港）动态申报”界面（如图2-52所示）。在此界面可进行新增、修改、删除、复制和出境申报记录查询等操作。具体可参考前文，此处不再赘述。

图2-52 出境（港）动态申报界面

（二）出境（港）航班取消申报

在左侧菜单栏中点击“出境（港）申报”→“出境（港）航班取消申报”，进入“出境（港）航班取消申报”界面（如图2-53所示）。在此界面可进行新增、修改、删除、申报记录查询等操作。具体可参考前文，此处不再赘述。

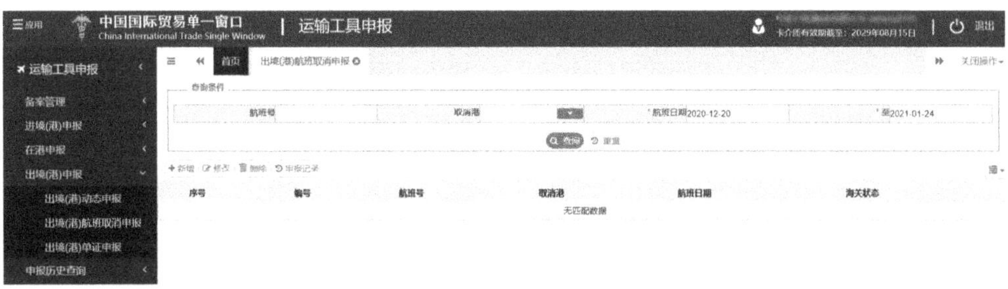

图2-53 出境（港）航班取消申报界面

（三）出境（港）单证申报

在左侧菜单栏中点击“出境（港）申报”→“出境（港）单证申报”，进入“出境（港）单证申报”界面（如图2-54所示）。在此界面可进行新增、修改、删除、申报记录查询、结关/反结关申报等操作。具体操作参考前文，在此不再赘述。

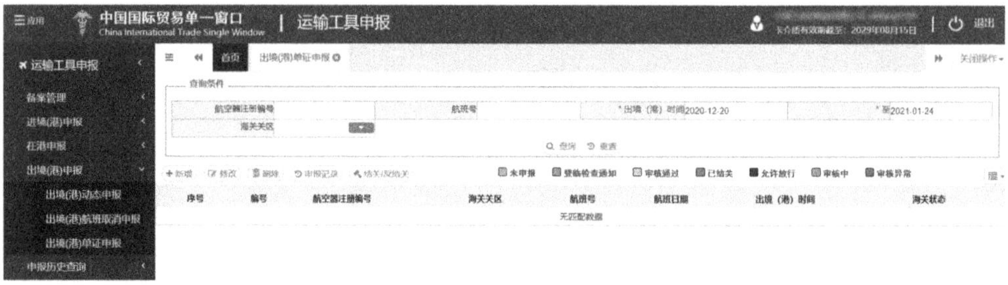

图 2-54　出境（港）单证申报界面

五、申报历史查询

通过申报历史查询，用户可以很方便地浏览到既往已申报的历史数据，并查看到对应的数据处理状态。例如，通过一个航班号就可查询到该航班何时申报了哪些类型的动态信息，申报的具体数据内容，目前的处理状态是海关接受申报还是退单，以及每条申报记录的所有回执记录，列表清晰一目了然。

申报历史查询包括：动态申报历史查询、供退物料申报历史查询、在港申报历史查询、航班动态查询、单证申报历史查询、客户端导入记录查询。

（一）动态申报历史查询

动态申报历史查询，支持所有进出境（港）航班动态信息的申报历史查询。在左侧菜单栏中点击“申报历史查询”→“动态申报历史查询”，进入“动态申报历史查询”界面（如图 2-55 所示）。根据网页上方的查询条件输入相关信息，点击“查询”按钮，可以查询到相关信息记录。查询到的信息显示在列表中，同时可以选择列表中任意一条记录进行“申报记录详情查看”“回执查询”等操作。

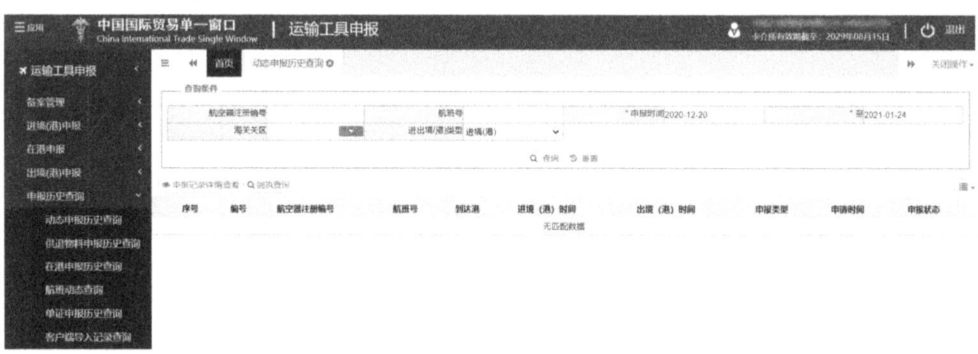

图 2-55　动态申报历史查询界面

1. 申报记录详情查看

在查询结果列表中，勾选任意一条记录，点击界面中“申报记录详情查看”按钮，系统弹出“申报记录详情查看”界面（如图 2-56 所示）。

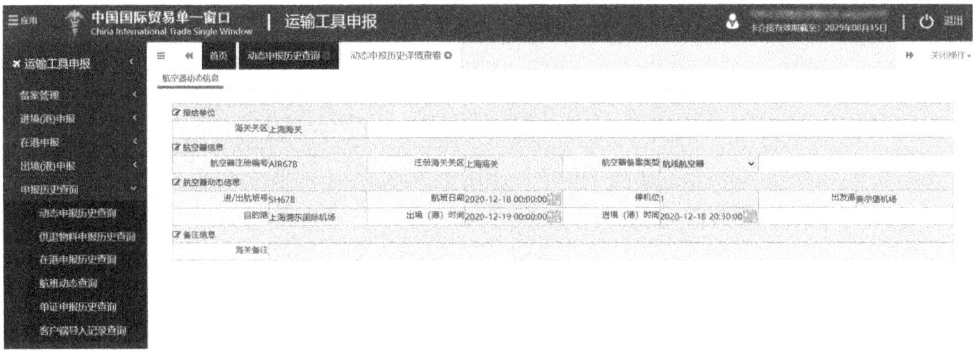

图 2-56　申报记录详情查看界面

当前界面由查询功能跳转而来，因此在界面中，字段为灰色不允许修改，仅供用户查看数据详情。

小提示

申报历史查询提供用户曾经进行的所有申报记录查询，同一条进境或出境动态数据如果多次申报，在查询界面中会出现多条申报记录。

2. 回执查询

在查询结果列表中，勾选任意一条记录，可点击界面中“回执查询”按钮，系统弹出“申报历史回执查询”界面（如图 2-57 所示）。

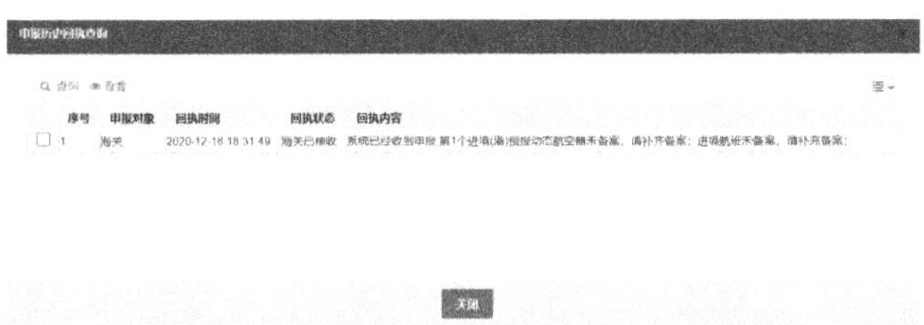

图 2-57　申报历史回执查询界面

在界面中点击“查询”按钮，将查询到回执或刷新查询结果列表。在列表中勾选任意一条记录，点击“查看”按钮，弹出“查看申报历史回执详情”对话框（如图 2-58 所示）。

图 2-58　查看申报历史回执详情界面

（二）供退物料申报历史查询

供退物料申报历史查询，支持所有供退物料信息的申报历史查询，界面如图 2-59 所示。相关操作可以参考“动态申报历史查询”模块，此处不再赘述。

图 2-59　供退物料申报历史查询界面

（三）在港申报历史查询

在港申报历史查询，支持所有在港动态信息的申报历史查询，界面如图 2-60 所示。相关操作可以参考“动态申报历史查询”模块，在此不再赘述。

图 2-60　在港申报历史查询界面

（四）航班动态查询

航班动态查询，支持所有航班动态信息的查询，界面如图 2-61 所示。相关操作可以参考“动态申报历史查询”模块，此处不再赘述。

图 2-61　航班动态查询界面

（五）单证申报历史查询

单证申报历史查询，支持所有进出境（港）单证信息的申报历史查询，界面如图 2-62 所示。相关操作可以参考“动态申报历史查询”模块，此处不再赘述。

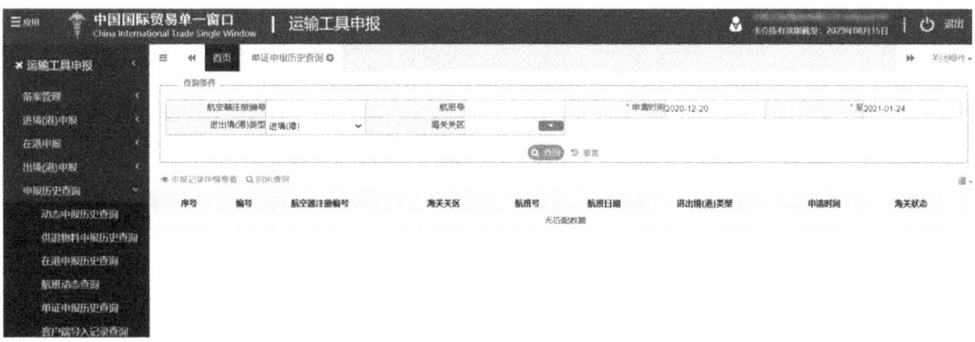

图 2-62　单证申报历史查询界面

（六）客户端导入记录查询

通过客户端导入记录查询功能，可查询本企业导入的航空器和航班信息全量数据，以及数据回执明细信息，界面如图 2-63 所示。相关操作可以参考“动态申报历史查询”模块，此处不再赘述。

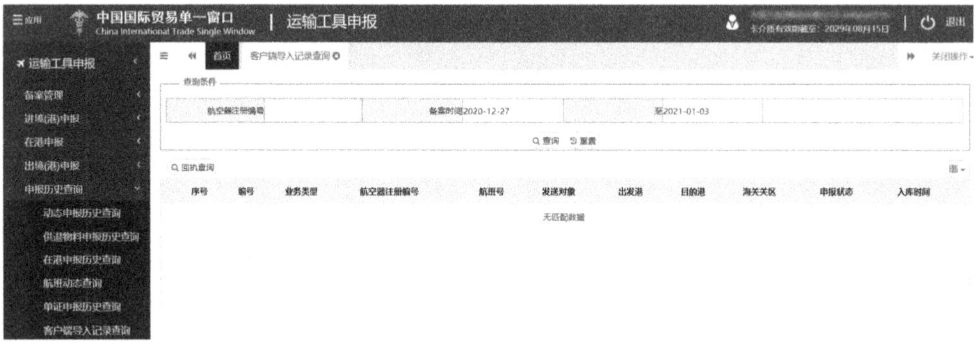

图 2-63　客户端导入记录查询界面

第三节　常见问题

问题 1　已经备案过代理企业，但是使用该代理企业备案航空器等信息时，仍然提示没有航空公司代码，应如何处理。

答　需要查看企业备案信息里，是否具有航空器传输代理人资质和是否具有航空器地面代理人资质。

问题 2　申报航班动态、单证数据时，退单回执显示“没有港口参数”，应如何处理。

答　与海关业务主管部门联系，核实所申报的港口参数，在海关审批系统中是否存在，其所属关区是否与当前动态信息里选定的主管海关一致。

问题 3　申报航班动态、单证数据时，退单回执显示“没有监管点参数”，应如何处理。

答　与海关业务主管部门联系，核实所申报的停机位，在海关审批系统中是否存在，是否是该出发港或目的港下的停机位。

问题 4　录入港口、机场代码时发现下拉列表中找不到所需要的港口、机场，应如何处理。

答　提供机场或港口的代码、英文名称、中文名称、所属国家数据项给国际贸易“单一窗口”客服人员即可。

第三章　公路运输工具申报系统

第一节　业务简介

公路进出境运输工具在公路口岸通关时，需要向多个部委所属职能部门进行业务申报，办理进出境手续。目前大多数部门都开发了业务信息化系统，实现了本部门受理业务申请、办理的电子化。但是在各监管部门系统间缺乏协同互动、未实现充分的数据共享。企业在公路口岸通关过程中需要使用不同的系统甚至线下纸质方式填报数据，公路口岸通关复杂度很高。

国际贸易“单一窗口”公路运输工具申报系统，充分结合我国公路口岸监管和运行现状，根据口岸监管部门的管理要求，实现企业向海关、边检部门提交企业信息备案、车辆信息备案、挂车信息备案、进境动态申报、出境动态申报等电子数据，海关、边检部门接收上述电子数据后进行处理审核，并通过国际贸易“单一窗口”反馈处理结果供企业查询的功能。通过公路运输工具申报系统，公路进出境运输企业可以“一站式”提交公路运输工具进出境相关电子数据并获取各部门处理结果，无须再操作多个业务申报系统，从而降低了数据申报复杂度，减轻了企业负担，提高了公路口岸通关效率。

一、企业信息备案

根据海关对进出境运输工具管理要求，进出境及来往港澳公路运输工具负责人或服务企业，应当在经营业务所在地的直属海关或者经直属海关授权的隶属海关处进行企业信息的备案。企业可通过公路运输工具申报系统的企业信息备案功能，手动录入企业备案电子数据并向海关提交；对于备案信息发生年审、延期和变更等操作的，可向海关发送变更申请。海关处理完成后向公路运输工具申报系统反馈处理结果。企业信息备案提供企业信息的暂存、申报、删除、打印、变更、查询功能。

二、车辆信息备案

根据海关对进出境运输工具管理要求，进出境及来往港澳公路运输工具负责人或服务企业，应当在海关进行运输工具信息的备案。已成功完成企业信息备案的企业，可通过公路运输工具申报系统的车辆信息备案功能，手动录入车辆备案电子数据并向海关提交；对于备案信息发生年审、延期和变更等操作的，可向海关发送变更申请。海关处理完成后向公路运输工具申报系统反馈处理结果。车辆信息备案提供企业信息的暂存、申报、删除、打印、变更、查询功能。

三、挂车信息备案

已成功完成企业信息备案的企业，可通过公路运输工具申报系统的挂车信息备案功能，手动录入挂车备案电子数据并向海关提交，海关处理完成后向本系统反馈处理结果。挂车信息备案提供企业信息的暂存、申报、删除、变更、查询功能。

四、进境动态申报

根据边检部门对进出境运输工具的管理要求，从事进出境及来往港澳道路运输的经营企业、服务企业可通过进境动态申报功能，手动录入进境车辆及驾驶员信息，向边检部门申报进境动态电子数据。进境动态申报为企业提供暂存、申报、删除、查询等功能。

五、出境动态申报

根据边检部门对进出境运输工具的管理要求，从事进出境及来往港澳道路运输的经营企业、服务企业可通过出境动态申报功能，手动录入出境车辆及驾驶员信息，向边检部门申报出境动态电子数据。出境动态申报为企业提供暂存、申报、删除、查询等功能。

六、企业信息申报历史查询

通过企业信息申报历史查询功能，可查询本企业向海关申报的所有企业备案全量数据、明细信息、回执明细。

七、车辆信息申报历史查询

通过车辆信息申报历史查询功能，可查询本企业向海关申报的所有车辆备案全量数据、明细信息、回执明细。

八、挂车信息申报历史查询

通过挂车信息申报历史查询功能，可查询本企业向海关申报的所有挂车备案全量数据、明细信息、回执明细。

九、动态申报历史查询

通过动态申报历史查询功能，可查询本企业向边检申报的所有进出境申报单全量数据、明细信息。

十、客户端导入记录查询

对于通过客户端导入方式向海关和边检部门提交运输工具信息的，可通过此功能查询本企业导入的备案全量数据、回执明细。

第二节　基本操作

进入系统

在国际贸易“单一窗口”成功注册企业用户后，输入用户名与密码登录系统，即可在“标准版应用”界面的“运输工具”栏目中，点击“公路”链接进入公路运输工具申报系统（如图 3-1 所示）。

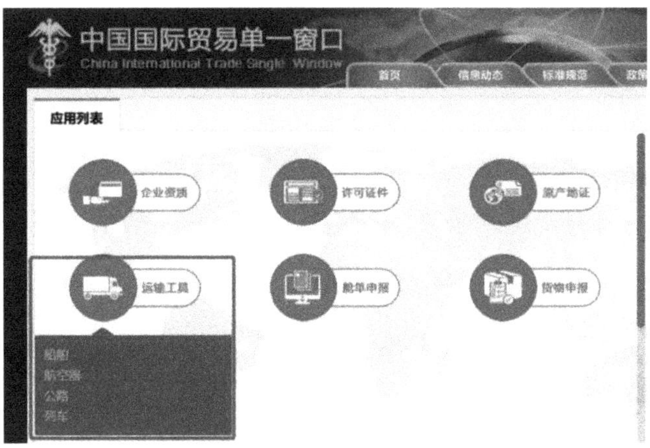

图 3-1　公路运输工具申报系统入口界面

一、备案管理

备案管理包括企业信息备案、车辆信息备案、挂车信息备案。通过上述功能，企业可全部完成需要向海关提交的公路运输工具备案信息的管理操作。

（一）企业信息备案

点击左侧菜单栏中“备案管理”→“企业信息备案”，进入“企业信息备案”界面（如图 3-2 所示）。

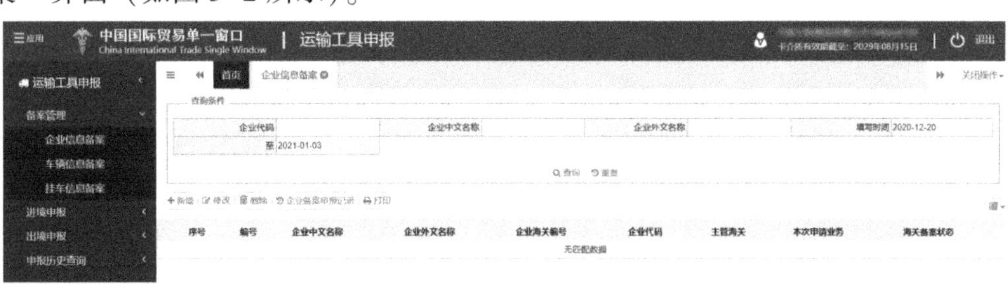

图 3-2　企业信息备案界面

“企业信息备案”界面默认当前日期为填写日期的结束日期，当前日期前两周为填写日期的开始日期作为查询条件。企业操作员可依实际情况输入企业代码、企业中文名称、企业外文名称、填写日期区间后，点击“查询”按钮，对本企业已经录入的数据进行查询，查询结果显示在下方列表中。

点击查询结果列表右侧图标对查询结果的展示信息进行设置（如图 3-3 所示）。点击“重置”按钮，可清空原输入的查询条件。

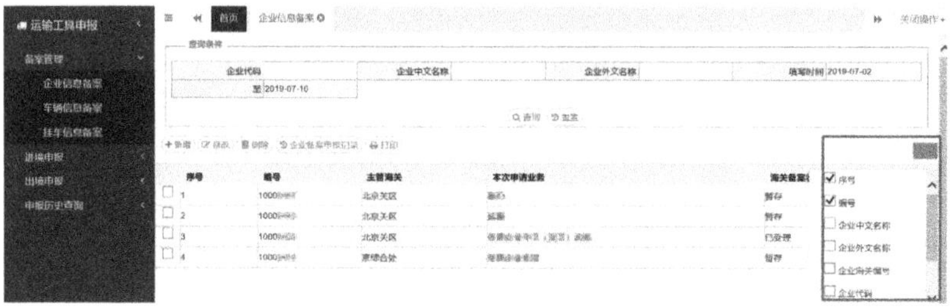

图 3-3　企业信息备案查询界面

1. 新增

企业操作员可通过“新增”操作，录入新的企业备案数据。点击“新增”按钮，系统进入“企业备案新增”界面，包括企业备案申报、境外企业信息、内承单位信息表、企业所属分支机构信息、附件管理等部分，以页签形式显示。

小提示

“企业备案申报”界面信息暂存后，才能进入境外企业信息、内承单位信息表、企业所属分支机构信息、附件管理等其他界面录入信息。

（1）企业备案申报。

选择右上方的“填写提示”，目前公路运输工具申报系统企业备案仅支持向海关发送备案信息。填写提示选择后，对于申报时需要录入的数据项使用蓝色字体标识，对于申报时的必填数据项使用黄底色标识（如图 3-4 所示）。

图 3-4　企业备案新增——企业备案申报界面

录入企业信息后，点击“暂存”按钮，系统对暂存数据进行校验。校验不成功的，系统自动弹出提示（如图 3-5 所示），企业操作员依照提示信息进行修改。

图 3-5　企业备案申报——暂存校验提示界面

对于校验成功的，执行暂存操作，并将暂存成功结果返回至界面（如图 3-6 所示）。

图 3-6　企业备案申报——暂存成功界面

录入数据完成后，点击右上方“申报”按钮，系统提示“是否向××海关进行海关企业备案申报?”（如图 3-7 所示）

图 3-7　企业备案申报提示界面

选择“确定”按钮，系统执行申报校验。校验不成功的，系统自动弹出提示信息。企业操作员依提示信息对申报数据进行修改，修改后再次执行申报操作。申报成功后将结果返回至界面。至此，企业备案新增流程完成。

企业备案申报部分字段填写说明如下。

①企业海关编号：选填，海关 10 位编码。

②主管海关代码 ：必填，4 位海关代码，填写当地海关负责公路运输工具企业信息备案的主管部门。具体情况可向当地海关了解。

③企业注册地：必填，在下拉列表中选择“境内”或“境外”。此项不允许修改变更。

④企业备案类型：根据企业实际情况直接输入代码或在下拉列表中选择确定。

⑤企业代码 ：必填，20 位字符。如果用户为境内企业，填写企业 9 位组织机构代码；如果用户为境外企业，填写境外商业登记号码、个人身份证号码或交通部签发的道路经营许可证编号。公（私）用公路交通工具负责人（指标所有人）如果没有组织机构代码的，录入境外商业登记号码或个人身份证号码，不够 9 位的，编号前以 0 补够。

⑥批准机关：必填，64 位字符，填写道路运输许可证或批准文件对应的主管部门。

⑦批文/许可证编号：必填，64 位字符，填写道路运输许可证或批准文件上的相关编号。

⑧批文/许可证有效期：必填，在下拉列表中选择，填写道路运输许可证或批准文件上的有效期。

⑨企业中文名称：选填，255 位字符，填写申请企业对应的中文名称。

⑩企业外文名称：选填，255 位字符，填写申请企业对应的外文名称。

⑪企业负责人：选填，64 位字符，填写申请企业的负责人。

⑫企业负责人联系电话：选填，32 位字符，填写申请企业负责人的联系电话。

⑬批准行驶口岸：必填，可填写多个口岸，输入 4 位海关口岸按回车键确认。

⑭本次申请业务：必填，可多选 ，在下拉列表中选择。按实际申请情况选择申请业务类型。

⑮企业经营类型：必填，可多选，在下拉列表中选择，包括货运企业、客运企业、转关运输企业、其他。

⑯企业经营资格：选填，可多选，在下拉列表选择，包括具有来往港澳资格、具有进出境资格、具有境内公路承运海关监管货物运输资格。企业备案多

选数据项示例如图 3-8 所示。

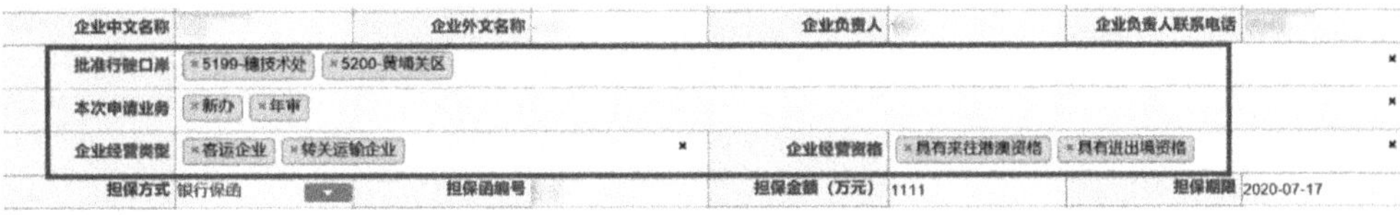

图 3-8　企业备案多选数据项示例界面

⑰担保方式：必填，在下拉列表中根据实际情况选择担保方式。

⑱担保函编号：必填，32 位字符，根据实际情况填写相关编号。

⑲担保金额（万元）：必填，9 位整数，2 位小数，根据担保文件上的金额填写。

⑳担保期限：必填，根据担保文件的时间选择填写。

㉑企业地址：255 位字符，选填，按实际情况填写。

㉒境内联系电话：必填，32 位字符，按实际情况填写。

㉓境内联系地址：必填，255 位字符，按实际情况填写。

㉔运输工具服务企业名称：选填，255 位字符，按实际情况填写。

㉕运输工具服务企业地址：选填，255 位字符，按实际情况填写。

㉖运输工具服务企业联系电话：选填，32 位字符，按实际情况填写。

㉗批准货运车辆指标数、批准客运车辆指标数：选填，根据企业向相关主管业务部门申请的指标数据填写，最多填写 9 位整数。

㉘担保企业组织机构代码：必填，填写 9 位组织机构代码，根据担保文件信息进行填写。

㉙担保企业名称（人、单位）：必填，255 位字符，根据担保文件上的信息进行填写。

㉚担保企业法人代表：必填，32 位字符，根据担保文件上的信息进行填写。

㉛担保企业电话：必填，32 位字符，根据担保文件上的信息进行填写。

㉜担保企业地址：必填，255 位字符，根据担保文件上的信息进行填写。

㉝担保企业联系人：必填，32 位字符，根据担保文件上的信息进行填写。

㉞担保企业联系人电话：必填，32 位字符，根据担保文件上的信息进行填写。

㉟备注：255 位字符，根据企业实际情况与业务主管部门的相关要求填写。

㊱操作类型：必填，有新增、变更两个选项，分别代表向海关申报新数据、将已审批通过的数据进行变更发往海关，根据实际情况进行填写。

（2）境外企业信息。

当“企业备案申报”表中的“企业注册地”用户选择为“境外”时，“境外企业信息"录入界面所有信息为必填。

根据实际情况进行填写，填写完成后，点击"保存"按钮，相关信息保存到下面列表中（如图 3-9 所示）。可填写多个境外企业信息。

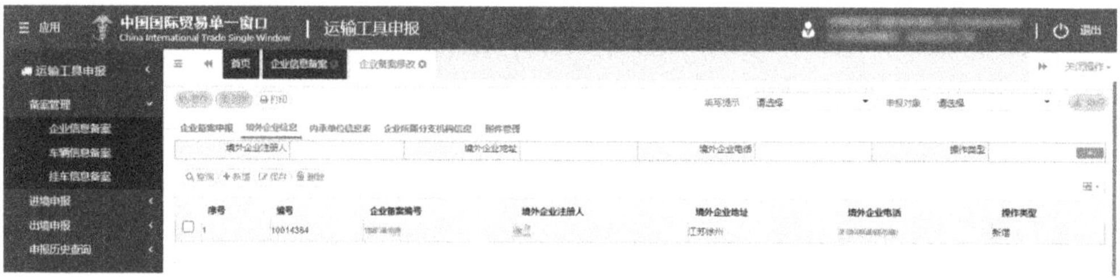

图 3-9　企业备案新增——境外企业信息界面

（3）内承单位信息表。

根据实际情况进行填写，填写完成后，点击"保存"按钮，相关信息保存到下方列表中（如图 3-10 所示）。可填写多个内承单位信息。

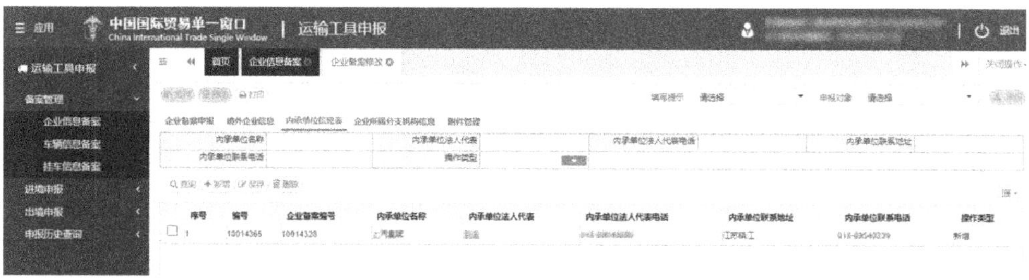

图 3-10　企业备案新增——内承单位信息表界面

（4）企业所属分支机构信息。

按实际情况进行填写，填写完成后，点击"保存"按钮，相关信息保存到下面列表中（如图 3-11 所示）。可填写多个企业所属分支机构信息。

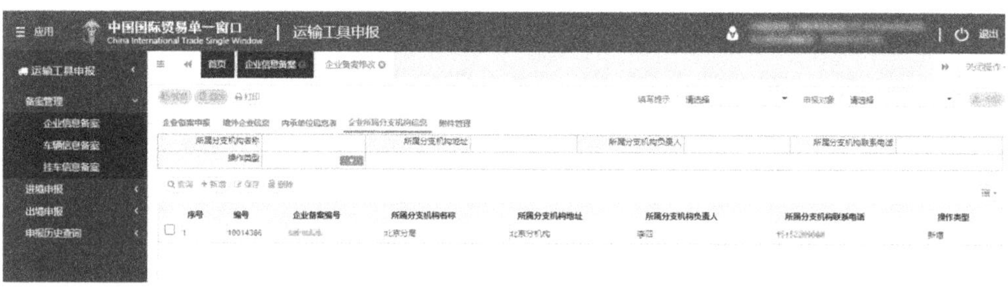

图 3-11　企业备案新增——企业所属分支机构信息界面

（5）附件管理。

"企业备案新增界面"中的"附件管理"界面可用于上传附件。点击"附件管理”页签，进入该界面，选择需要上传的附件类型及文件，点击“上传”按钮，系统对附件执行上传操作。对于上传成功的附件，将附件信息显示至附件列表中（如图 3-12 所示）。

图 3-12　企业备案新增——附件管理界面

小提示

“企业信息备案”界面左上角的“新增”按钮可清除当前界面中的所有信息。如果当前已有录入数据建议保存后再点击该按钮，否则当前已录入数据无法找回。

“企业信息备案”界面上方的“删除”按钮，可对暂存状态的数据进行删除，已删除数据不可恢复，请慎用。

执行“申报”操作前，必须选择申报对象，否则无法进行申报操作。

对于企业信息备案，申报时要求必须上传批文扫描图。单个附件大小不能超过 150K，支持 jepg、jpg、png、bmp、gif、icon、fiff、exif 图片格式。

2. 修改

企业操作员可通过“修改”操作，对已录入的企业信息备案数据进行修改。

选择查询结果列表中符合条件的数据，并点击“修改”按钮，进入“企业备案修改”界面（如图 3-13 所示）。

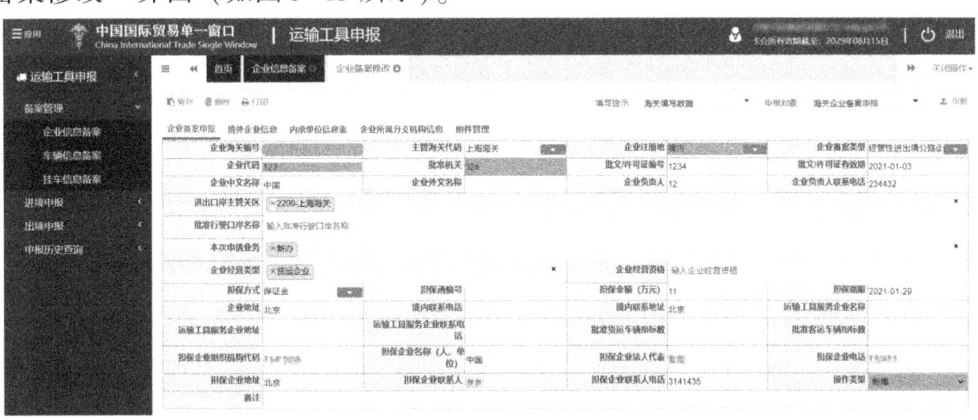

图 3-13　企业备案修改界面

选择右上方的“填写提示”，目前公路运输工具申报系统企业备案仅支持向海关发送备案信息。填写提示选择后，对于申报时需要录入的数据项使用蓝色字体标识，对于申报时的必填数据项使用黄底色标识。

企业操作员依实际需要对企业信息进行修改后点击“暂存”按钮，系统执行暂存操作，并将结果返回至界面。点击右上方“申报”按钮，系统提示“是否向××海关进行海关企业备案申报?”。

选择“确定”执行申报操作，并将操作结果返回至界面。选择“取消”，关闭当前弹出提示，退出申报流程。至此，企业备案修改流程完成。

小提示

在“修改”操作时，对于状态为暂存、申报信息有误、失败的企业备案数据，明细界面右下方的“操作类型”自动默认为“修改”；状态为海关审批通过的企业备案数据，明细界面右下方的“操作类型”自动默认为“变更”。

3. 删除

企业操作员可通过“删除”操作，删除已暂存的企业信息备案数据。

选择查询结果列表中符合条件的一条数据，并点击“删除”按钮，此时系统提示“是否要删除此条数据及其包含附件信息和全部子单证信息?”（如图 3-14 所示）。

图 3-14　企业信息备案删除提示界面

企业操作员选择“确定”按钮，系统对已选数据执行删除操作，删除操作完成后提示“删除成功”，并依据列表查询条件刷新查询结果。企业操作员选择“取消”按钮，系统关闭删除提示框，退出当前删除流程。至此，企业备案删除流程完成。

小提示

只有暂存状态的数据支持“删除”操作，删除后数据不可恢复。

4. 企业备案申报记录

企业操作员可通过“企业备案申报记录”查看某一条备案信息的历史申报记录及回执。

选择查询结果列表中的数据，并点击“企业备案申报记录”按钮，此时显示此条数据的历史申报记录，点击申报记录列表右侧的按钮可对申报记录显示结果进行筛选（如图 3-15 所示）。

图 3-15　企业信息备案——企业备案申报记录界面

选中一条申报记录点击“回执查询”按钮，系统将查询选中的申报信息的回执记录，并将回执记录展示在弹出的窗口中。点击回执记录列表右侧的按钮可对回执记录显示结果进行筛选（如图 3-16 所示）。

图 3-16　企业信息备案——申报历史回执查询界面

选中一条回执记录点击“查看”按钮，系统将展示回执明细信息（如图 3-17 所示）。

图 3-17　企业信息备案——查看申报历史回执详情界面

5. 打印

企业操作员通过“打印”操作，可打印“来往香港/澳门货运企业备案申请表”“来往香港/澳门货运企业年检报告书”。

选择查询结果列表中的数据，并点击“打印”按钮，此时系统弹出可打印单证类型供企业操作员选择（如图 3-18 所示）。

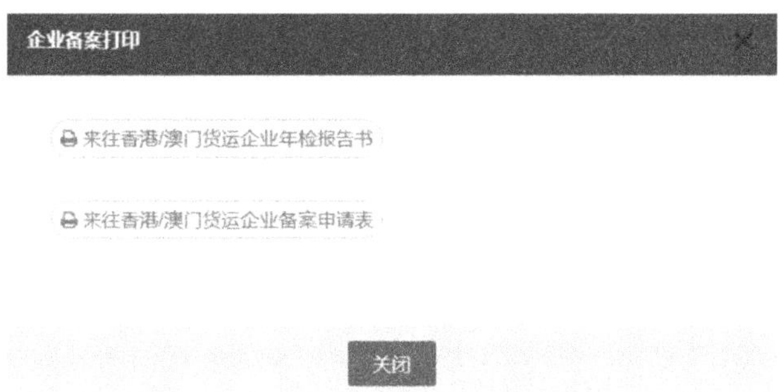

图 3-18　企业备案打印选项界面

企业操作员选中一种后点击“关闭”按钮，系统依所选类型打印。

（二）车辆信息备案

小提示

向海关提交公路车辆进出境确报前，必须通过本功能向海关进行车辆备案。

点击左侧菜单栏“备案管理”→“车辆信息备案”，进入“车辆信息备案”录入界面。

“车辆信息备案”界面默认当前日期为填写日期的结束日期，当前日期前两周为填写日期的开始日期作为查询条件。企业操作员可依实际情况输入主管海关、车辆海关编号、批文/许可证编号、车辆指标编号、国内车牌号、外籍车牌号、发动机号、填写日期区间后，点击“查询”按钮，对本企业录入数据进行查询，查询结果显示在下方列表中。企业操作员可通过点击查询结果列表右侧图标对查询结果的展示信息进行设置（如图 3-19 所示）。企业操作员可通过点击“重置”按钮，清空原输入的查询条件。

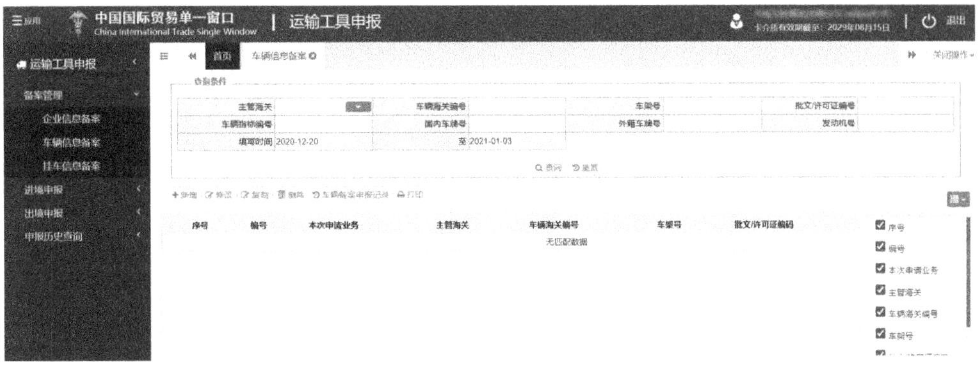

图 3-19　车辆信息备案查询界面

1. 新增

企业操作员可通过“新增”操作，录入新的车辆备案数据。

点击“新增”按钮，系统转到“车辆备案新增”界面，包括海关车辆备案信息和附件管理两部分，以页签方式显示。

（1）海关车辆备案信息。

选择右上方的“填写提示”，目前公路运输工具申报系统车辆备案仅支持向海关发送备案信息。填写提示选择后，对于申报时需要录入的数据项使用蓝色字体标识，对于申报时的必填数据项使用黄色底标识（如图 3-20 所示）。

图 3-20　车辆备案新增界面

录入车辆信息后，点击“暂存”按钮，系统对暂存数据进行校验。校验不成功的，系统自动弹出提示，企业操作员依提示信息进行修改。

对于校验成功的执行暂存操作，并将暂存成功结果返回至界面。

录入数据完成后，点击右上方“申报”按钮，系统提示“是否向××海关进行‘海关车辆备案申报’”(如图 3-21 所示)。

图 3-21　车辆备案新增——申报提示界面

选择“确定”按钮，系统执行申报校验。校验不成功的，系统自动弹出提示。企业操作员依提示信息对申报数据进行修改，修改后再次执行申报操作。申报成功后将结果返回至界面。

车辆信息备案申报部分字段填写说明如下。

①填写提示：选填，直接点击列表选择，现只开放“海关填写数据”。

②申报对象：必填，直接点击列表选择，现只开放“海关车辆备案申报”。

③车辆海关编号：灰色不可填写，申报后海关审批通过将自动返填。

④主管海关：必填，填写当地海关负责车辆备案信息的 4 位海关代码。具体情况可向当地海关了解。

⑤车辆分类：必填，按行驶证上车辆类型在列表中选择。

⑥车辆注册地 ：必填，列表选择“境内”或“境外”。

⑦车架号：必填，30 位字符，填写对应的车辆识别代码信息，一般是由 17 位字母、数字组成的 VIN 编码。审核通过后不可修改。

⑧所属企业代码：选择后返填。点击该录入框右边查询按钮，选择相关查询条件进行查询。在查询到的列表中选择车辆所属企业进行导入。导入后返填企业信息备案中所备案的企业代码到该栏中（如图 3-22 所示）。

图 3–22　车辆备案所属企业信息界面（返填后）

⑨车辆指标编号：20 位字符，填写车辆指标主管部门核发的指标证明文件上的指标编号。

⑩国内车牌：必填，32 位字符，按实际信息填写。

⑪国内车牌颜色：根据实际情况在下拉列表中选择填写。

⑫外籍车牌：选填，32 位字符，按实际情况填写。

⑬挂车车牌：选填，32 位字符，按实际情况填写。

⑭挂车车架号：选填，30 位字符，填写对应的车辆识别代码信息，一般是由 17 位字母、数字组成的 VIN 编码。

⑮使用性质：必填，按实际情况在下拉列表中选择确认。

⑯车辆国籍/地区：当车辆分类选择来往港澳公路运输工具或者来往港澳公/私用公路交通工具时，车辆注册地为境内的自动返填“中国”；车辆注册地为境外的，在列表中选择“香港”或“澳门”。

⑰车辆运输资格：必填，可多选，按实际情况从列表中选择。选项有“1 具有来往港澳资格”“2 具有进出境资格”“3 具有境内公路承运海关监管货物运输资格”。

⑱批准车辆进出口岸：必填，可多选，输入口岸海关 4 位代码进行确认 。

⑲车辆行驶证编号：选填，32 位字符，按实际信息填报。

⑳车辆登记车主名称：选填，255 位字符，按实际信息填报。

㉑车辆登记车主证件号码：选填，32 位字符，按实际信息填报。

㉒车主境内联系地址：选填，255 位字符，按实际信息填报。

㉓车主境内联系电话：选填，32 位字符，按实际信息填报。

㉔车辆类型（型样_规格）、车辆类型（型样_结构）：必填，按车辆实际信息从列表中选择确认。

㉕厂牌、型号：必填，20位字符，按车辆实际信息填报。

㉖排气量（cc）：选填，5位整数，按车辆实际信息填报。

㉗车辆出厂日期：选填，格式为YYYY-MM-DD。

㉘发动机号：选填，30位字符，按车辆实际信息填报。

㉙核定载客/核定载质量（人/千克）、自重（整备质量）（千克）、准牵引总质量（千克）：选填，9位整数，按车辆实际信息填报。

㉚货箱内部尺寸（M）-长、货箱内部尺寸（M）-宽、货箱内部尺寸（M）-高、外廓尺寸（M）-长、外廓尺寸（M）-宽、外廓尺寸（M）-高：选填，7位整数，2位小数，例如，10.20米填写10.20。

㉛车身颜色：选填，10位字符，按车辆实际信息填报。

㉜油箱容量（公升）：选填，9位整数，按车辆实际信息填报。

㉝行驶通道标志：灰色不可填写，申报后由海关返填。

㉞批文/许可证编号：必填，64位字符，填写道路运输许可证或批准文件上的相关编号。

㉟批文/许可证有效期：必填，填写道路运输许可证或批准文件上的有效期，格式为YYYY-MM-DD。

㊱申报企业代码：必填，20位字符。如果用户为境内企业，填写企业9位组织机构代码；如果用户为境外企业，填写境外商业登记号码、个人身份证号码或交通部签发的道路经营许可证编号。公（私）用公路交通工具负责人（指标所有人）如果没有组织机构代码的，录入境外商业登记号码或个人身份证号码。不够9位的，编号前以0补够。

㊲本次申请业务：必填，可多选。点击录入框在下拉列表中选择，按实际申请情况选择申请业务类型。

㊳备注：选填，根据实际情况或主管业务部门要求填报。

㊴操作类型：必填，有新增、变更两个选项，分别代表向海关申报新数据和将已审批通过的数据进行变更发往海关，依实际情况进行填写。

小提示

“车辆信息备案”界面左上角的“新增”按钮可清除当前界面中的所有信息，如果当前已有录入数据建议保存后再点击该按钮，否则当前已录入数据无法找回。

“车辆信息备案”界面上方的“删除”按钮，可删除暂存状态的数据。已删除数据不可恢复，请慎用。

执行“申报”操作前，必须选择申报对象，否则无法进行申报操作。

选择“填写提示”后，对于申报时需要录入的数据项使用蓝色字体标识，对于申报时的必填数据项使用黄底色标识。实际录入时由于选择的“车辆分类”等的信息不同，系统会对必填数据项进行调整。

对于车辆备案附件上传功能，单个附件大小不能超过 150K，支持 jepg、jpg、png、bmp、gif、icon、fiff、exif 图片格式。

（2）附件管理。

“车辆备案新增”界面的“附件管理”界面可用于上传附件。点击“附件管理”页签，进入该界面（如图 3-23 所示），选择需要上传的附件类型（车前 45 度照片、车后 45 度照片、油箱照片、车底照片、批文扫描图、车架拓印件、发运机拓印件、外籍车牌照片）及文件，点击“上传”按钮，系统对附件执行上传操作。对于上传成功的附件，将附件信息显示在附件列表中。

图 3-23　车辆信息备案——附件管理界面

2. 修改

企业操作员可通过“修改”操作，对已录入的车辆信息备案数据进行修改。

选择查询结果列表的一条数据，并点击查询结果列表上方“修改”按钮进入“车辆备案修改”界面。

选择右上方的“填写提示”，目前公路运输工具申报系统车辆备案仅支持向海关发送备案信息。填写提示选择后，对于申报时需要录入的数据项使用蓝色字体标识，对于申报时的必填数据项使用黄底色标识（如图 3-24 所示）。

图 3-24　车辆备案修改界面

企业操作员依实际需要对车辆信息进行修改后点击“暂存”按钮，系统执行暂存操作，并将结果返回至界面。

点击右上方“申报”按钮，系统提示“是否进行海关车辆备案申报?”。

选择“确定”按钮执行申报操作，并将操作结果返回至界面。选择“取消”按钮，关闭当前弹出的提示，退出申报流程。

小提示

在“修改”操作时，对于状态为暂存、申报信息有误、失败的企业备案数据，明细界面右下方的“操作类型”自动默认为“修改”；状态为海关审批通过的企业备案数据，明细界面右下方的“操作类型”自动默认为“变更”。

3. 删除

企业操作员可通过“删除”操作，对已暂存的车辆信息备案数据进行删除。

选择查询结果列表中符合条件的一条数据，并点击查询结果列表上方“删除”按钮，此时系统提示“是否删除此条数据?”(如图 3-25 所示)。

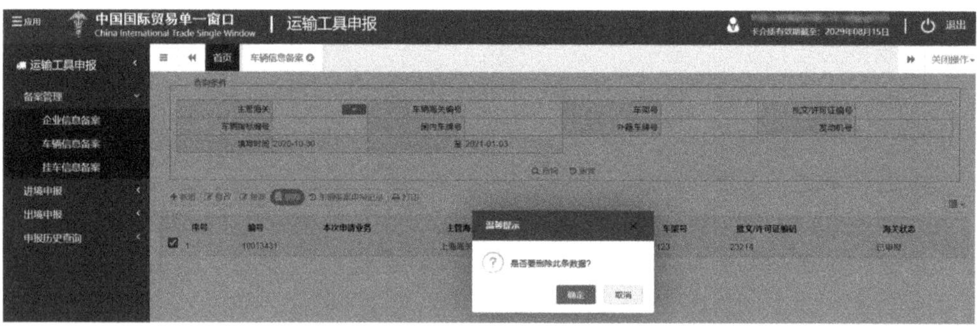

图 3-25　车辆信息备案——删除提示界面

企业操作员选择“确定”按钮，系统对已选数据执行删除操作，删除操作完成后提示“删除成功”，并依据列表查询条件刷新查询结果。企业操作员选择“取消”按钮，系统关闭删除提示框，退出当前删除流程。

小提示

只有暂存状态的数据支持“删除”操作，删除后数据不可恢复。

4. 复制

选择查询结果列表中符合条件的一条数据，并点击查询结果列表上方“复制”按钮，复制该条数据信息至“车辆备案复制”界面（如图 3-26 所示)。可在此基础上根据实际业务需求进行修改。

图 3-26　车辆备案复制界面

5. 车辆备案申报记录

企业操作员可通过“车辆备案申报记录”查看某一条备案信息的历史申报记录及回执。

选择查询结果列表中的数据，并点击“车辆备案申报记录”按钮，此时显示此条数据的历史申报记录，点击申报记录列表右侧的按钮可对申报记录显示结果进行筛选（如图 3-27 所示）。

图 3-27　车辆备案申报记录界面

选中一条申报记录点击“回执查询”按钮，系统将查询选中的申报信息的回执记录，并将回执记录展示在弹出的窗口中。点击回执记录列表右侧的按钮可对回执记录显示结果进行筛选（如图 3-28 所示）。

图 3-28　申报历史回执查询界面

选中一条回执记录点击“查看”按钮，系统弹出窗口，展示回执明细信息（如图 3-29 所示）。

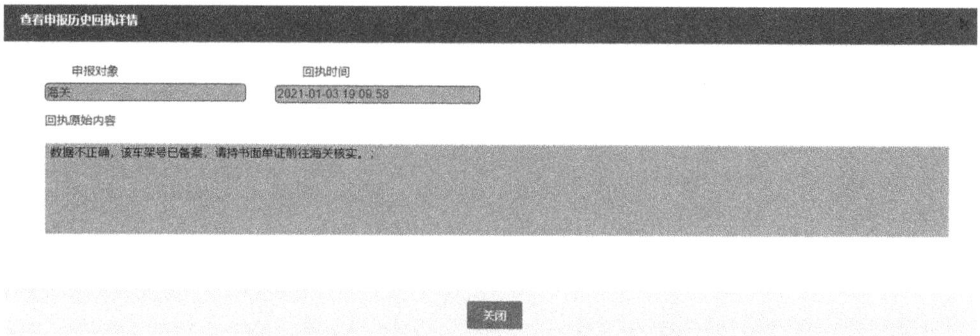

图 3-29　查看申报历史回执详情界面

6. 打印

企业操作员通过“打印”操作，可打印“来往香港/澳门车辆年检报告书”“来往香港/澳门货运车辆备案登记表”“来往香港/澳门货运车辆海关验车记录表”。

选择查询结果列表中的数据，并点击“打印”按钮，此时系统弹出可打印单证类型供企业操作员选择（如图 3-30 所示）。

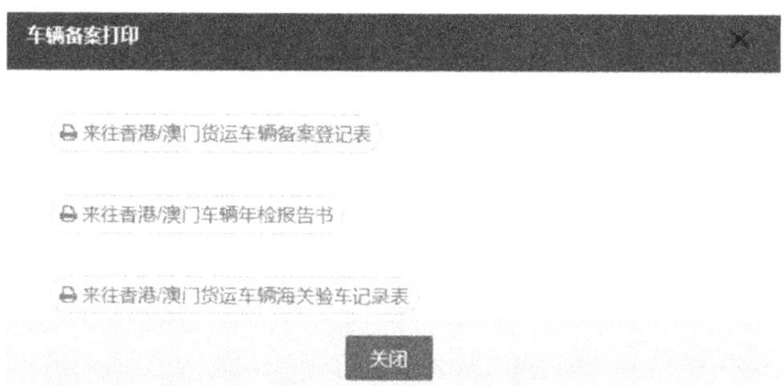

图 3-30　车辆备案打印选项界面

企业操作员选中一种打印样式后点击“关闭”按钮，系统依所选类型打印。

（三）挂车信息备案

点击左侧菜单栏“备案管理”→“挂车信息备案”，进入“挂车信息备案”界面（如图 3-31 所示）。

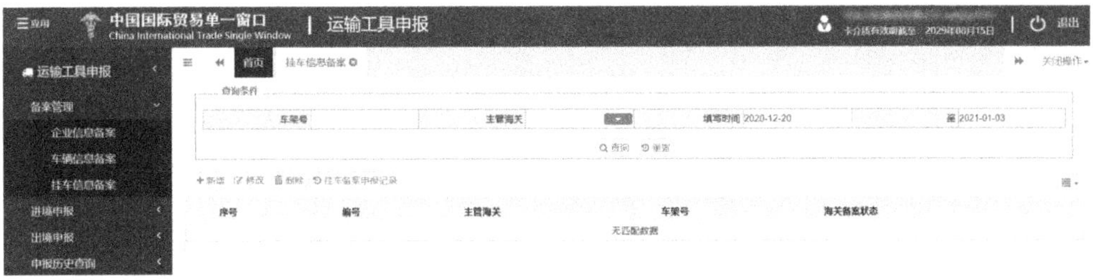

图 3-31　挂车信息备案界面

“挂车信息备案”界面默认当前日期为填写日期的结束日期，当前日期前两周为填写日期的开始日期作为查询条件。企业操作员可依实际情况输入车架号、主管海关、填写日期区间后，点击“查询”按钮，对本企业录入数据进行查询，查询结果显示在下方列表中。企业操作员可通过点击查询结果列表右侧下拉图标，对查询结果的展示信息进行设置（如图 3-32 所示）。企业操作员可通过点击“重置”按钮，清空原输入的查询条件。

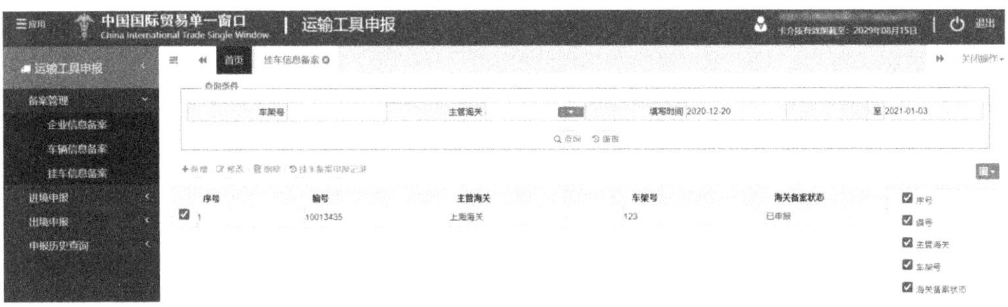

图 3-32　挂车信息备案查询界面

1. 新增

企业操作员可通过“新增”操作，录入新的挂车备案数据。

点击“新增”按钮，系统转到“挂车备案新增”界面，包括挂车备案信息和挂车备案附件管理两部分，以页签形式显示（如图 3-33 所示）。

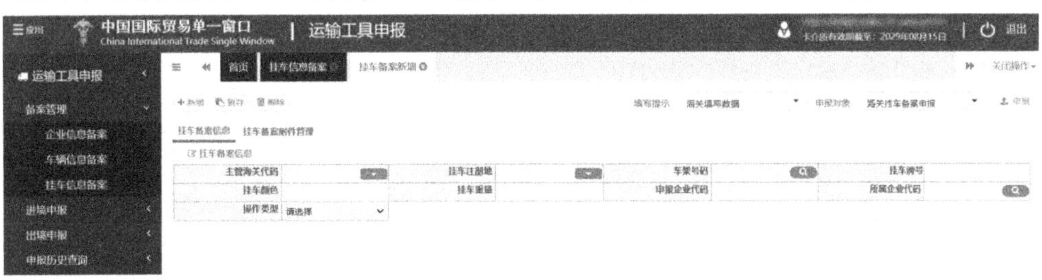

图 3-33　挂车备案新增界面

（1）挂车备案信息。

选择右上方的“填写提示”，目前公路运输工具申报系统挂车备案仅支持向海关发送备案信息。填写提示选择后，对于申报时需要录入的数据项使用蓝色字体标识，对于申报时的必填数据项使用黄底色标识。

录入挂车信息后，点击“暂存”按钮，系统对暂存数据进行校验。校验不成功的，系统自动弹出提示，企业操作员依提示信息进行修改。

对于校验成功的执行暂存操作，并将暂存成功结果返回至界面。

录入数据完成后，点击右上方“申报”按钮，系统提示“是否向××海关进行‘海关挂车备案申报’”（如图 3-34 所示）。

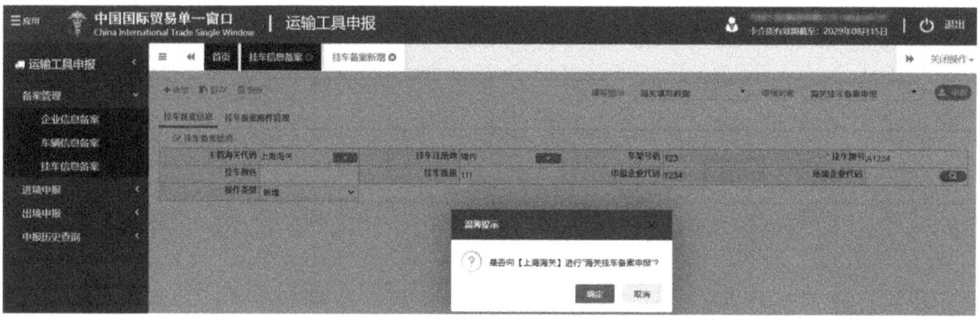

图 3-34　挂车备案信息——申报提示界面

选择“确定”按钮，系统执行申报校验。校验不成功的，系统自动弹出提示。企业操作员依提示信息对申报数据进行修改，修改后再次执行申报操作。申报成功后将结果返回至界面。

挂车备案信息部分字段填写说明如下。

①填写提示：选填，直接点击列表选择，现只开放“海关填写数据”。

②申报对象：必填，直接点击列表选择，现只开放“海关车辆备案申报”。

③主管海关：必填，填写当地海关负责车辆备案信息的 4 位海关代码。具体情况可向当地海关了解。

④挂车注册地 ：必填，列表选择“境内”或“境外”。

⑤车架号：必填，30 位字符，填写对应的车辆识别代码信息，一般是由 17 位字母、数字组成的 VIN 编码。审核通过后不可修改。

⑥挂车牌号：必填，32 位字符，按实际信息填写。

⑦挂车颜色：选填，10 位字符，按车辆实际信息填报。

⑧挂车重量：单位千克，依实际情况填写。

⑨申报企业代码：必填，20 位字符。如果用户为境内企业，填写企业 9 位组织机构代码；如果用户为境外企业，填写境外商业登记号码、个人身份证号码或交通部签发的道路经营许可证编号。公（私）用公路交通工具负责人（指

标所有人）如果没有组织机构代码的，录入境外商业登记号码或个人身份证号码，不够9位的，编号前以0补够。

⑩所属企业代码：选填。支持查询返填，点击该录入框右边查询按钮，在“企业信息”界面中依查询条件进行查询（如图3-35所示），在查询列表中选择企业信息进行导入。导入后返填企业信息备案中所备案的企业代码到该栏中。

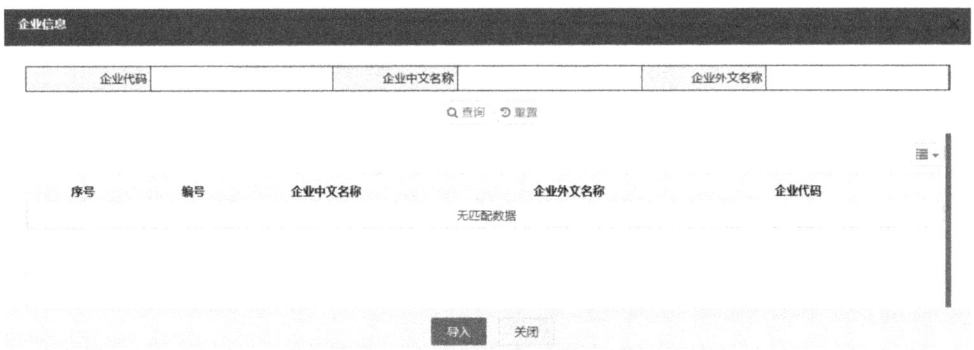

图3-35　企业信息界面

⑪操作类型：必填，有新增、变更两个选项，分别代表向海关申报新数据和将已审批通过的数据进行变更发往海关，依实际情况进行填写。

（2）挂车备案附件管理。

“挂车备案新增”界面的“挂车备案附件管理”界面可用于上传附件。点击“附件管理”页签，进入该界面（如图3-36所示），选择需要上传的附件类型（车厢照片、挂车车牌照片）及文件，点击“上传”按钮，系统对附件执行上传操作。对于上传成功的附件，将附件信息显示在附件列表中。

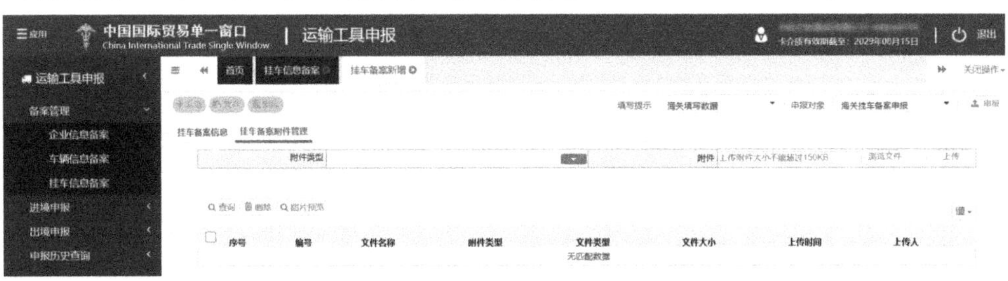

图3-36　挂车备案附件管理界面

小提示

“挂车信息备案”界面左上角的“新增”按钮可清除当前界面中所有信息。如果当前已有录入数据建议保存后再点击该按钮，否则当前已录入数据无法找回。

“挂车信息备案”界面上方的“删除”按钮，可删除暂存状态的数据。已删除数据不可恢复，请慎用。

执行“申报”操作前，必须选择申报对象，否则无法进行申报操作。

对于挂车备案附件上传功能，单个附件大小不能超过 150K，支持 jepg、jpg、png、bmp、gif、icon、fiff、exif 图片格式。

2. 修改

企业操作员可通过“修改”操作，对已录入的挂车信息备案数据进行修改。

选择查询结果列表中符合条件的数据，并点击“修改”按钮进入“挂车备案修改”界面。

选择右上方的“填写提示”，目前公路运输工具申报系统挂车备案仅支持向海关发送备案信息。填写提示选择后，对于申报时需要录入的数据项使用蓝色字体标识，对于申报时的必填数据项使用黄底色标识（如图 3-37 所示）。

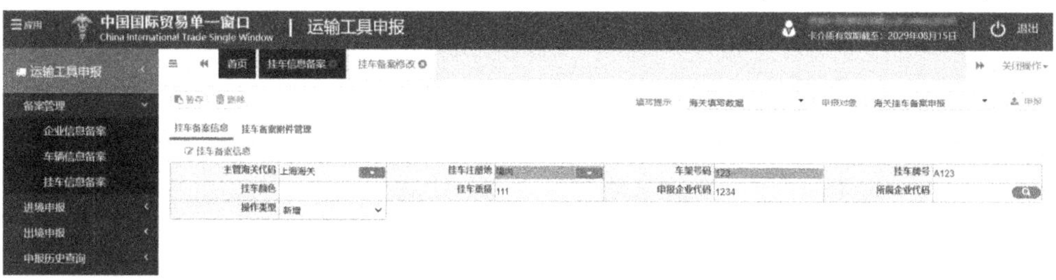

图 3-37　挂车备案修改界面

企业操作员依实际需要对挂车信息进行修改后点击“暂存”按钮，系统执行暂存操作，并将结果返回至界面。

点击右上方“申报”按钮，系统提示“是否向××海关进行海关挂车备案申报?”。

选择“确定”执行申报操作，并将操作结果返回至界面。选择“取消”，关闭当前弹出的提示，退出申报流程。

小提示

在“修改”操作时，对于状态为暂存、申报信息有误、失败的企业备案数据，明细界面右下方的“操作类型”自动默认为“修改”；状态为海关审批通过的企业备案数据，明细界面右下方的“操作类型”自动默认为“变更”。

3. 删除

企业操作员可通过“删除”操作，对已暂存的挂车信息备案数据进行删除。

选择查询结果列表中符合条件的数据，并点击“删除”按钮，此时系统提示“将会删除该信息下所有附件，确定删除？”（如图 3–38 所示）。

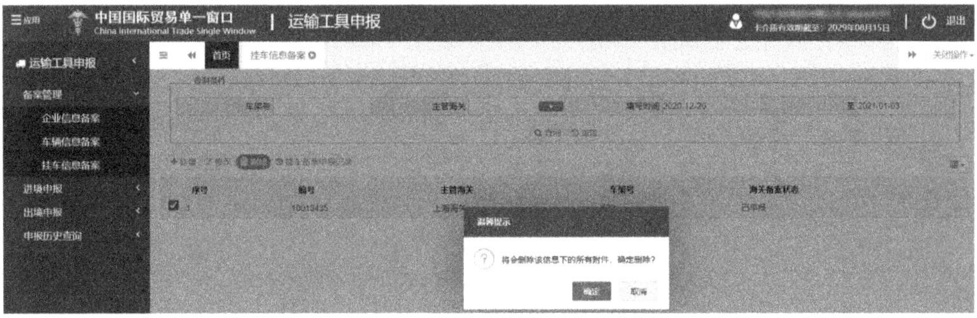

图 3–38　挂车信息备案删除提示界面

企业操作员选择“确定”按钮，系统对已选数据执行删除操作，删除操作完成后提示“删除成功”，并依据列表查询条件刷新查询结果。企业操作员选择“取消”按钮，系统关闭删除提示框，退出当前删除流程。

小提示

只有暂存状态的数据支持“删除”操作，删除后数据不可恢复。

4. 挂车备案申报记录

企业操作员可通过“挂车备案申报记录”查看某一条备案信息的历史申报记录及回执。

选择查询结果列表中的数据，点击“挂车备案申报记录”按钮，此时显示此条数据的历史申报记录（如图 3–39 所示），点击申报记录列表右侧的按钮可对申报记录显示结果进行筛选。

图 3–39　挂车备案申报记录界面

选中一条申报记录点击“回执查询”按钮，系统将查询到选中的申报信息的回执记录，并将回执记录展示在弹出的窗口中。点击回执记录列表右侧的按钮可对回执记录显示结果进行筛选（如图 3-40 所示）。

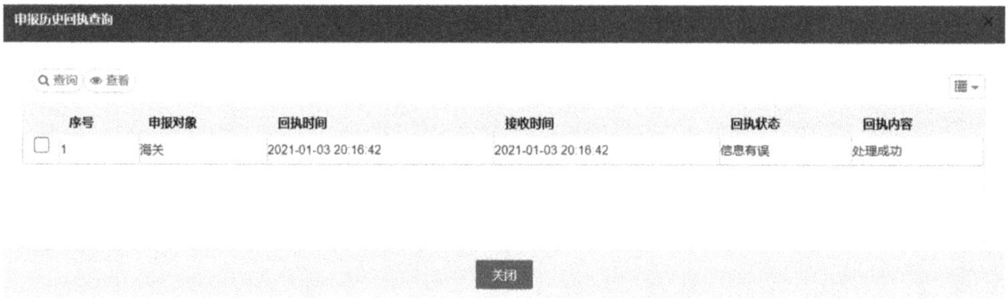

图 3-40　挂车信息备案——申报历史回执查询界面

选中一条回执记录点击“查看”按钮，系统弹出窗口，展示回执明细信息（如图 3-41 所示）。

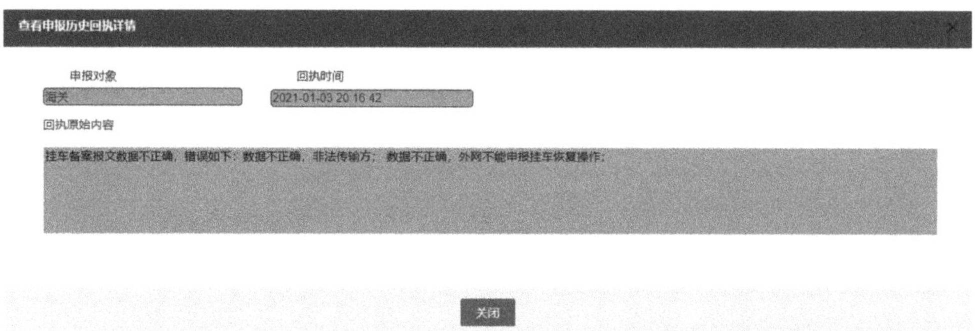

图 3-41　挂车信息备案——查看申报历史回执详情界面

二、进境申报

从事进出境及来往港澳道路运输的经营企业、服务企业通过进境动态申报功能，手动录入车辆信息、进境信息、驾驶员信息等电子数据并通过申报功能向边检部门提交进境动态申报电子数据。系统提供相应的暂存、申报、删除、查询功能。

进境动态申报：

点击左侧菜单栏“进境申报”→“进境动态申报”，进入“进境动态申报”界面。

企业操作员可依实际情况输入所属公司、代理员、境外车牌号、境内车牌号、出入口岸，点击“查询”按钮，对本企业录入数据进行查询，查询结果显示在下方列表中。企业操作员可通过点击查询结果列表右侧图标对查询结果的展示信息进行设置（如图 3-42 所示）。企业操作员可通过点击“重置”按钮，清空原输入的查询条件。

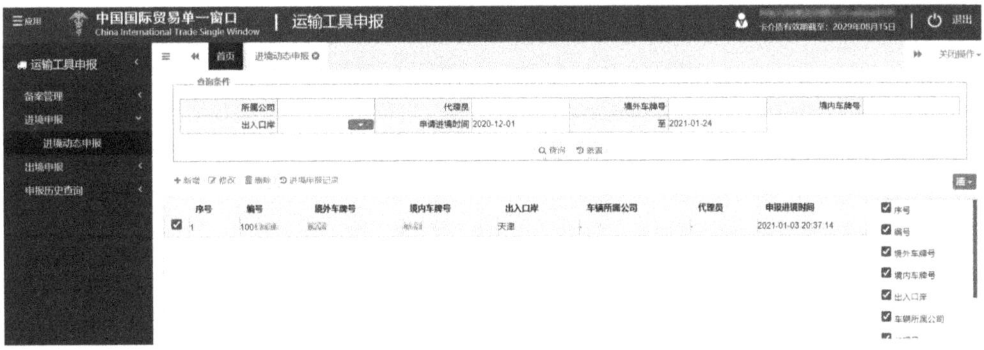

图 3-42　进境动态申报查询界面

1. 新增

企业操作员可通过“新增”操作，录入新的进境动态申报。

（1）进境申报信息。

点击“新增”按钮，系统转到“进境申报信息新增”界面，选择右上方的“填写提示”，目前公路运输工具申报系统进境动态申报仅支持向边检部门提交动态信息。填写提示选择后，对于申报时需要录入的数据项使用蓝色字体标识，对于申报时的必填数据项使用黄底色标识（如图 3-43 所示）。

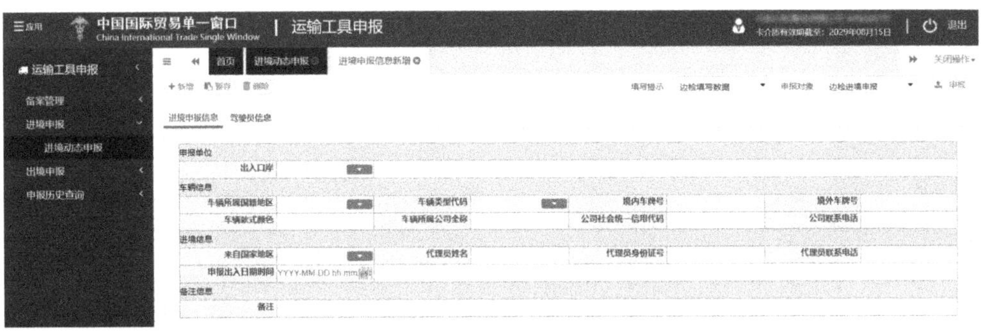

图 3-43　进境申报信息新增界面

录入进境申报信息后，点击“暂存”按钮，系统对暂存数据进行校验。校验不成功的，系统自动弹出提示，企业操作员依提示信息进行修改。

对于校验成功的执行暂存操作，并将暂存成功结果返回至界面。

进境申报信息部分字段填写说明如下。

①申报对象：仅提供“边检进境申报”选项。

②填写提示：仅提供“边检填写数据”选项。

③出入口岸：必填，填写 3 位边检口岸代码后返填口岸名称。

④车辆所属国籍地区：必填，输入国家地区代码按回车键确认。

⑤车辆类型代码：必填，从下拉框中选择。

⑥境内车牌号、境外车牌号：必填，30 位字符，按实际信息填报。

⑦车辆款式颜色：选填，50 位字符，按实际信息填报。

⑧车辆所属公司全称：选填，100 位字符，按实际信息填报。

⑨公司社会统一信用代码：选填，40 位字符，按实际信息填报。

⑩公司联系电话：选填，20 位字符，按实际信息填报。

⑪来自国家地区：必填，输入国家地区代码按回车键确认。

⑫代理员姓名：选填，50 位字符，按实际信息填报。

⑬代理员身份证号、代理员联系电话：选填，20 位字符，按实际信息填报。

⑭申报出入日期时间：必填，按实际信息在时间列表中选择。

⑮备注：选填，按业务主管部门要求填报。一般要求填写货物品类与数量信息。

（2）驾驶员信息。

进境动态申报时要求驾驶员信息必须填写，进境申报信息暂存后，可切换到“驾驶员信息”界面。在该界面录入驾驶员信息，录入完成后，点击“保存”按钮，系统对驾驶员信息进行保存并将驾驶员信息显示在下方列表中。一次进境动态录入可申报多个驾驶员信息（如图 3-44 所示）。

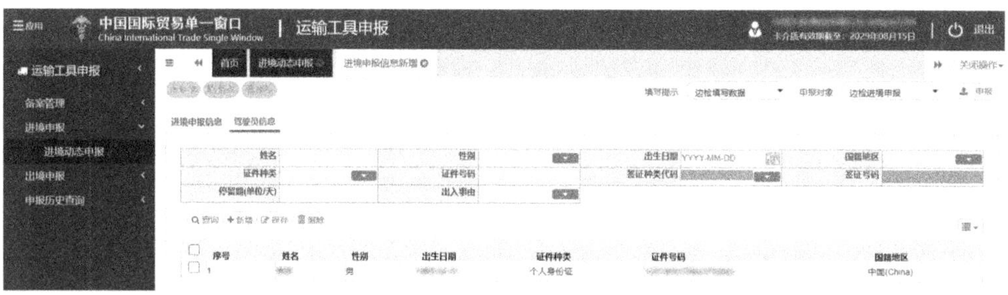

图 3-44　进境申报信息新增——驾驶员信息界面

录入数据完成后，点击右上方“申报”按钮，系统提示“是否向××进行进境申报”（如图 3-45 所示）。

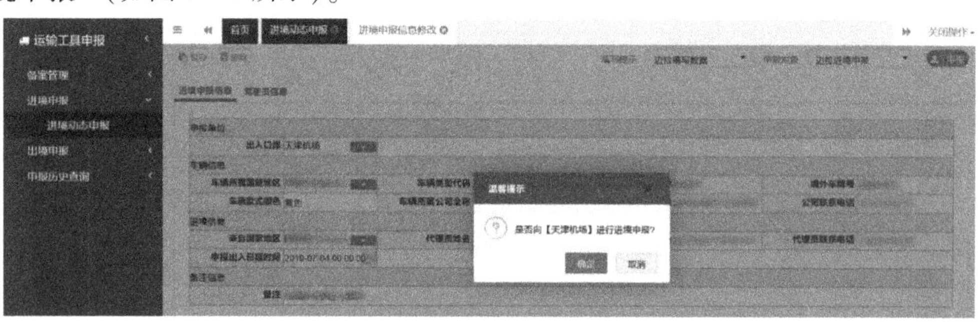

图 3-45　进境动态申报提示界面

选择“确定”按钮，系统执行申报校验，对于校验不成功的，系统自动弹出提示。企业操作员依提示信息对申报数据进行修改，修改后再次执行申报操作。申报成功后将结果返回至界面（如图 3-46 所示）。

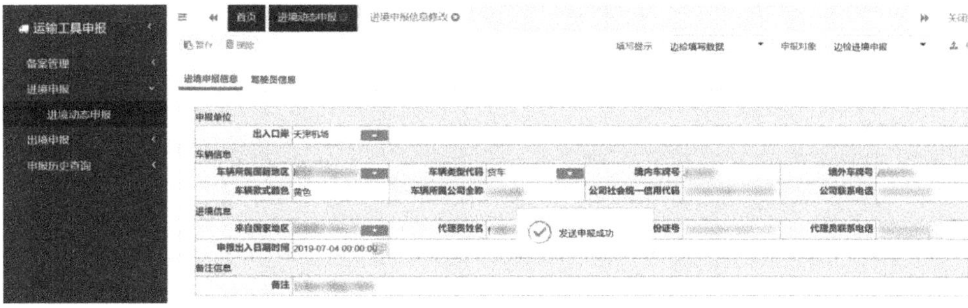

图 3-46 进境动态申报成功界面

驾驶员信息部分字段填写说明如下。

①姓名：必填，50 位字符，按实际情况填写。

②性别：必填，在下拉框中选择确认。

③出生日期：必填，按实际信息在列表中选择确认。

④国籍地区：必填，按实际信息输入国籍代码进行选择确认。

⑤证件种类：必填，按实际信息在下拉框中选择确认。

⑥证件号码：必填，20 位字符，按实际信息进行填写。

⑦签证种类代码：选填，按实际信息在下拉框中选择确认。

⑧签证号码：选填，20 位字符，按实际信息进行填写。

⑨停留期：选填，3 位整数，以天为单位，按实际信息进行填写。

⑩出入事由：选填，按实际信息在下拉框中选择确认。

小提示

“进境动态申报”界面左上角的“新增”按钮可清除当前界面中所有信息。如果当前已有录入数据建议保存后再点击该按钮，否则当前已录入数据无法找回。

“进境动态申报”界面上方的“删除”按钮，可删除暂存状态的数据。已删除数据不可恢复，请慎用。

执行“申报”操作前，必须选择申报对象且录入驾驶员信息，否则无法进行申报操作。

2. 修改

企业操作员可通过“修改”操作，对已录入的进境动态申报数据进行修改。

选择查询结果列表中的数据，并点击“修改”按钮进入“进境申报信息修改”界面。

选择右上方的“填写提示”，目前公路运输工具申报系统进境动态申报仅支持向边检部门发送信息。填写提示选择后，对于申报时需要录入的数据项使用蓝色字体标识，对于申报时的必填数据项使用黄底色标识（如图 3–47 所示）。

图 3–47　进境申报信息修改界面

企业操作员依实际需要对进境申报信息进行修改后点击“暂存”按钮，系统执行暂存操作，并将结果返回至界面。

点击右上方“申报”按钮，系统提示“是否向出入口岸进行进境申报?”。

选择“确定”按钮执行申报操作，并将操作结果返回至界面。选择“取消”按钮，关闭当前弹出提示，退出申报流程。

3. 删除

企业操作员可通过“删除”操作，对已暂存的进境动态数据进行删除。

先选择查询结果列表中符合条件的数据，并点击“删除”按钮，此时系统提示“是否要删除此条数据?”（如图 3–48 所示）。

图 3–48　进境动态删除提示界面

企业操作员选择“确定”按钮，系统对已选数据执行删除操作，删除操作完成后提示“删除成功”，并依据列表查询条件刷新查询结果。企业操作员选择“取消”按钮，系统关闭删除提示框，退出当前删除流程。

小提示

只有暂存状态的数据支持“删除”操作，删除后数据不可恢复。

边检部门接收到进出境动态申报后，暂未向公路运输工具申报系统反馈处理回执，申报状态为“已申报”即表示申报成功。

三、出境申报

出境动态申报：

点击左侧菜单栏“出境申报”→“出境动态申报”，进入“出境动态申报”界面。

企业操作员可依实际情况输入所属公司、代理员、境外车牌号、境内车牌号、出入口岸后，点击“查询”按钮，对本企业录入数据进行查询，查询结果显示在下方列表中。企业操作员可通过点击查询结果列表右侧图标对查询结果的展示信息进行设置（如图 3-49 所示）。企业操作员可通过点击“重置”按钮，清空原输入的查询条件。

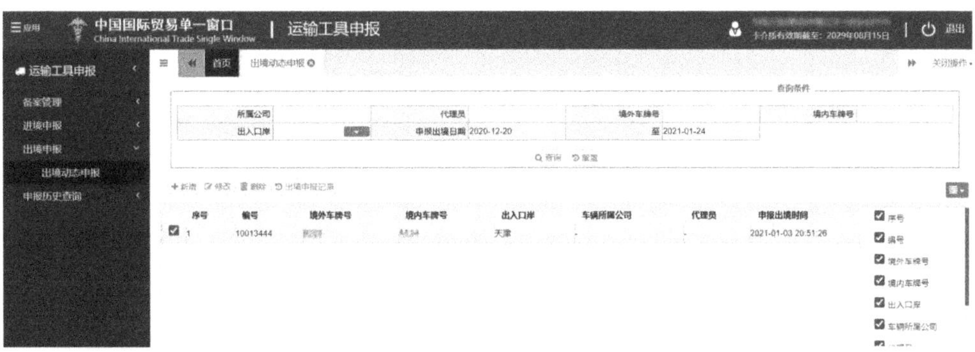

图 3-49　出境动态申报查询界面

1. 新增

企业操作员可通过“新增”操作，录入新的出境动态申报。

点击“新增”按钮，系统转到“出境申报信息新增”界面，包括出境申报信息和驾驶员信息两部分，以页签形式显示（如图 3-50 所示）。

图 3-50　出境申报信息新增界面

（1）出境申报信息。

选择右上方的“填写提示”，目前公路运输工具申报系统出境动态申报仅支持向边检部门发送动态信息。填写提示选择后，对于申报时需要录入的数据项使用蓝色字体标识，对于申报时的必填数据项使用黄底色标识。

录入企业信息后，点击“暂存”按钮，系统对暂存数据进行校验。校验不成功的，系统自动弹出提示，企业操作员依提示信息进行修改。

对于校验成功的执行暂存操作，并将暂存成功结果返回至界面。

出境申报信息部分字段填写说明如下。

①申报对象：仅提供“边检出境申报”选项。

②填写提示：仅提供“边检填写数据”选项。

③出入口岸：必填，填写 3 位边检口岸代码返填口岸名称。

④车辆所属国籍地区：必填，输入国家地区代码按回车键确认。

⑤车辆类型代码：必填，从下拉框中选择。

⑥境内车牌号、境外车牌号：必填，30 位字符，按实际信息填报。

⑦车辆款式颜色：选填，50 位字符，按实际信息填报。

⑧车辆所属公司全称：选填，100 位字符，按实际信息填报。

⑨公司社会统一信用代码：选填，40 位字符，按实际信息填报。

⑩公司联系电话：选填，20 位字符，按实际信息填报。

⑪前往国家地区：必填，输入国家地区代码按回车键确认。

⑫代理员姓名：选填，50 位字符，按实际信息填报。

⑬代理员身份证号、代理员联系电话：选填，20 位字符，按实际信息填报。

⑭申报出入日期时间：必填，按实际信息在时间列表中选择。

⑮备注：选填，按业务主管部门要求填报。一般要求填写货物品类与数量信息。

（2）驾驶员信息。

出境动态申报时要求驾驶员信息必须填写，可切换到“驾驶员信息”界面。在该界面录入驾驶员信息，录入完成后，点击“保存”按钮，系统对驾驶员信息进行保存并将驾驶员信息显示在下方列表中。一次出境动态申报可申报多个驾驶员信息（如图 3-51 所示）。

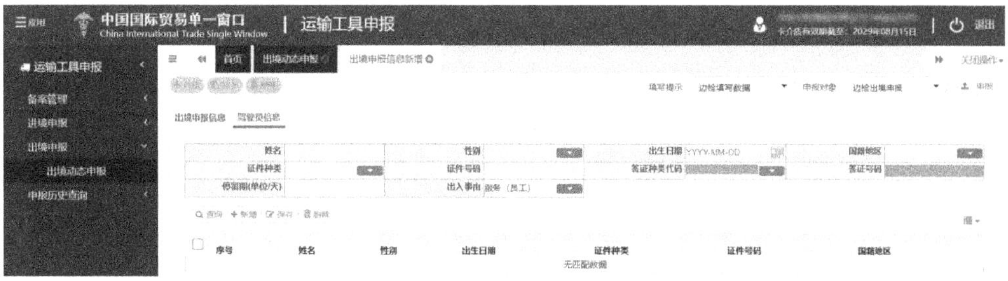

图 3-51　出境申报信息新增——驾驶员信息界面

录入数据完成后，点击右上方“申报”按钮，系统提示“是否向××进行出境申报”（如图 3-52 所示）。

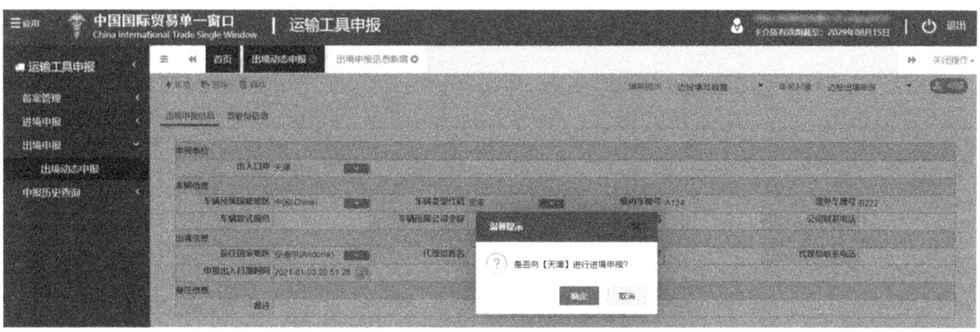

图 3-52　出境动态申报提示界面

选择“确定”按钮，系统执行申报校验。校验不成功的，系统自动弹出提示，企业操作员依提示信息对申报数据进行修改，修改后再次执行申报操作。申报成功后将结果返回至界面。

驾驶员信息部分字段填写说明如下。

①姓名：必填，50 位字符，按实际情况填写。

②性别：必填，在下拉框中选择确认。

③出生日期：必填，按实际信息在列表中选择确认。

④国籍地区：必填，按实际信息输入国籍代码进行选择确认。

⑤证件种类：必填，按实际信息在下拉框中选择确认。

⑥证件号码：必填，20 位字符，按实际信息进行填写。

⑦签证种类代码：选填，按实际信息在下拉框中选择确认。

⑧签证号码：选填，20 位字符，按实际信息进行填写。

⑨停留期：选填，3 位整数，以天为单位，按实际信息进行填写。

⑩出入事由：选填，按实际信息在下拉框中选择确认。

小提示

“出境动态申报”界面左上角的“新增”按钮可清除当前界面中所有信息。如果当前已有录入数据建议保存后再点击该按钮，否则当前已录入数据无法找回。

“出境动态申报”界面上方的“删除”按钮，可删除暂存状态的数据。已删除数据不可恢复，请慎用。

执行“申报”操作前，必须选择申报对象且录入驾驶员信息，否则无法进行申报操作。

2. 修改

企业操作员可通过“修改”操作，对已录入的出境动态数据进行修改。

选择查询结果列表中的数据，并点击“修改”按钮进入“出境申报信息修改”界面。

选择右上方的“填写提示”，目前公路运输工具申报系统出境动态申报仅支持向边检部门发送备案信息。填写提示选择后，对于申报时需要录入的数据项使用蓝色字体标识，对于申报时的必填数据项使用黄底色标识（如图 3-53 所示）。

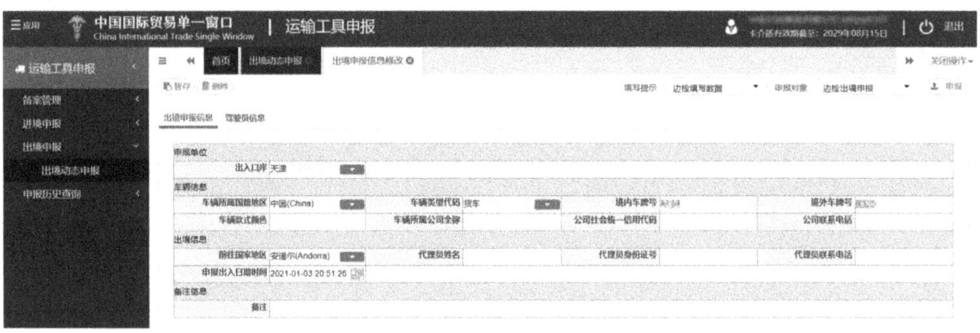

图 3-53 出境申报信息修改界面

企业操作员依实际需要对出境申报信息进行修改后点击“暂存”按钮，系统执行暂存操作，并将结果返回至界面。

点击右上方“申报”按钮，系统提示“是否向出入口岸进行出境申报?”。

选择“确定”按钮执行申报操作，并将操作结果返回至界面。选择“取消”按钮，关闭当前弹出提示，退出申报流程。

3. 删除

企业操作员可通过“删除”操作，对已暂存的出境动态数据进行删除。

选择查询结果列表中符合条件的数据，并点击“删除”按钮，此时系统提示“是否要删除此条数据?”(如图 3-54 所示)。

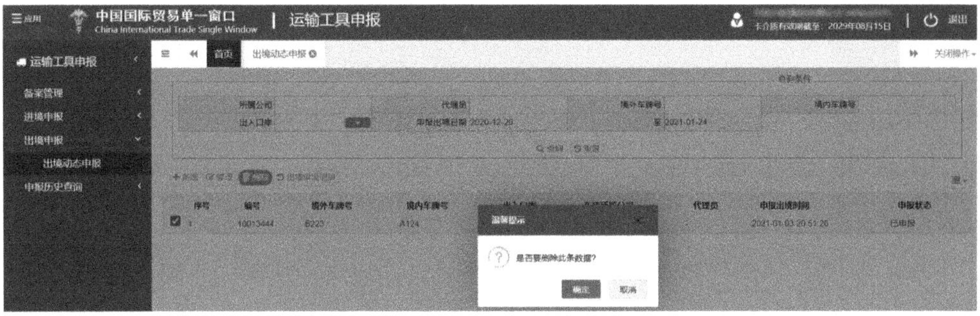

图 3-54　出境动态删除提示界面

企业操作员选择“确定”按钮，系统对已选数据执行删除操作，删除操作完成后提示“删除成功”，并依据列表查询条件刷新查询结果。企业操作员选择“取消”按钮，系统关闭删除提示框，退出当前删除流程。

小提示

只有暂存状态的数据支持“删除”操作，删除后数据不可恢复。

四、申报历史查询

(一) 企业信息申报历史查询

通过企业信息申报历史查询功能，企业操作员可查询本企业申报的企业备案全量数据、明细信息、回执明细。

点击左侧菜单栏中“申报历史查询”→“企业信息申报历史查询”，进入“企业信息申报历史查询”界面。

“企业信息申报历史查询”界面默认取当前日期为申报时间结束日期，当前日期前两周为申报日期开始日期作为查询条件。企业操作员可依实际情况输入企业代码、企业中文名称、企业外文名称、申报时间区间后，点击“查询”按钮，对本企业录入数据进行查询，查询结果显示在下方列表中。

企业操作员可通过点击查询结果列表右侧图标对查询结果的展示信息进行设置（如图 3-55 所示）。企业操作员可通过点击“重置”按钮，清空原输入的查询条件。

图 3-55　企业信息申报历史查询界面

在查询结果列表中选中某一条企业信息，点击“企业申报详情查看”按钮，可跳转至明细界面，展示企业信息详情（如图 3-56 所示）。

图 3-56　企业备案历史详情查看界面

在查询结果列表中选中某一条企业信息，点击“回执查询”按钮，可跳转至该条记录的回执明细界面，展示回执详情。

（二）车辆信息申报历史查询

通过车辆信息申报历史查询功能，企业操作员可查询本企业申报的车辆备案全量数据、明细信息、回执明细。

点击左侧菜单栏中“申报历史查询”→“车辆信息申报历史查询”，进入“车辆信息申报历史查询”界面（如图 3-57 所示）。

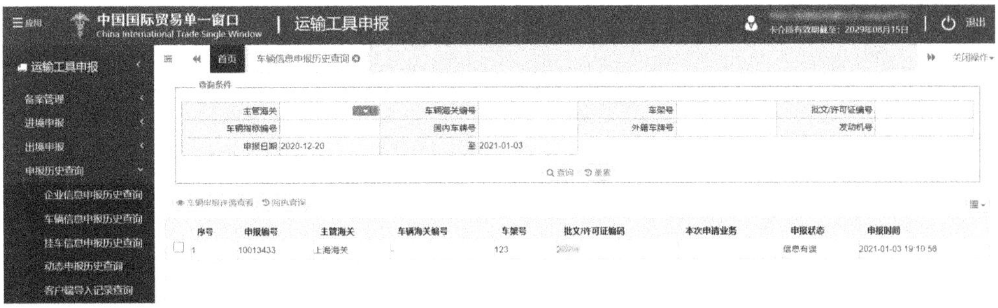

图 3-57　车辆信息申报历史查询界面

“车辆信息申报历史查询”界面默认取当前日期为申报日期结束日期，当前日期前两周为申报日期开始日期作为查询条件。企业操作员可依实际情况输入主管海关、车辆海关编号、车架号、批文许可证编号、车辆指标编号、国内车牌号、外籍车牌号、发动机号、申报日期区间后，点击“查询”按钮，对本企业录入数据进行查询，查询结果显示在下方列表中。

企业操作员可通过点击查询结果列表右侧图标对查询结果的展示信息进行设置。企业操作员可通过点击“重置”按钮，清空原输入的查询条件。

在查询结果列表中，选中某一条车辆信息，点击“车辆申报详情查看”可跳转至明细界面，展示车辆信息详情（如图 3-58 所示）。

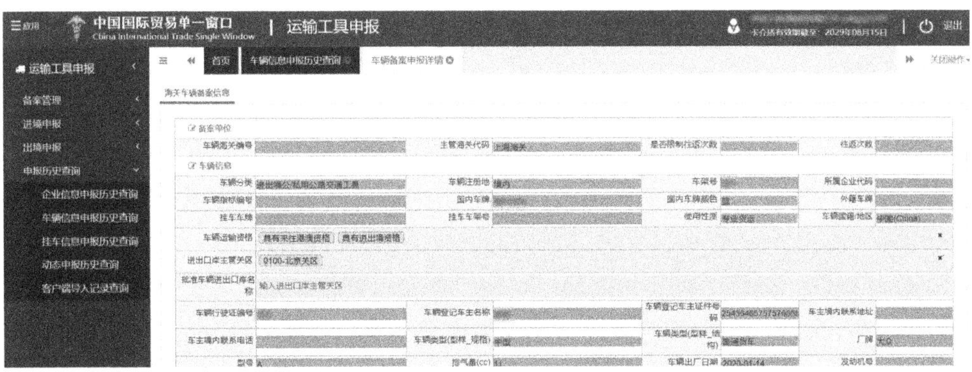

图 3-58　车辆备案申报详情界面

在查询结果列表中，选中某一条车辆信息，点击“回执查询”按钮，可跳转至该条记录的回执明细界面，展示回执详情。

（三）挂车信息申报历史查询

通过挂车信息申报历史查询功能，企业操作员可查询本企业申报的挂车备案全量数据、明细信息、回执明细。

点击左侧菜单栏中“申报历史查询”→“挂车信息申报历史查询”，进入“挂车信息申报历史查询”界面（如图 3-59 所示）。

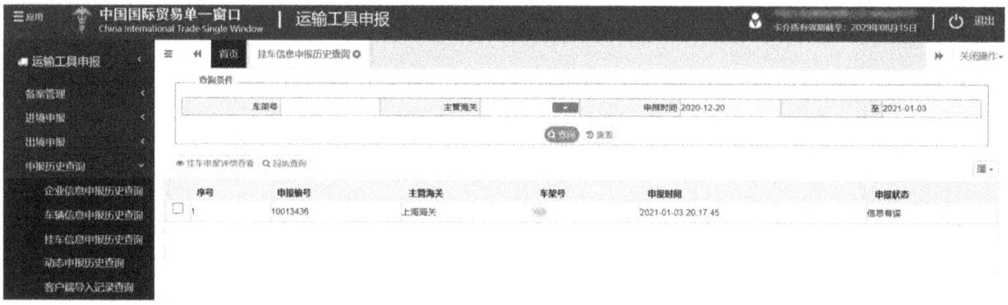

图 3-59 挂车信息申报历史查询界面

“挂车信息申报历史查询”界面默认取当前日期为申报时间结束日期，当前日期前两周为申报时间开始日期作为查询条件。企业操作员可依实际情况输入车架号、主管海关、申报时间区间后，点击“查询”按钮，对本企业录入数据进行查询，查询结果显示在下方列表中。

企业操作员可通过点击查询结果列表右侧图标对查询结果的展示信息进行设置。企业操作员可通过点击“重置”按钮，清空原输入的查询条件。

在查询结果列表中，选中某一条挂车信息，点击“挂车申报详情查看”按钮，可跳转至明细界面，展示挂车信息详情（如图 3-60 所示）。

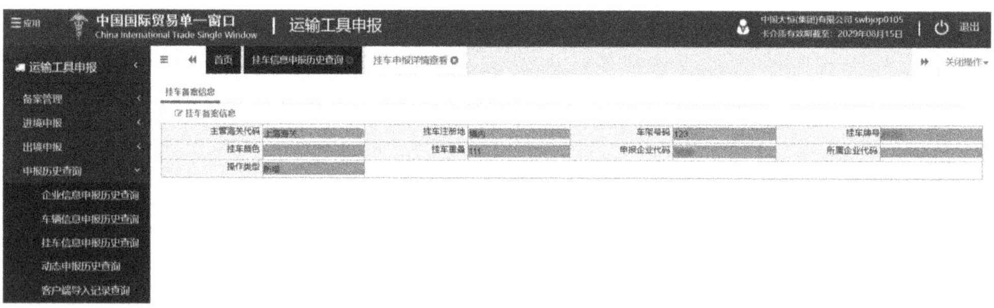

图 3-60 挂车申报详情查看界面

在查询结果列表中，选中某一条挂车信息，点击“回执查询”按钮，可跳转至该条记录的回执明细界面，展示回执详情。

（四）动态申报历史查询

通过动态申报历史查询功能，企业操作员可查询本企业申报的进出境动态申报单全量数据、明细信息。

点击左侧菜单栏中“申报历史查询”→“动态申报历史查询”，进入“动态申报历史查询”界面。

企业操作员可依实际情况输入所属公司、代理员、境外车牌号、境内车牌号、出入口岸、进出境类型、申报时间区间后，点击“查询”按钮，对本企业录入数据进行查询，查询结果显示在下方列表中（如图 3-61 所示）。

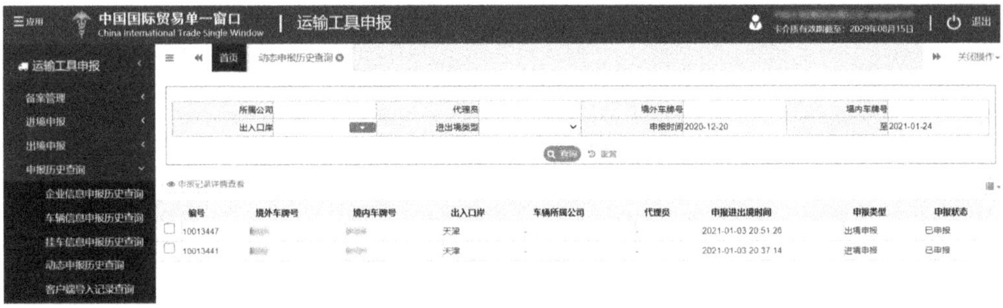

图 3-61　动态申报历史查询界面

企业操作员可通过点击查询结果列表右侧图标对查询结果的展示信息进行设置。企业操作员可通过点击“重置”按钮，清空原输入的查询条件。

在查询结果列表中，选中某一条动态信息，点击“申报记录详情查看”按钮，可跳转至明细界面，展示动态信息详情（如图 3-62 所示）。

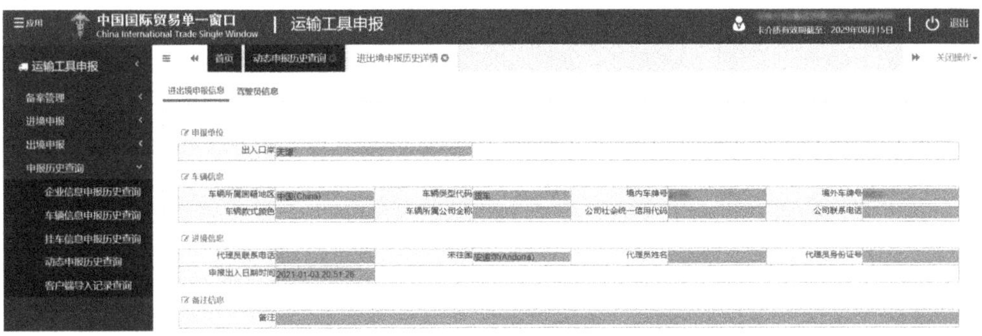

图 3-62　进出境申报历史详情界面

（五）客户端导入记录查询

通过客户端导入记录查询功能，企业操作员可查询本企业导入的备案信息全量数据及数据回执明细信息。

点击左侧菜单栏中“申报历史查询”→“客户端导入记录查询”，进入“客户端导入记录查询”界面（如图 3-63 所示）。

“客户端导入记录查询”界面默认取当前日期为申报时间结束日期，当前日期前两周为申报时间开始日期作为查询条件。企业操作员可依实际情况输入海关关区、业务类型、申报时间区间后，点击“查询”按钮，对本企业申报的企业信息、车辆信息、挂车信息进行查询，查询结果显示到列表中。

企业操作员可通过点击查询结果列表右侧图标对查询结果的展示信息进行设置。

企业操作员可通过点击“重置”按钮，清空原输入的查询条件。

图 3-63　客户端导入记录查询界面

在查询结果列表中，选中某一条企业信息，点击“回执查询”按钮，可跳转至该票数据的回执详情界面。

第三节　常见问题

问题 1　进行车辆、挂车备案时，提示“正式库中非法传输方代码数据不正确，非法传输方时；企业待审表中不存在相关发送方代码”，应如何处理。

答　先核实企业信息是否备案完成，备案车辆、挂车所填写的申报企业代码，是否和企业信息备案时填写的企业代码一致。

问题 2　车辆/挂车曾经在 QP 上做过备案的，现在需要做延期等操作，该如何进行。

答　进入车辆/挂车业务的新增界面，车辆备案请点击车架号放大镜，挂车信息备案点击车架号码放大镜，在弹出的对话框中录入相关的查询条件后点击“查询”按钮，在查询结果中选中一条点击导入即可将 QP 中已有的备案数据返填到明细界面上。

问题 3　通过上述方法仍然找不到自己所需的车辆、挂车，怎么办?

答　请先核实，当前登录账号的所属企业是否和查询车辆、挂车属于同一家企业，目前系统仅支持修改本企业的车辆、挂车信息。

下篇

国际贸易“单一窗口”舱单申报系统实务操作

国际贸易“单一窗口”的成功运用，有效地将大通关流程由“串联”改为“并联”，实现了一点接入、一次提交、一次查验、一键跟踪、一站办理等“五个一”功能特色，提高了国际贸易供应链各参与方系统间的互操作性，在优化通关业务流程、提高申报效率、缩短通关时间、降低企业成本、促进贸易便利化方面发挥了重要作用。

自 2017 年全面建设启动以来，国际贸易“单一窗口”通过持续优化整合，功能范围已经覆盖国际贸易链条各个主要环节，实现 16 大基本服务功能，能够与 25 个部门或机构系统对接和共享信息，支持国际贸易全链条各主要环节业务办理。

舱单申报系统功能是国际贸易“单一窗口”基本服务功能之一，包括水运舱单申报、空运舱单申报、公路舱单申报三大业务类型，为进出境物流企业提供舱单及其相关电子数据的录入、申报和管理功能，功能范围已涵盖水、陆、空运输工具进出境领域中所有需要向海关提交的舱单相关电子信息。舱单申报系统自 2017 年上线运行以来，不断进行优化升级，通过数据复用、自动校验等手段辅助用户操作，最大限度地减少用户录入工作量，优化界面展示和功能细节，持续提升用户体验，并与国际贸易“单一窗口”其他服务功能紧密联动，协同提高各类电子数据的申报成功率。该系统的上线运行和推广应用，为促进海关进出境物流监管体系建设、提高舱单电子信息申报效率、优化通关业务流程、提高通关时效、支持口岸营商环境创新发展提供了有力的技术支持和保障。

第四章　水运舱单申报系统

第一节　业务简介

国际贸易“单一窗口”水运舱单申报系统涵盖水运进出境舱单业务链条各主要环节，包括企业备案、原始舱单、预配舱单、理货报告、运抵报告、装载舱单、分拨分流、落装改配改港、沿海空箱调运、国际转运、综合查询等模块。通过水运舱单申报系统，企业可录入并向海关申报上述舱单及相关单证的电子数据，系统按照统一的标准规范对申报数据进行逻辑处理后发送给海关。海关对企业申报的数据进行处理后，将处理回执反馈至水运舱单申报系统，企业可查看历史申报数据和相应的海关回执。

一、企业备案

根据海关总署第240号令中最新修订的《中华人民共和国海关进出境运输工具舱单管理办法》（以下简称《舱单管理办法》）第六条要求，“舱单传输人、海关监管作业场所经营人、理货部门、出口货物发货人应当向其经营业务所在地直属海关或者经其授权的隶属海关备案，并提交《备案登记表》。在海关备案的有关内容如果发生改变的，舱单传输人、海关监管作业场所经营人、理货部门、出口货物发货人应当凭书面申请和有关文件向海关办理备案变更手续。”

对于未在海关办理过企业备案手续的企业，水运舱单申报系统提供备案电子信息的录入和申报功能，企业可以在线录入备案信息并提交给海关，再根据海关对企业备案的相关要求到经营业务所在地直属海关或者经其授权的隶属海关办理备案，避免现场录入数据耗费时间和信息准备不充分等意外情况。

二、原始舱单

原始舱单，是指舱单传输人向海关传输的反映进境运输工具装载货物、物品或者乘载旅客信息的舱单。

根据《舱单管理办法》第九条要求，进境集装箱船舶应当在装船的24小时以前，非集装箱船舶应当在抵达境内第一目的港的24小时以前，向海关传输原始舱单主要数据；应当在进境货物、物品运抵目的港以前向海关传输原始舱单其他数据。

原始舱单应以提（运）单为单位向海关传输。

三、预配舱单

预配舱单，是指反映出境运输工具预计装载货物、物品或者乘载旅客信息的舱单。

根据《舱单管理办法》第二十一条要求，出境运输工具预计载有货物、物品的，应当在办理货物、物品申报手续以前向海关传输预配舱单主要数据；集装箱船舶应当在装船的24小时以前，非集装箱船舶应当在开始装载货物、物品的2小时以前向海关传输预配舱单其他数据。

预配舱单应以提（运）单为单位向海关传输。

四、理货报告

理货报告，是指海关监管作业场所、旅客通关类、邮件类场所经营人或者理货部门对进出境运输工具所载货物、物品的实际装卸情况予以核对、确认的记录。

根据《舱单管理办法》第十三条要求，理货部门或者海关监管作业场所、旅客通关类、邮件类场所经营人应当在进境运输工具卸载货物、物品完毕后的6小时以内以电子数据方式向海关提交理货报告；第二十八条要求，出境运输工具驶离装货港的6小时以内，海关监管作业场所经营人或者理货部门应当以电子数据方式向海关提交理货报告。

海关在理货报告后，将原始舱单/装载舱单与理货报告进行核对，对二者不相符的，以电子数据方式通知运输工具负责人。运输工具负责人可通过水运舱单申报系统查询到理货异常情况，并在装卸货物、物品完毕后的48小时以内向海关报告不相符的原因。

理货报告应以提（运）单或集装箱为单位向海关传输。

五、运抵报告

运抵报告，是指进出境货物运抵海关监管作业场所时，海关监管作业场所经营人向海关提交的反映货物实际到货情况的记录，以及进出境物品运抵旅客通关类、邮件类场所时，相关场所经营人向海关提交的反映物品实际到货情况的记录。

根据《舱单管理办法》第十七条要求，货物、物品需要疏港分流的，在疏港分流完毕后，相关场所经营人应当以电子数据方式向海关提交疏港分流货物、物品运抵报告；第二十二条要求，出境货物、物品运抵海关监管作业场所、旅客通关类、邮件类场所时，相关场所经营人应当以电子数据方式向海关提交运抵报告。

运抵报告应以提（运）单或集装箱为单位向海关传输。

六、装载舱单

装（乘）载舱单，是指反映出境运输工具实际配载货物、物品或者载有旅客信息的舱单。

根据《舱单管理办法》第二十三条要求，舱单传输人应当在运输工具开始装载货物、物品的30分钟以前向海关传输装载舱单电子数据。装载舱单中所列货物、物品应当已经海关放行。

装载舱单应以提（运）单为单位向海关传输。

七、疏港分流

疏港分流，是指为防止货物、物品积压、阻塞港口，根据港口行政管理部门的决定，将相关货物、物品疏散到其他海关监管作业场所、旅客通关类、邮件类场所的行为。

根据《舱单管理办法》第十七条要求，货物、物品需要疏港分流的，海关监管作业场所、旅客通关类、邮件类场所经营人应当以电子数据方式向海关提出疏港分流申请，经海关同意后方可疏港分流。

分流申请应以提（运）单为单位向海关传输。

八、分拨

分拨，是指海关监管作业场所、旅客通关类、邮件类场所经营人将进境货物、物品从一场所运至另一场所的行为。

根据《舱单管理办法》第十六条要求，进境货物、物品需要分拨的，舱单传输人应当以电子数据方式向海关提出分拨货物、物品申请，经海关同意后方可分拨。

分拨申请应以提（运）单为单位向海关传输。

综上，水运舱单申报系统涵盖了上述所有单证的录入、申报、查询功能。除此之外，对于水运舱单业务链条中的落装、改配、改靠港、沿海空箱调运、国际转运业务，水运舱单申报系统也有相应的业务模块为用户提供相应的电子数据申报服务。

第二节　基本操作

进入系统

在国际贸易“单一窗口”成功注册企业用户后，输入用户名与密码登录系统，即可在“标准版应用”界面的“舱单申报”栏目中，通过点击“海运”链接进入水运舱单申报系统。

一、企业备案

企业备案又称舱单传输权限开通申请。企业可通过企业备案模块，向海关申请舱单电子数据的传输权限。企业备案分为总公司备案和分公司备案。总公司备案包括暂存、打印、提交开通申请以及查看审核回执的功能。分公司备案包括查看详情、新增分支机构传输申请等功能。

（一）总公司备案

用户登录国际贸易“单一窗口”，进入“总公司备案”界面（如图 4-1 所示），系统将从国际贸易“单一窗口”企业注册信息中自动返填统一社会信用代码、企业中文名称等内容。界面黄色输入框和字段名称前带红色星号的字段为必填项，输入框为灰色的是自动返填字段，输入框为白色的为选填项。

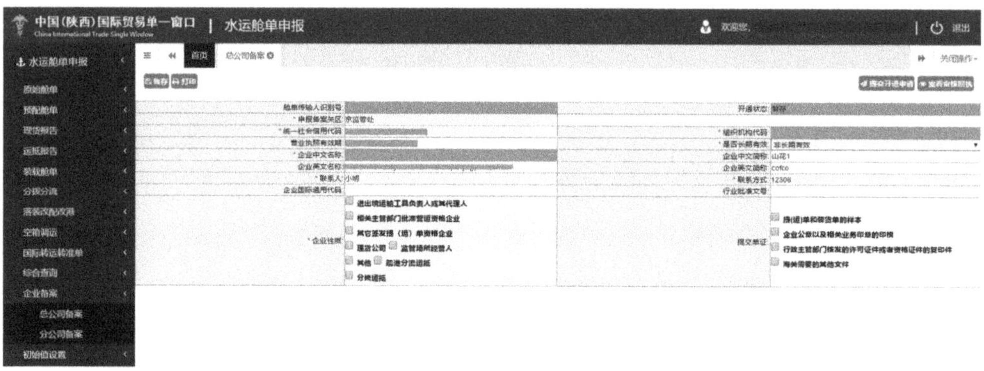

图 4-1　总公司备案界面

界面上的功能如下所述：

1. 暂存：点击“暂存”按钮时，系统会校验页面上的必填项，请填写所有必填项后再暂存。

2. 打印：点击“打印”按钮时，可打印舱单备案登记表。

3. 提交开通申请：备案信息输入完毕，点击“提交开通申请”按钮，在弹出的提示框中点击“确定”按钮，系统将向海关发送备案权限开通申请。若在“是否确认申报”的提示框中点击“取消”按钮，则放弃向海关发送申请。

4. 查看审核回执：点击“查看审核回执”按钮，可查看最新申请的回执内容。

功能亮点

舱单传输权限开通申请经海关审核通过后，海关将向本系统反馈舱单传输人识别号，并自动返填到界面上的“舱单传输人识别号”输入框内。企业向海关提交舱单及相关电子数据时将使用该识别号作为身份标识。

（二）分公司备案

总公司下包含分支机构的，总公司完成企业备案后，可通过此功能进行分支机构备案；分公司备案可由分公司用户进行，也可由总公司用户为自己旗下分支机构进行备案（可以为多个分支机构备案）。

点击左侧菜单栏“企业备案”→“分公司备案”后，界面如图 4-2 所示。

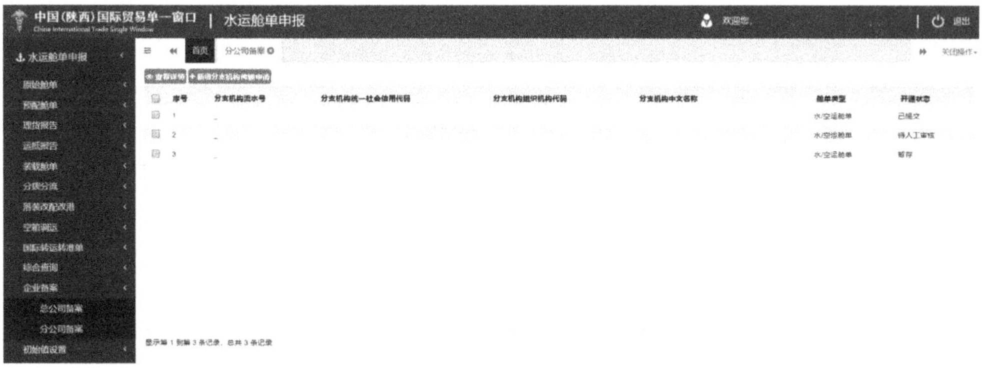

图 4-2　分公司备案界面

界面上的功能如下所述：

1. 查看详情：若当前用户所属企业进行过分公司备案，界面列表区域会展示出所有已录入的分公司备案数据，勾选一条数据，点击“查看详情”按钮，可看到具体的备案信息。

2. 新增分支机构传输申请：点击此按钮会弹出“分支机构传输开通申请”界面，如图 4-3 所示。

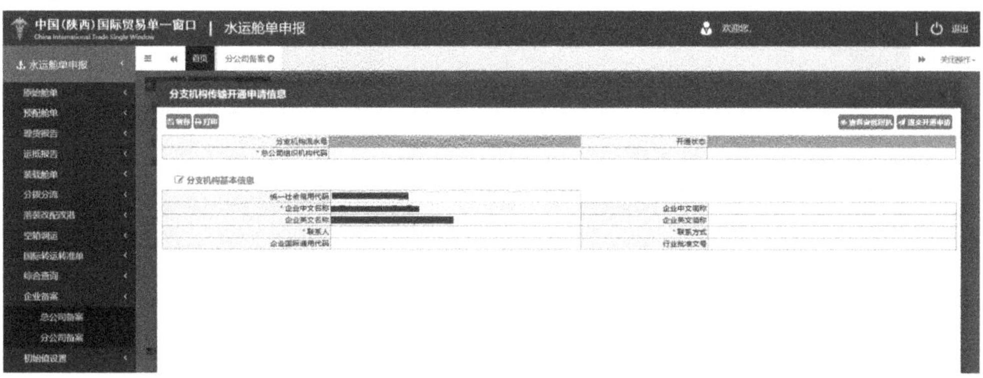

图 4-3　分支机构传输开通申请信息界面

此界面黄色输入框和字段名称前带红色星号的字段为必填项，输入框为灰色的是自动返填字段，输入框为白色的为选填项。界面上的功能按钮和总公司备案界面相同。

二、原始舱单

水运原始舱单模块为用户提供水运原始舱单数据的录入、变更、删除等功能，可依次点击左侧菜单栏“水运舱单申报”→“原始舱单”展开（如图 4-4 所示）。

图 4-4　水运原始舱单主界面

（一）原始舱单主要数据

点击左侧菜单栏“原始舱单主要数据”，右侧区域展示原始舱单主要数据的录入界面，如图 4-5 所示。

图 4-5　原始舱单主要数据界面

界面上方为表头部分，即原始舱单基本信息；下方列表为表体部分，即提运单信息。点击界面上方蓝色按钮所进行的操作，将影响当前界面的所有提运单数据。界面中字段前带有红色星号和输入框为黄色的字段为必填项。必填项字段若为空则无法继续进行保存或申报等操作。点击界面中的白色按钮，影响的数据仅为当前涉及的页签或字段。

1. 表头

（1）界面中，部分字段（例如，航次航班编号等）需要用户手工录入，请根据业务主管部门要求，如实填写相关内容。

（2）部分字段右侧带有三角形标识（例如，离境地海关代码等），表示该类字段需要在参数中调取，不可随意录入。直接点击三角形图标，调出下拉菜单并在其中选择。也可直接输入已知的相应数字、字母或汉字，迅速调出参数，使用上下箭头选择后，点击回车键确认录入。

（3）日期类字段（例如，启运日期和时间等），点击录入框后，系统自动弹出日历，用户可根据实际情况选择。

（4）录入航次航班编号与运输工具代码后，按回车键，系统将查找该票数据是否已经存在。如找到，则自动返填所有已存在的数据，并将航次航班编号和运输工具代码字段置灰，不允许修改。

（5）点击“暂存”按钮后，航次航班编号和运输工具代码字段变为灰色，不允许修改。

（6）录入运输工具代码后，可点击字段旁的放大镜图标，系统自动查找运输工具中备案的相关数据。如未查询到信息，系统会弹出提示“在运输工具中没有找到此备案信息”，更多关于运输工具的备案信息，请在国际贸易“单一窗口”运输工具申报系统中查询。

（7）新增：在“原始舱单主要数据”界面中点击上方“新增”按钮，系统将自动清空当前界面内所有已录入的数据，用户可以重新录入一票数据。

小提示

如用户在录入数据的过程中点击了“暂存”按钮，则系统将自动保存当前所录入的数据，即使进行新增操作，也不会丢失数据，可在综合查询中查找。

（8）申报：勾选“原始舱单主要数据”界面中录入完毕并确认无误的表体数据，并点击右上方的“申报”按钮进行申报。

小提示

申报即意味着填写的数据将向相关业务主管部门发送，并等待其审批。

（9）删除：可删除整票原始舱单数据。点击“原始舱单主要数据”界面上方的“删除”按钮，系统将提示用户是否删除当前数据。删除的数据将不可恢复，需谨慎操作。

小提示

当原始舱单主要数据只有表头，没有提运单表体；所有提运单状态为暂存、申报失败或海关退单；原始舱单主要数据删除申请状态为海关接受申报，则可进行该项的删除操作。否则，系统可能弹出不允许删除的提示。

2. 表体

将表头数据录入完毕、点击“原始舱单主要数据”界面上方的“暂存”按钮成功保存后，方可新增表体提运单数据。点击界面中部的“新增”按钮，界面弹出“提运单信息”界面（如图 4-6 所示），包括基本信息、集装箱信息与商品项信息三部分，以切换页签的方式在界面中显示。点击右下角“保存”“新增”按钮所进行的操作，将影响当前整票提运单信息的数据。此界面的三个页签中，集装箱信息不是必填项，可根据实际业务选择填写，基本信息与商品项信息则必须填写。

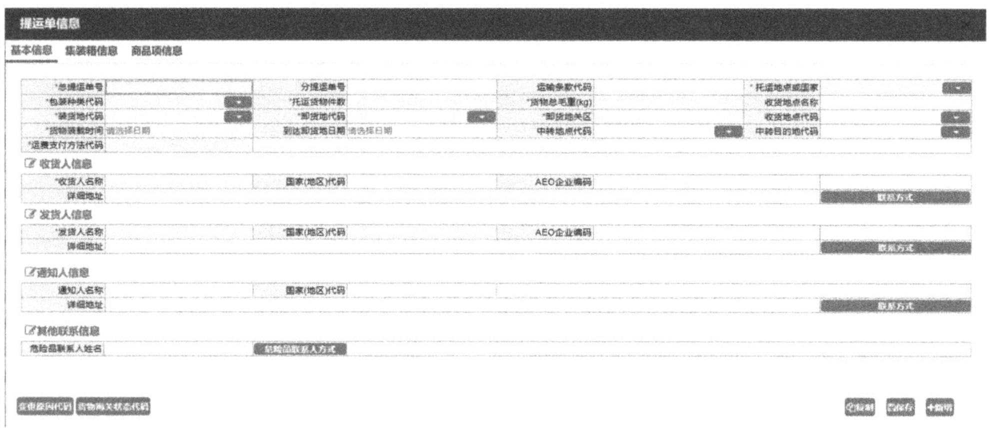

图 4-6　原始舱单主要数据——提运单信息界面

（1）新增表体——基本信息。

①界面中，部分字段（例如，总提运单号、分提运单号、拆箱人代码等）需用户手工录入。请根据业务主管部门要求，如实填写相关内容。

②部分字段右侧带有三角形标识（例如，包装种类代码等），表示该类字段需要在参数中调取，不可随意录入。直接点击三角形图标，调出下拉菜单并在其中选择，也可直接输入已知的相应数字、字母或汉字，迅速调出参数，使用上下箭头选择后，点击回车键确认录入。

③日期类字段（例如，货物装载时间等），点击录入框后，系统自动弹出日历，用户可根据实际情况进行选择。

④须将提运单基本信息上方必要字段、收货人信息、发货人信息、通知人信息、货物交付目的信息，以及其他联系信息填写完毕，并点击右下角“保存”按钮后，才可继续录入或保存界面下方途径国家代码与货物海关状态代码等。

（2）新增表体——基本信息——联系方式。

①在“原始舱单主要数据——提运单信息”界面中点击任意“联系方式”按钮，弹出编辑框（如图4-7所示），根据实际情况填写。调用参数字段或手工录入字段要求与基本信息一致，此处不再赘述。

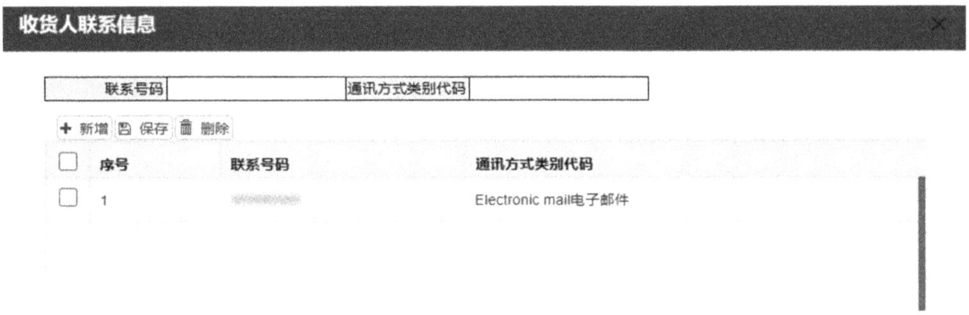

图4-7　原始舱单主要数据——收货人联系信息界面

②保存：录入相应信息后，点击“保存”按钮，系统自动将记录保存至下方列表中。

③新增：点击“新增”按钮，将清空当前界面显示的数据，用户可以重新录入并保存数据。

④删除：在列表中对任意记录进行勾选（可多选），可点击“删除”按钮进行删除。

小提示

联系信息不限类别，但最多可录入3条记录。

（3）新增表体——基本信息——货物海关状态代码。

①在“原始舱单主要数据——提运单信息”界面下方点击“货物海关状态代码”按钮，系统弹出编辑框（如图4-8所示），根据实际业务情况填写信息。调用参数字段的要求与基本信息一致，此处不再赘述。

图 4-8　原始舱单主要数据——货物海关状态信息界面

②录入相应信息后，点击“保存”按钮，系统自动将记录保存至下方列表中。

③点击“新增”按钮，将清空当前界面显示的数据，用户可以重新录入并保存数据。

④在列表中对任意记录进行勾选（可多选），可点击“删除”按钮进行删除。

小提示

货物海关状态信息，每种代码限录入 1 次。

（4）新增表体——基本信息——更改原因代码。

“更改原因代码”按钮，只可在变更申请或删除申请时点击录入。

（5）新增表体——基本信息——集装箱信息。

①在“原始舱单主要数据——提运单信息”界面中点击集装箱标签页（如图 4-9 所示）。调用参数字段或手工录入字段的要求与基本信息一致，此处不再赘述。

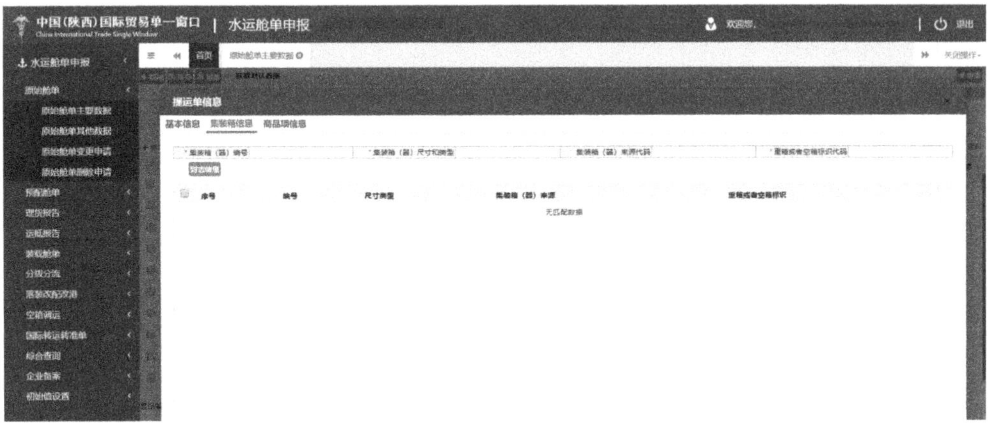

图 4-9　原始舱单主要数据——集装箱信息界面

②录入相应信息后，点击“保存”按钮，系统自动将记录保存至下方列表中。

③点击“新增”按钮，将清空当前界面显示的数据，用户可以重新录入并保存数据。

④在列表中对任意记录进行勾选（可多选），可点击“删除”按钮进行删除。

（6）新增表体——集装箱信息——封志信息。

将集装箱信息录入完毕后，点击“保存”按钮，才能继续点击“封志信息”按钮，弹出编辑框如图 4-10 所示。封志信息不是必填内容，可根据实际业务情况录入。各类按钮操作方法与上述内容一致，此处不再赘述。

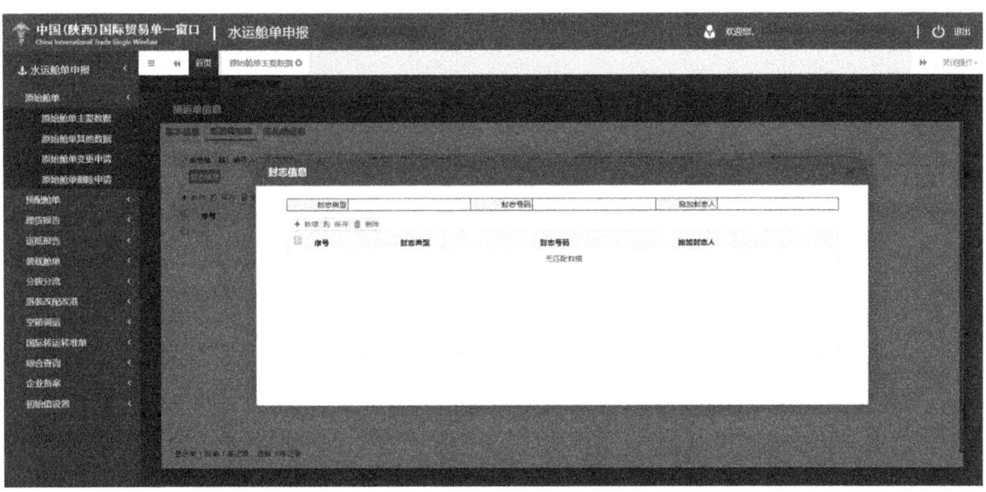

图 4-10　原始舱单主要数据——集装箱封志信息界面

小提示

封志信息最多可录入 9 条记录。

（7）新增表体——商品项信息。

①在“原始舱单主要数据——提运单信息”界面中切换至“商品项信息”界面（如图 4-11 所示）。调用参数字段或手工录入的字段要求与基本信息一致，此处不再赘述。

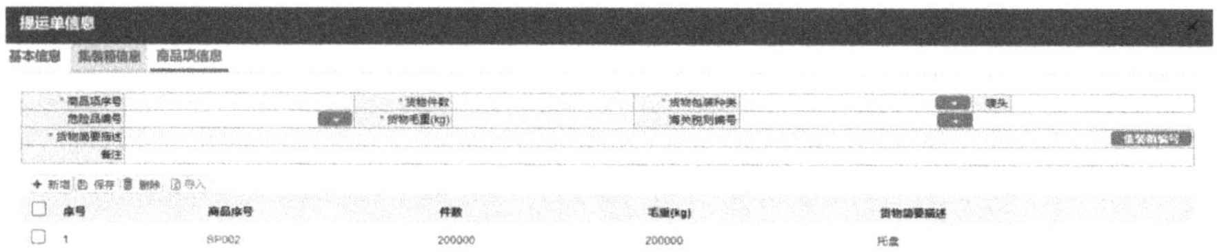

图 4-11　原始舱单主要数据——商品项信息界面

②录入相应信息后，点击上图中的“保存”按钮，系统自动将记录保存至下方列表中。

③点击“新增”按钮，将清空当前界面显示的数据，用户可以重新录入并保存数据。

④在列表中对任意记录进行勾选（可多选），可点击“删除”按钮进行删除。

（8）新增表体——商品项信息——集装箱编号。

①将商品项信息录入完毕并点击“保存”按钮，或选中“原始舱单主要数据——商品项信息”界面列表中已存在的任意一条数据，才能继续点击“集装箱编号”按钮，弹出编辑框如图 4-12 所示。

图 4-12　原始舱单主要数据——集装箱编号界面

②根据界面提示，在左侧区域勾选任意欲添加的集装箱（器）编号，点击“添加”按钮，记录跳转到右侧区域中即可。勾选右侧区域任意记录，点击“移除”按钮，可撤销上述的添加操作。

③录入相应信息后，点击上图中“保存”按钮，系统自动将记录保存至下方列表中。点击“新增”按钮，将清空当前界面显示的数据，便于用户重新录入并保存数据。在列表中对任意记录进行勾选（可多选），可点击“删除”按钮进行删除。

（9）表体列表信息展示。

根据上述操作录入并保存完毕的表体数据，显示在下方列表中（如图 4-13 所示）。此时可点击列表中“总提运单号”或“海关申报状态”一栏内的蓝色字体，系统将弹出对话框展示更多详细信息。勾选任意记录，点击“删除”按钮，可对当前选中的表体进行删除操作。

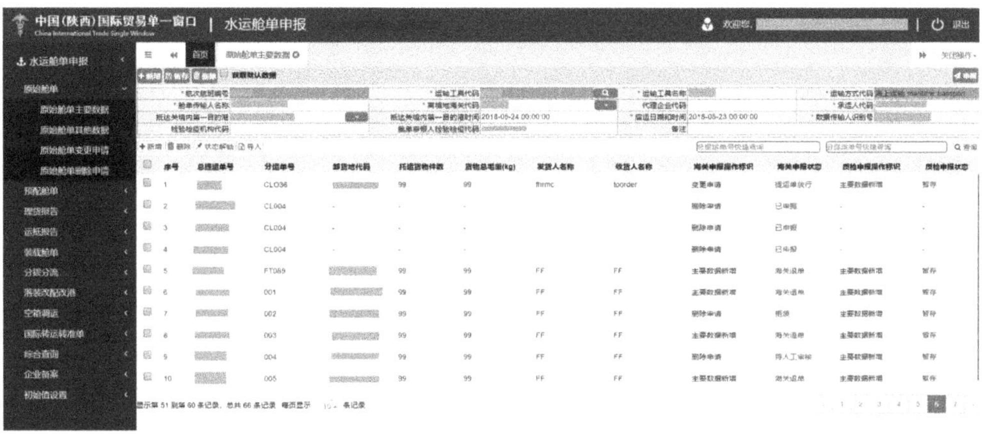

图 4-13　原始舱单主要数据——列表信息界面

功能亮点

1. 状态解锁：用于提运单为“已申报”和“待人工审核”状态下长时间收不到回执的情况，点击“状态解锁”按钮，状态变为“海关退单”。该状态下可以重新进行申报。

2. 导入：界面的导入指表体信息 Excel 导入。当表头数据保存成功后，点击“导入”按钮，根据弹出框中的操作指南进行操作，界面如图 4-14 所示。

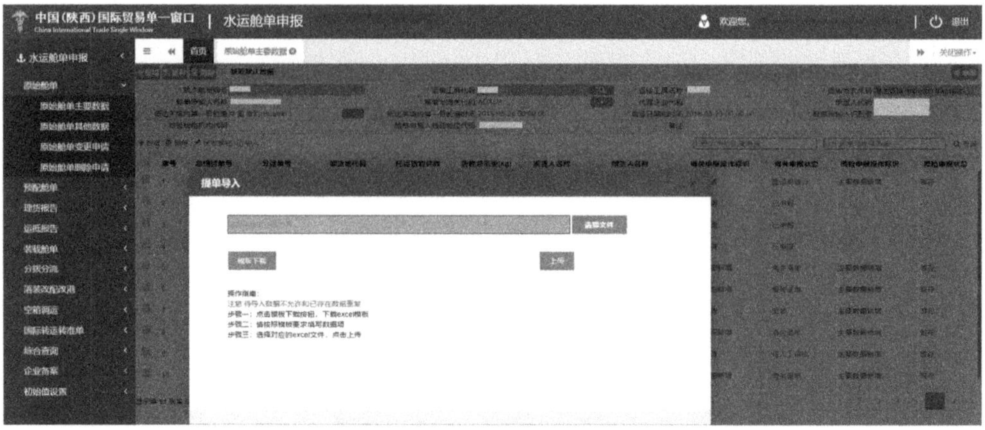

图 4–14　提单导入界面

3. 提运单复制：使用此功能可以快速复制一条已经存在的提运单信息。具体操作方法如下：在“原始舱单主要数据—列表信息”界面中选择一条已经存在的提运单信息，点击蓝色字体的提运单号，进入提运单详情页面，如图 4–15 所示。

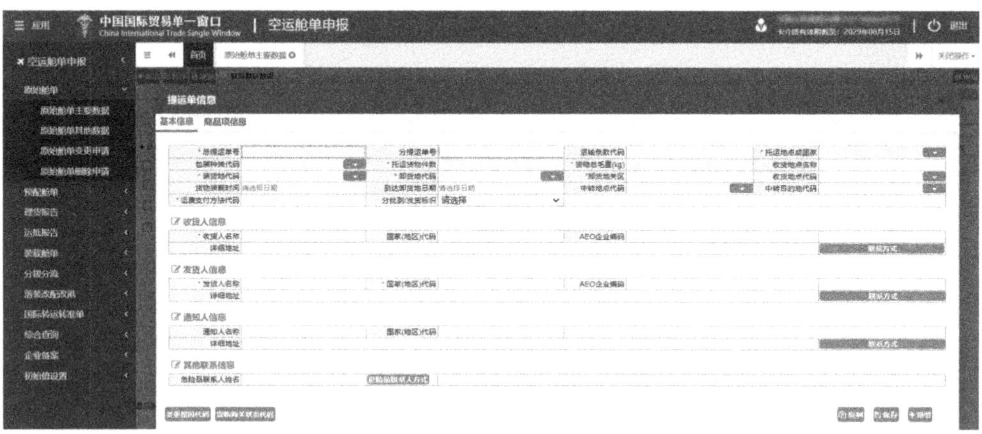

图 4–15　提运单信息复制界面

点击“复制”按钮，弹出提运单号输入框，如图 4–16 所示。

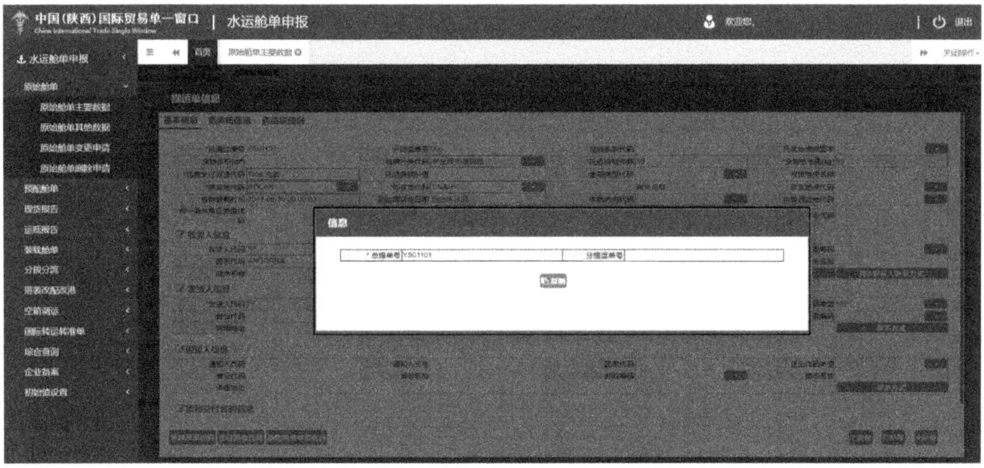

图 4-16　复制按钮功能信息框界面

输入新的总提运单号和（或）分提运单号后，点击“复制”按钮，系统将弹出“复制成功”的提示信息。关闭对话框，可看到当前提运单详细页面中的提运单号信息已更新，新复制的提运单将自动进入提运单列表。

（二）原始舱单其他数据

原始舱单其他数据属于对主要数据的补充，界面如图 4-17 所示。对于海关要求的必填数据项，如果用户在原始舱单主要数据中就已全部申报，可不再向海关提交其他数据；如果主要数据申报时部分必填信息尚不完整，可通过其他数据进行补充申报。更多详细操作，可参考原始舱单主要数据中的相关描述，此处不再赘述。

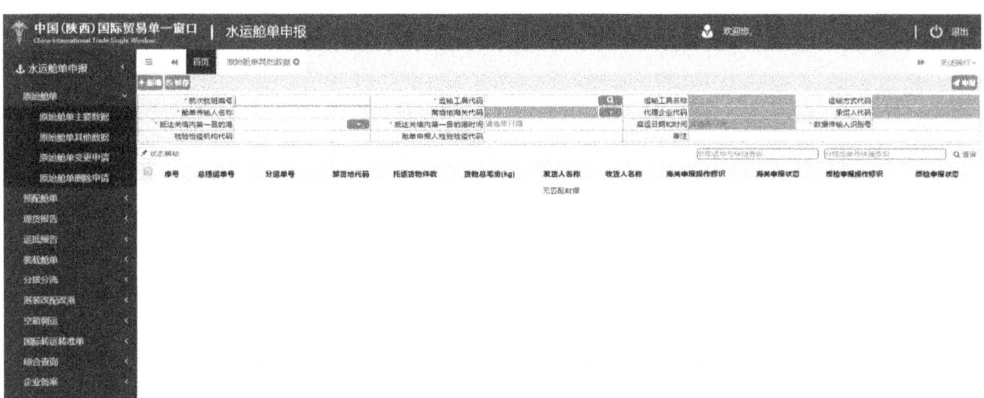

图 4-17　原始舱单其他数据界面

（三）原始舱单变更申请

对于已经向海关申报的原始舱单，如果已经收到了海关接受申报的回执，表示该原始舱单已进入海关系统数据库，此时如需变更部分原始舱单数据，可通过向海关提交变更申请实现。

在左侧菜单栏中点击“原始舱单”→“原始舱单变更申请”，右侧区域展示录入界面（如图 4-18 所示）。可手工录入各个字段，或输入已录入并保存过的航次航班编号与运输工具代码等字段后，按回车键，系统将查找并自动返填所有已存在的数据内容，用户可直接在返填数据的基础上修改后申报。新增、暂存等更多详细操作，可参考原始舱单主要数据中的相关描述，此处不再赘述。

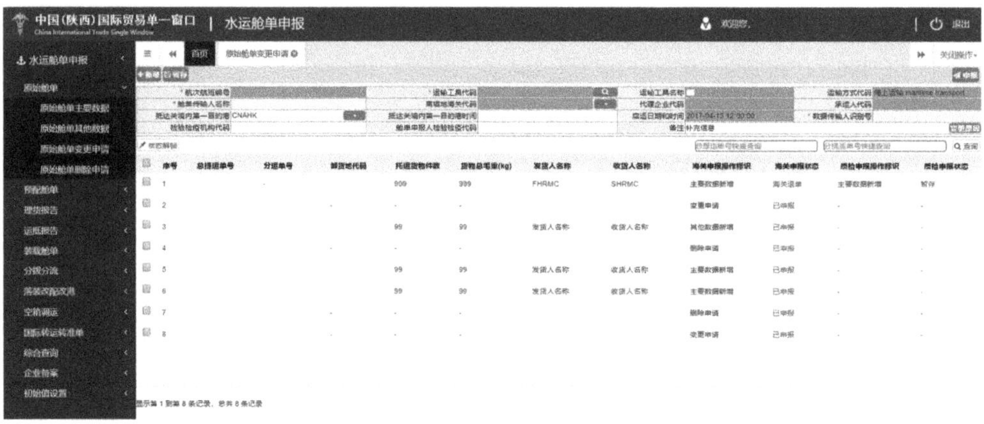

图 4-18　原始舱单变更申请界面

小提示

原始舱单主要数据状态为海关接受申报时，可进行变更申请；原始舱单其他数据状态为暂存、申报失败、海关退单、海关接受申报时，可进行暂存、申报等变更申请；原始舱单变更申请状态为暂存、申报失败、海关退单海关接受申报时，可进行暂存、申报等变更申请；原始舱单删除申请状态为申报失败、海关退单时，可进行暂存、申报等变更申请。否则，系统可能给出无符合条件的数据等提示。

海关不接受原始舱单中以下数据项的变更：

1. 表头：航次航班编号、运输工具代码、运输工具名称、运输方式代码、运输工具离境地海关代码、运输工具代理企业代码、承运人代码、运输工具启运日期和时间。

2. 提运单信息：总提运单号、分提运单号、卸货地代码、货物装载时间。

3. 集装箱信息：集装箱（器）编号、尺寸和类型。

4. 商品项信息：商品项序号、集装箱（器）编号。

（四）原始舱单删除申请

对于已经向海关申报的原始舱单，如果已经收到了海关接受申报的回执，表示该原始舱单已进入海关系统数据库，此时如需撤销申报数据，或者发现海关不接受变更的数据项有误，均可通过此功能向海关提交删除申请，申请删除海关系统中对应的原始舱单数据，重新申报正确的原始舱单。

点击左侧菜单栏“原始舱单”→“原始舱单删除申请”，右侧区域展示录入界面（如图 4-19 所示）。可手工录入各个字段，或输入已录入并保存过的航次航班编号与运输工具代码等字段后，按回车键，系统将查找并自动返填所有已存在的数据内容。新增、申报等更多详细操作，可参考原始舱单主要数据中的相关描述，此处不再赘述。

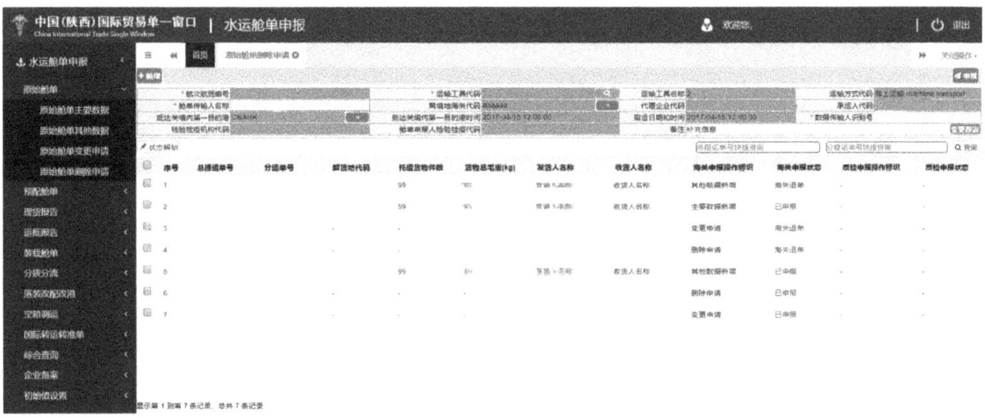

图 4-19　原始舱单删除申请界面

小提示

当原始舱单主要数据状态为海关接受申报时，才可进行删除申请。原始舱单其他数据状态为暂存、申报失败、海关退单、海关接受申报时，可进行申报、删除申请操作。原始舱单变更申请状态为暂存、申报失败、海关退单、海关接受申报时，可进行申报、删除申请操作。原始舱单删除申请状态为申报失败、海关退单时，可进行申报、删除申请操作。

三、预配舱单

预配舱单模块为用户提供水运预配舱单数据的录入、变更、删除等操作。水运预配舱单左侧菜单栏如图 4-20 所示，可依次点击左侧菜单栏“水运舱单申报”→“预配舱单”展开。

图 4-20　预配舱单主界面

（一）预配舱单主要数据

点击左侧菜单栏“预配舱单”→“预配舱单主要数据”，右侧区域展示录入界面（如图 4-21 所示）。界面上方为表头（基本字段）部分、下方列表为表体（提运单信息）部分。点击界面上方蓝色按钮所进行的操作，将影响当前的整票数据。更多详细操作，可参考原始舱单主要数据中的相关描述，此处不再赘述。

图 4-21　预配舱单主要数据界面

小提示

界面中，带有红色星号和输入框为黄色的字段为必填项，否则可能无法继续进行保存或申报等操作。界面中的白色按钮，所影响的数据仅为当前涉及的页签或字段。

（二）预配舱单其他数据

预配舱单其他数据属于对主要数据的补充。对于海关要求的必填数据项，如果用户在预配舱单主要数据中就已全部申报，可不再向海关提交其他数据；如果主要数据申报时部分必填信息尚不完整，可通过其他数据进行补充申报界面如图 4-22 所示。更多详细操作，可参考原始舱单主要数据中的相关描述，此处不再赘述。

图 4-22　预配舱单其他数据界面

（三）预配舱单变更申请

对于已经向海关申报的预配舱单，如果用户已经收到了海关接受申报的回执，表示该预配舱单已进入海关系统数据库，此时如需变更部分预配舱单数据，用户可通过向海关提交变更申请来实现。

点击左侧菜单栏“预配舱单”→“预配舱单变更申请”，右侧区域展示录入界面（如图 4-23 所示）。可手工录入各个字段，或输入已录入并保存过的航次航班编号与运输工具代码等字段后，按回车键，系统将查找并自动返填所有已存在的数据内容，用户可直接在返填数据的基础上修改后申报。新增、暂存、申报等更多详细操作，可参考原始舱单主要数据中的相关描述，此处不再赘述。

图 4-23　预配舱单变更申请界面

小提示

预配舱单主要数据状态为海关接受申报时，可进行变更申请；预配舱单其他数据状态为暂存、申报失败、海关退单、海关接受申报时，可进行暂存、申报等变更申请；预配舱单变更申请状态为暂存、申报失败、海关退单、海关接受申报时，可进行暂存、申报等变更申请；预配舱单删除申请状态为申报失败、海关退单时，可进行暂存、申报等变更申请。否则，系统可能给出无符合条件的数据等提示。

海关不接受预配舱单中以下数据项的变更：

1. 表头：航次航班编号、运输工具代码、运输工具名称、运输方式代码、运输工具离境地海关代码、运输工具代理企业代码、承运人代码。

2. 提运单信息：总提运单号、分提运单号、装货地代码、货物装载运输工具时间。

3. 集装箱信息：集装箱（器）编号。

4. 商品项信息：商品项序号、集装箱（器）编号。

（四）预配舱单删除申请

对于已经向海关申报的预配舱单，如果用户已经收到了海关接受申报的回执，表示该预配舱单已进入海关系统数据库，此时如需撤销申报数据，或者发现海关不接受变更的数据项有误，均可通过此功能向海关提交删除申请，申请删除海关系统中对应的预配舱单数据，重新申报正确的预配舱单。

点击左侧菜单栏中“预配舱单”→“预配舱单删除申请”，右侧区域展示录入界面（如图 4-24 所示）。可手工录入各个字段，或输入已录入并保存过的航次航班编号与运输工具代码等字段后，按回车键，系统将查找并自动返填所有已存在的数据内容。新增、申报等更多详细操作，可参考原始舱单主要数据中的相关描述，此处不再赘述。

图 4-24　预配舱单删除申请界面

小提示

当预配舱单主要数据状态为海关接受申报时，才可进行删除申请；预配单其他数据状态为暂存、申报失败、海关退单、海关接受申报时，可进行申报、删除申请操作；预配舱单变更申请状态为暂存、申报失败、海关退单、海关接受申报时，可进行申报、删除申请操作；预配舱单删除申请状态为申报失败、海关退单时，可进行申报、删除申请操作。否则，系统可能给出无符合条件的数据等提示。

四、理货报告

理货报告模块为用户提供进出口理货报告数据的录入、修改、删除等功能，左侧菜单栏如图 4-25 所示，可依次点击左侧菜单栏“水运舱单申报”→“理货报告”展开。

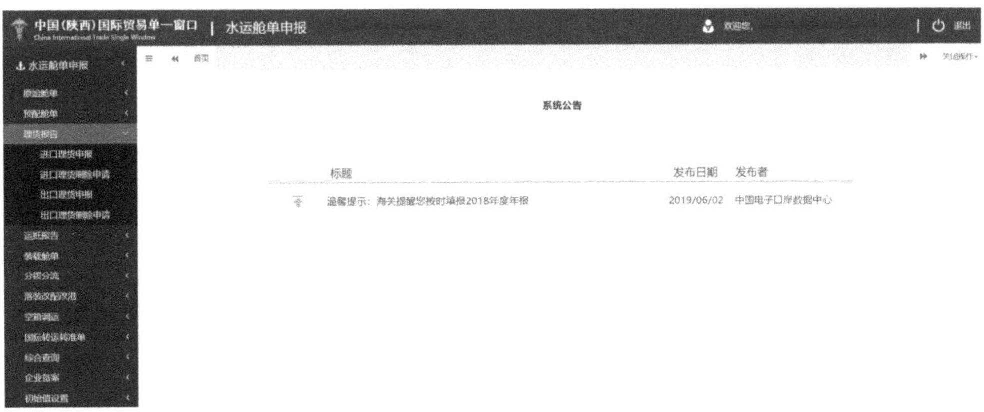

图 4-25　理货报告主界面

（一）进口理货申报

该模块提供进口理货报告新增数据的录入、修改、暂存功能，由用户手工录入或修改进口理货报告新增数据。

点击左侧菜单栏“理货报告”→“进口理货申报”，右侧区域展示录入界面（如图 4-26 所示）。界面上方为表头部分、下方列表为表体（提运单信息、集装箱信息）部分。

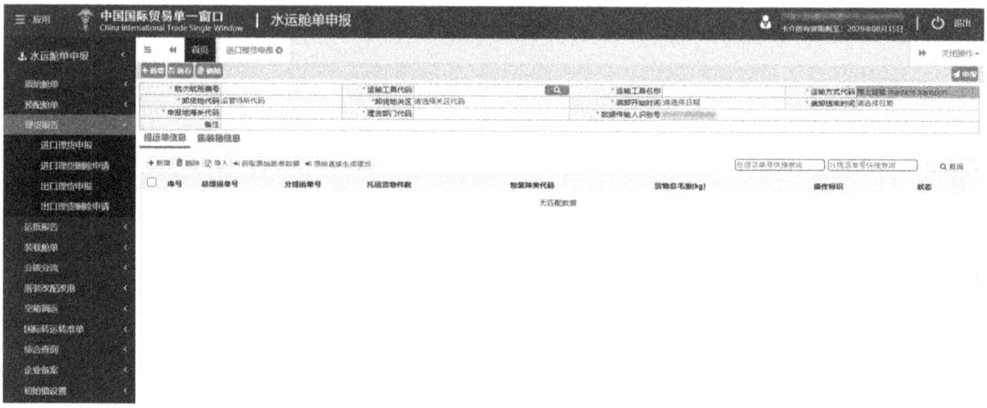

图 4-26　进口理货申报界面

1. 录入与暂存

本节仅对理货报告的特殊部分进行说明，更多详细操作可参考原始舱单主要数据中的相关描述。点击界面（如图 4-27 所示）上方蓝色按钮所进行的操作，将影响当前的整票数据。

图 4-27　进口理货申报表头界面

小提示

“进口理货申报”界面中，带有红色星号的字段为必填项，否则可能无法继续进行保存或申报等操作。界面中的白色按钮，所影响的数据仅为当前涉及的页签或字段。

录入表头数据后，点击“暂存”按钮，方可新增表体数据。表体分为提运单信息、集装箱信息两部分。其中，提运单信息和集装箱信息可根据实际业务选择其一填写申报，不可同时申报。如果用户同时勾选了两项信息，系统将给出相应的提示信息。

（1）提运单信息。

在“进口理货申报”界面中选中提运单信息标签页，点击界面中部的“新增”按钮，界面如图 4-28 所示。可参考上文表头的录入方法，此处不再赘述。

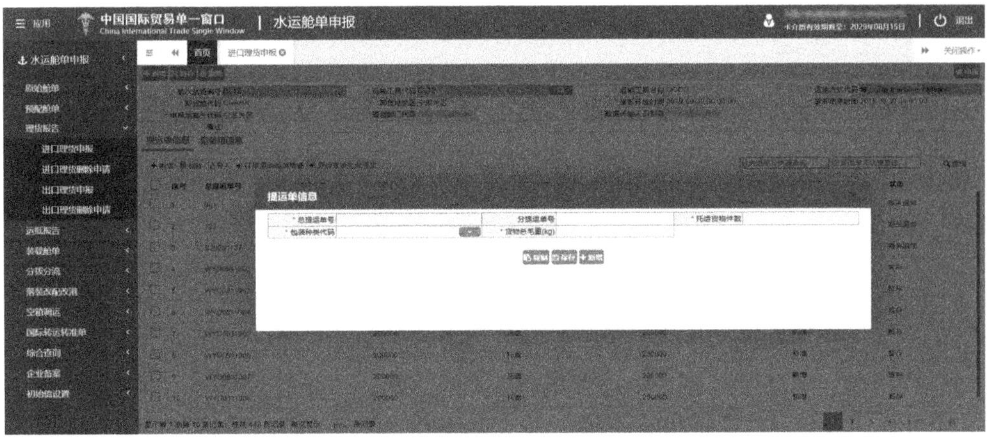

图 4-28　进口理货申报——提运单信息界面

（2）集装箱信息。

在“进口理货申报”界面中选中集装箱信息标签页，点击界面中部的“新增”按钮，弹出录入框如图 4-29 所示。

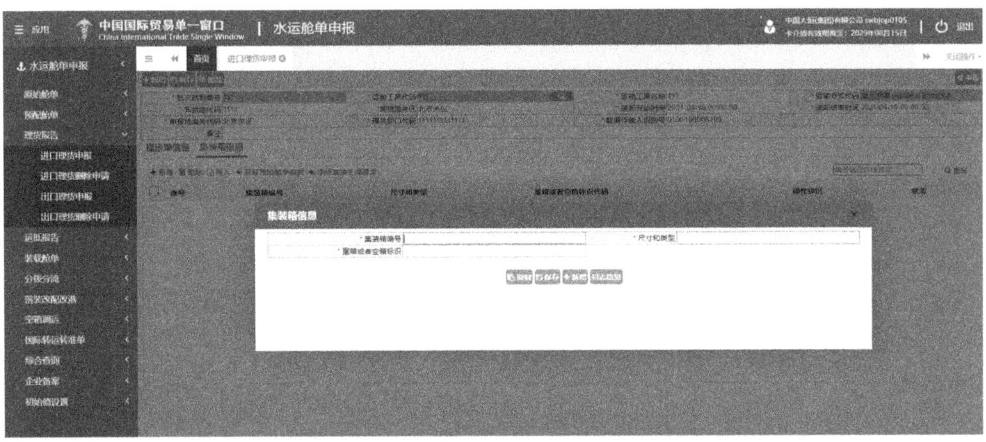

图 4-29　进口理货申报——集装箱信息界面

录入集装箱信息后，点击“保存”按钮，保存成功后，才能点击“封志信息”按钮，弹出“封志信息”界面（如图 4-30 所示）。封志信息不是必填选项，用户可根据实际业务情况录入。更多具体操作可参考原始舱单主要数据中的相关描述，此处不再赘述。

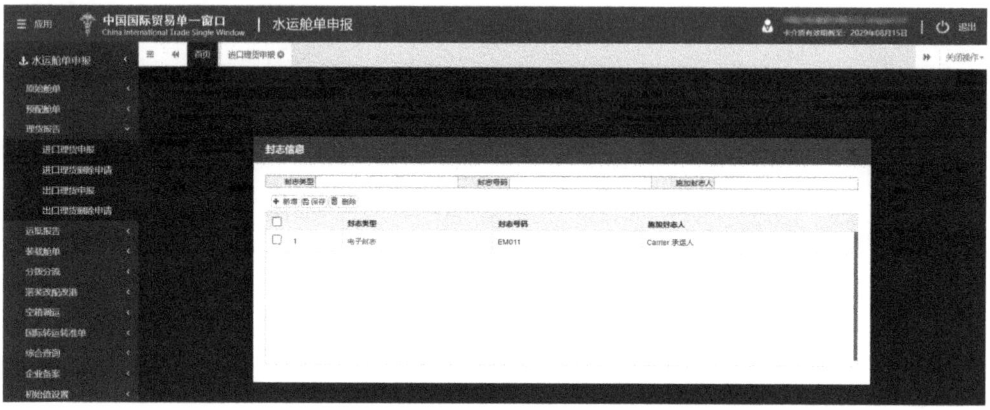

图 4-30　进口理货申报——封志信息界面

小提示

提运单表体和集装箱表体最多录入 9999 条。封志号码和施加封志人最多录入 9 条。联系方式最多录入 3 条。集装箱（器）残损信息最多录入 99 条。

2. 新增

在“进口理货申报”界面点击上方“ 新增”按钮，系统将自动清空当前界面内所有已录入的数据，用户可以重新录入并保存数据。

小提示

如果用户在录入数据的过程中点击了“暂存”按钮，系统将自动保存当前所录入的数据。即使进行新增操作，也不会丢失数据，可以在综合查询中查找。

3. 申报

勾选“进口理货申报”界面录入完毕并确认无误的数据，通过点击右上方的“申报”按钮进行申报。

小提示

申报即意味着录入的数据将向相关业务主管部门发送，并等待其审批。

4. 删除

可删除整票进口理货申报的数据。点击“进口理货申报”界面上方的“删除”按钮，系统将提示用户是否删除当前数据。删除的数据将不可恢复，需谨慎操作。

小提示

当进口理货数据只有表头，没有提运单表体或集装箱表体；所有提运单状态为暂存、申报失败或海关退单；进口理货数据删除申请状态为海关接受申报时，可进行该项删除操作。否则，系统可能弹出不允许删除的相应提示。

功能亮点

1. 导入：有提运单 Excel 导入和集装箱 Excel 导入，操作方法和原始舱单的导入功能相同。

2. 获取原始舱单舱单数据：在提单信息界面点击此按钮可以弹出舱单提运单信息查询界面，可以根据条件查出需要生成理货报告的提运单。集装箱信息界面的按钮操作也相同，如图 4-31 和图 4-32 所示：

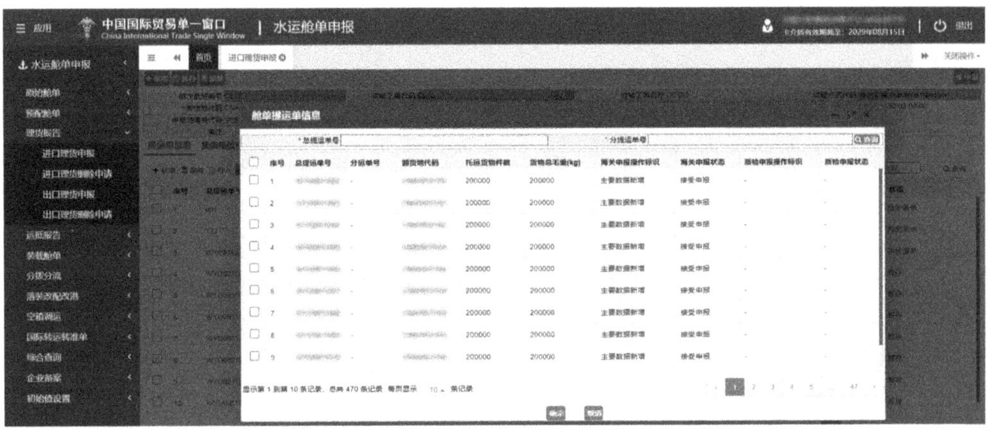

图 4-31　获取原始舱单提运单信息界面

图 4-32　获取原始舱单集装箱信息界面

在查询结果中勾选需要生产理货报告的提运单或者集装箱信息，点击“确定”按钮，可由原始数据直接生成理货报告并显示到主页面列表中。

（二）进口理货删除申请

对于已经向海关申报的理货报告，如果用户已经收到了海关接受申报的回执，表示该理货报告已进入海关系统数据库，此时如需撤销申报数据，可通过此模块申请删除海关系统中对应的理货报告数据。此外，由于海关仅接受原始舱单和预配舱单的变更申请，如果发现此前申报的理货报告数据项有误，也只能通过此功能向海关提交删除申请，申请删除海关系统中对应的理货报告数据，重新申报正确的理货报告。

本模块实现水运进口理货报告删除申请的录入、申报功能，提供水运进口理货报告删除申请的录入、申报界面，由用户手工录入并申报水运进口理货报告删除申请。

点击左侧菜单栏“理货报告”→“进口理货删除申请”，右侧区域展示录入界面（如图 4-33 所示）。

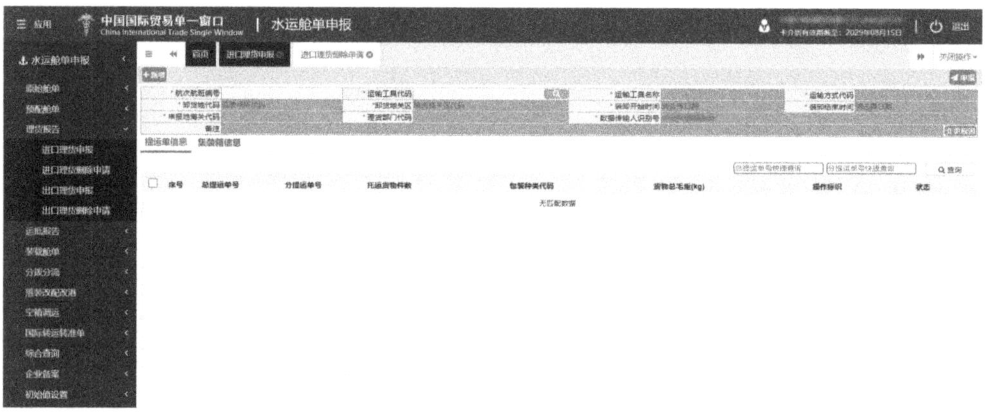

图 4-33　进口理货删除申请界面

可手工录入各个字段，或输入已录入并保存过的航次航班编号与运输工具代码等字段后，按回车键，系统将查找并自动返填所有已存在的数据内容。新增、申报等更多详细操作，可参考原始舱单主要数据或进口理货申报中的相关描述，此处不再赘述。

小提示

只有进口理货报告删除申请状态为申报失败、海关退单时，方可进行申报、删除申请操作。否则，系统可能给出无符合条件的数据等提示。

（三）出口理货申报

实现出口理货报告新增数据的录入、修改、暂存功能，提供出口理货报告新增数据的录入界面，由用户手工录入或修改出口理货报告新增数据。

点击左侧菜单栏“理货报告”→“出口理货申报”，右侧区域展示录入界面如图 4-34 所示。

图 4-34　出口理货申报界面

更多详细操作，可参考原始舱单主要数据或进口理货申报中的相关描述，此处不再赘述。

(四) 出口理货删除申请

实现水运出口理货报告删除申请的录入、申报功能，提供水运出口理货报告删除申请的录入、申报界面，由用户手工录入并申报水运出口理货报告删除申请。点击左侧菜单栏“理货报告”→“出口理货删除申请”，右侧区域展示录入界面（如图 4-35 所示）。

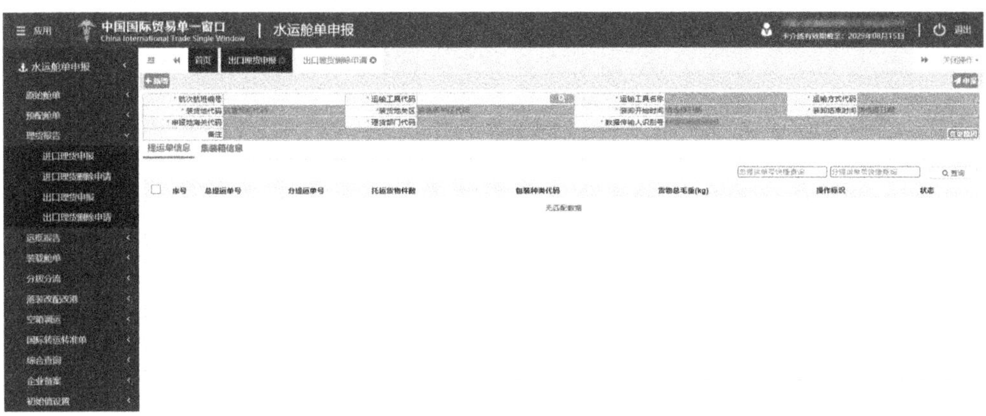

图 4-35　出口理货删除申请界面

可手工录入各个字段或输入已录入并保存过的航次航班编号与运输工具代码等字段后，按回车键，系统将查找并自动返填所有已存在的数据内容。新增、申报等更多详细操作，可参考原始舱单主要数据或进口理货申报中的相关描述，此处不再赘述。

小提示

只有出口理货报告删除申请状态为申报失败、海关退单时，方可进行申报、删除申请操作。否则，系统可能给出无符合条件的数据等提示。

五、运抵报告

该模块为用户提供运抵报告数据的录入、修改、删除等功能，左侧菜单栏如图 4-36 所示，可依次点击左侧菜单栏“水运舱单申报”→“运抵报告”展开。

图 4-36　运抵报告主界面

(一) 分流分拨运抵申报

点击左侧菜单栏“运抵报告”→“分流分拨运抵申报”，右侧区域展示录入界面（如图 4-37 所示）。界面上方为表头部分、下方列表为表体（提运单信息、集装箱信息）部分。

图 4-37　分流分拨运抵申报界面

1. 录入与暂存

本节仅对分流分拨运抵申报的特殊部分进行说明，更多详细操作可参考原始舱单主要数据中的相关描述，此处不再赘述。点击界面上方蓝色按钮所进行的操作，将影响当前的整票数据。

小提示

“分流分拨运抵申报”界面中，带有红色星号的字段为必填项，否则可能无法继续进行保存或申报等操作。界面中的白色按钮，所影响的数据仅为当前涉及的页签或字段。

（1）表头。

表头信息录入请参考原始舱单表头录入，此处不再赘述。

（2）表体。

录入表头数据后，点击界面上方的“暂存”按钮，方可新增表体数据。表体分提运单信息、集装箱信息两部分。其中，提运单信息和集装箱信息可根据实际业务选择其一填写申报，不可同时申报。如果用户同时勾选了两项，系统将给出相关提示信息。

①提运单信息

在“分流分拨运抵申报”界面选中提运单信息标签页，点击界面中部“新增”按钮，界面如图 4-38 所示。提运单信息分为基本信息与商品项信息两部分。

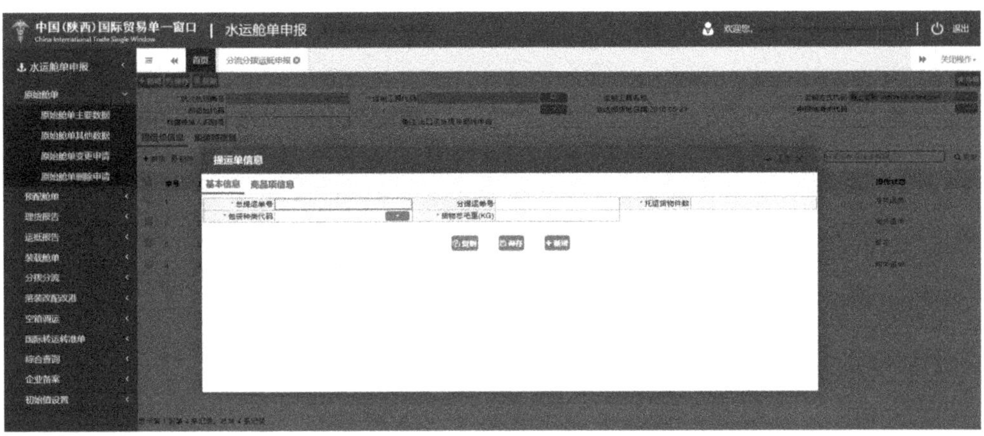

图 4-38　分流分拨运抵申报——提运单信息界面

②集装箱信息

在“分流分拨运抵申报”界面选中集装箱信息标签页，点击界面中部“新增”按钮，界面如图 4-39 所示。录入集装箱信息后点击“保存”按钮，保存成功后，方可进行封志信息录入操作，更多操作可参考进口理货申报中的相关描述，此处不再赘述。

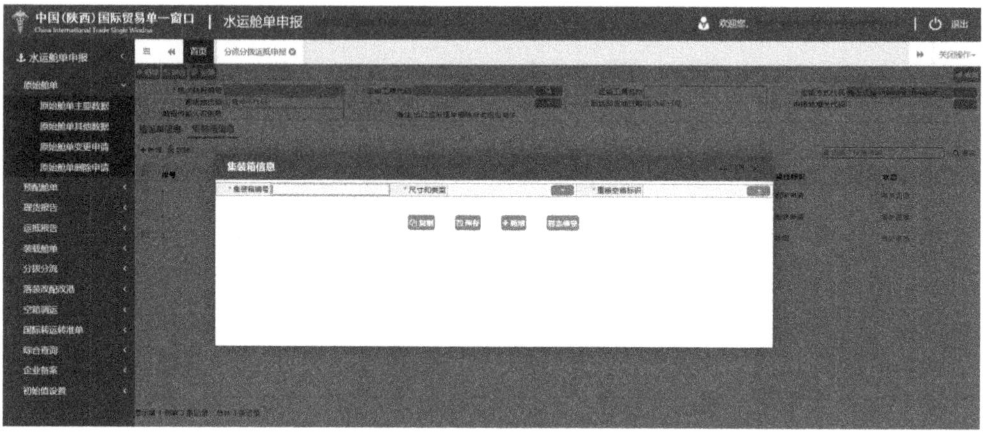

图 4-39　分流分拨运抵申报——集装箱信息界面

小提示

提运单表体和集装箱表体最多录入 9999 条，封志号码和施加封志人最多录入 9 条，商品项详细信息最多录入 999 条。

2. 新增

在“分流分拨运抵申报”界面点击上方“新增”按钮，系统将自动清空当前界面内所有已录入的数据，用户可以重新录入并保存数据。

小提示

如果用户在录入数据的过程中点击了“暂存”按钮，则系统将自动保存当前所录入的数据。即使进行新增操作，也不会丢失数据，可在综合查询中查找。

3. 申报

可勾选“分流分拨运抵申报”界面中录入完毕并确认无误的表体数据，通过点击右上方的“申报”按钮进行申报。

小提示

申报即意味着录入的数据将向相关业务主管部门发送，并等待其审批。

4. 删除

可删除整票分流分拨运抵申报的数据。点击“分流分拨运抵申报”界面上方的“删除”按钮，系统将提示用户是否删除当前数据。删除的数据将不可恢复，需谨慎操作。

小提示

当分流分拨运抵数据只有表头，没有提运单表体或集装箱表体；所有提运单状态为暂存、申报失败或海关退单；分流分拨运抵数据删除申请状态为海关接受申报时，可进行该项删除操作。否则，系统可能弹出不允许删除的相应提示。

（二）分流分拨运抵删除申请

对于已经向海关申报的分流分拨运抵报告，如果用户已经收到了海关接受申报的回执，表示该分流分拨运抵报告已进入海关系统数据库，此时如需撤销申报数据，可通过此模块申请删除海关系统中对应的分流分拨运抵报告数据。此外，由于海关仅接受原始舱单和预配舱单的变更申请，如果发现此前申报的分流分拨运抵报告数据项有误，也只能通过此功能向海关提交删除申请，申请删除海关系统中对应的分流分拨运抵报告数据，重新申报正确的分流分拨运抵报告。

本模块实现分流分拨运抵报告删除申请的录入、申报功能，提供分流分拨运抵报告删除申请的录入、申报界面，由用户手工录入并申报分流分拨运抵报告删除申请。

点击左侧菜单栏“运抵报告”→“分流分拨运抵删除申请”，右侧区域展示录入界面（如图 4-40 所示）。

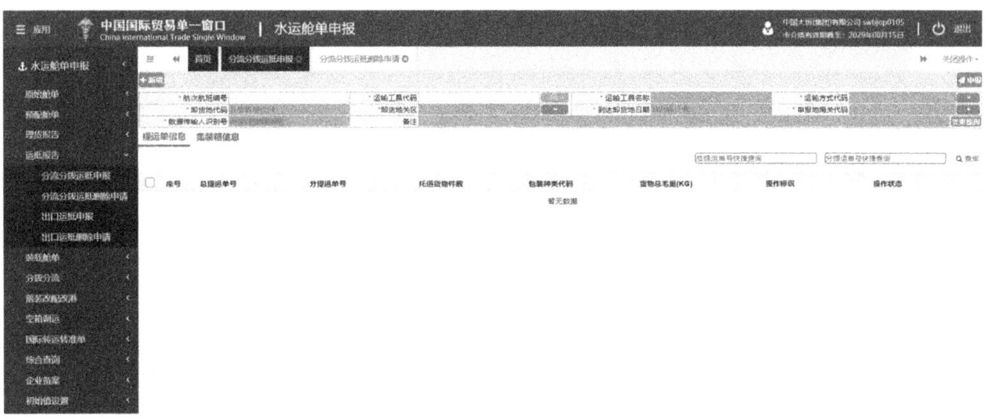

图 4-40　分流分拨运抵删除申请界面

可手工录入各个字段或输入已录入并保存过的航次、航班编号与运输工具代码等字段后，按回车键，系统将查找并自动返填所有已存在的数据内容。新增、申报等更多详细操作，可参考原始舱单主要数据中的相关描述，此处不再赘述。

小提示

只有分流分拨运抵删除申请状态为申报失败、海关退单时，方可进行申报、删除申请操作。否则，系统可能给出无符合条件的数据等提示。

（三）出口运抵申报

实现出口运抵报告新增数据的录入、修改、暂存功能，提供出口运抵报告新增数据录入界面，由用户手工录入或修改出口运抵报告新增数据。点击左侧菜单栏“运抵报告”→“出口运抵申报”，右侧区域展示录入界面（如图 4-41 所示）。

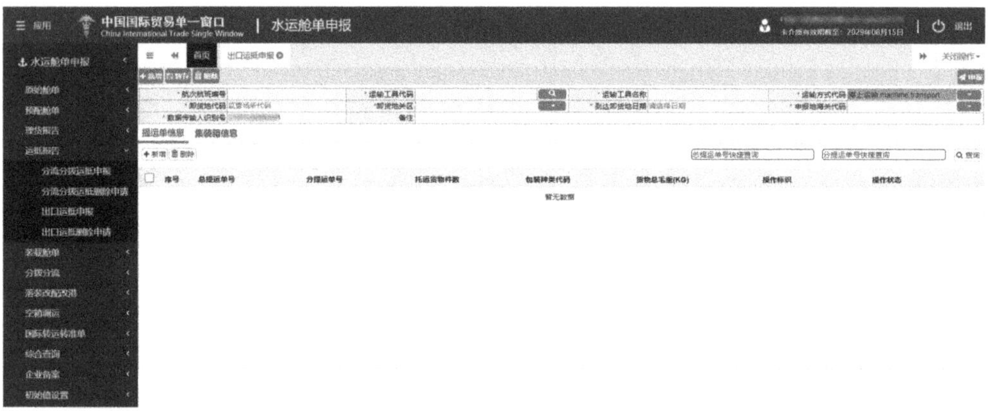

图 4-41　出口运抵申报界面

更多详细操作，可参考原始舱单主要数据或分流分拨运抵申报中的相关描述，此处不再赘述。

（四）出口运抵删除申请

实现水运出口运抵报告删除申请的录入、申报功能，提供水运出口运抵报告删除申请的录入、申报界面，由用户手工录入并申报水运出口运抵报告删除申请。点击左侧菜单栏“运抵报告”→“出口运抵删除申请”，右侧区域展示录入界面（如图 4-42 所示）。

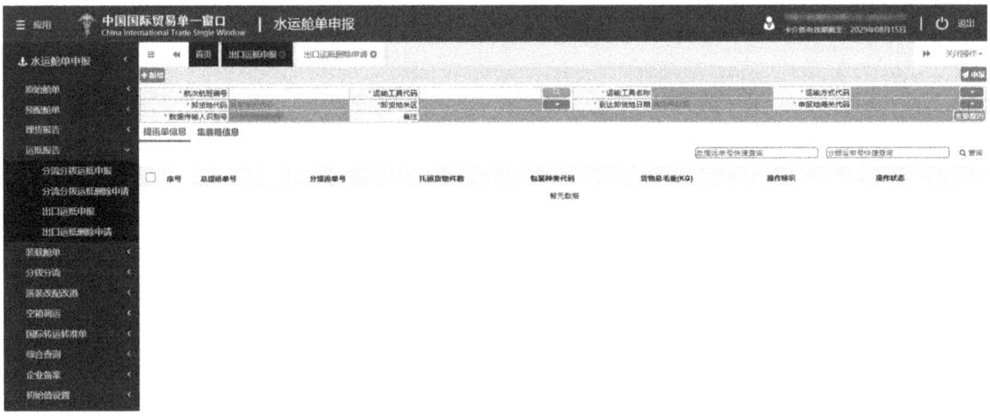

图 4-42　出口运抵删除申请界面

可手工录入各个字段，或输入已录入并保存过的航次航班编号与运输工具代码等字段后，按回车键，系统将查找并自动返填所有已存在的数据内容。新增、申报等更多详细操作，可参考原始舱单主要数据中的相关描述，此处不再赘述。

小提示

只有出口运抵删除申请状态为申报失败、海关退单时，可进行申报、删除申请操作。否则，系统可能给出无符合条件的数据等提示。

六、装载舱单

装载舱单模块为用户提供运抵报告数据的录入、暂存、修改、删除等功能，左侧菜单栏如图 4-43 所示，可依次点击左侧菜单栏“水运舱单申报”→“装载舱单”展开。

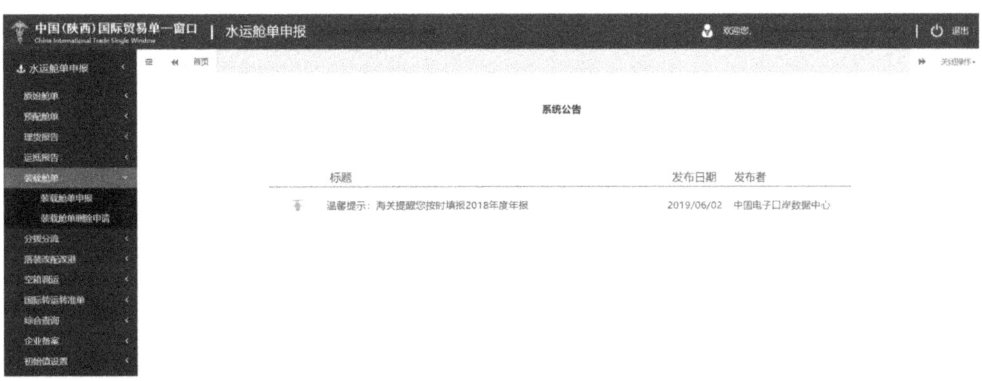

图 4-43　装载舱单主界面

（一）装载舱单申报

点击左侧菜单栏“装载舱单”→“装载舱单申报”，右侧区域展示录入界面如图4-44所示。界面上方为表头部分、下方列表为表体（提运单信息）部分。

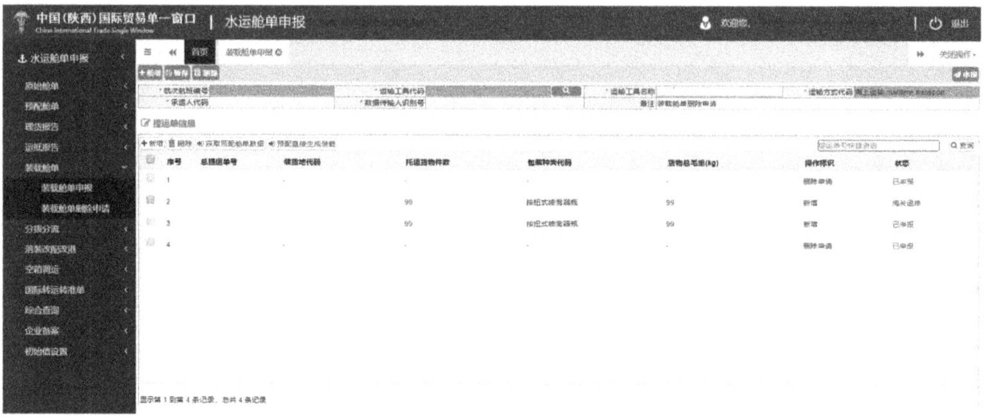

图4-44 装载舱单申报界面

1. 录入与暂存

本节仅对装载舱单的特殊部分进行说明，更多详细操作，可参考原始舱单主要数据中的相关描述。点击界面上方蓝色按钮（如图4-45所示）所进行的操作，将影响当前的整票数据。

图4-45 装载舱单申报表头界面

小提示

“装载舱单申报”界面中，带有红色星号的字段为必填项，否则可能无法继续进行保存或申报等操作。界面中的白色按钮，所影响的数据仅为当前涉及的页签或字段。

（1）表头。

表头信息录入请参考原始舱单表头录入。

（2）表体。

录入表头数据后，点击界面上方“暂存”按钮，才能新增表体数据。在装载舱单申报界面点击中部“新增”按钮，界面弹出录入框如图4-46所示。提运单信息分为基本信息与集装箱信息两部分。更多关于录入的详细操作，可参考上文相关描述，此处不再赘述。

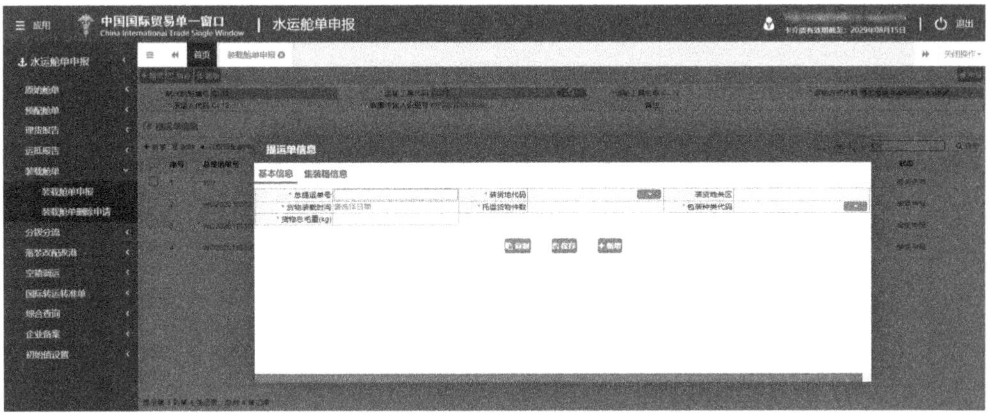

图 4-46　装载舱单申报——提运单信息界面

小提示

提运单表体与集装箱信息最多可录入 9999 条。封志信息最多可录入 9 条。

①获取预配舱单数据

录入完表头基本信息并暂存后，可在“装载舱单申报”界面中点击“获取预配舱单数据”按钮，系统弹出编辑框（如图 4-47 所示），根据实际情况填写调用即可。

图 4-47　装载舱单申报——预配舱单信息界面

②预配直接生成装载

录入完表头基本信息并暂存后，可在“装载舱单申报”界面中点击“预配直接生成装载”按钮，系统自动查找与当前装载舱单提运单列表中匹配的、可生成的预配舱单数据，并自动执行生成操作。

2. 新增

在“装载舱单申报”界面中点击界面上方“新增”按钮，系统将自动清空当前界面内所有已录入的数据，便于用户重新录入数据。

小提示

如果用户在录入数据的过程中点击了“暂存”按钮，系统将自动保存当前所录入的数据。即使进行新增操作，也不会丢失数据，可在综合查询中进行查找。

3. 申报

可勾选“装载舱单申报”界面中录入完毕并确认无误的表体数据，通过点击右上方的“申报”按钮进行申报。

小提示

申报即意味着录入的数据将向相关业务主管部门发送，并等待其审批。

4. 删除

可删除整票装载舱单数据。点击“装载舱单申报”界面上方的“删除”按钮，系统将提示用户是否删除当前数据。删除的数据将不可恢复，需谨慎操作。

小提示

当装载舱单数据只有表头，没有提运单表体或集装箱表体；所有提运单状态为暂存、申报失败或海关退单；装载数据删除申请状态为海关接受申报时，方可进行该项删除操作。否则，系统可能弹出不允许删除的相应提示。

（二）装载舱单删除申请

对于已经向海关申报的装载舱单，如果用户已经收到了海关接受申报的回执，表示该装载舱单已进入海关系统数据库，此时如需撤销申报数据，可通过此模块申请删除海关系统中对应的装载舱单数据。此外，由于海关仅接受原始舱单和预配舱单的变更申请，如果发现此前申报的装载舱单数据项有误，也只能通过此功能向海关提交删除申请，申请删除海关系统中对应的装载舱单数据，重新申报正确的装载舱单。

本模块实现水运装载舱单删除申请的录入、申报功能，提供水运装载舱单删除申请的录入、申报界面，由用户手工录入并申报水运装载舱单删除申请。点击左侧菜单栏“装载舱单”→“装载舱单删除申请”，右侧区域展示录入界面（如图4-48所示）。

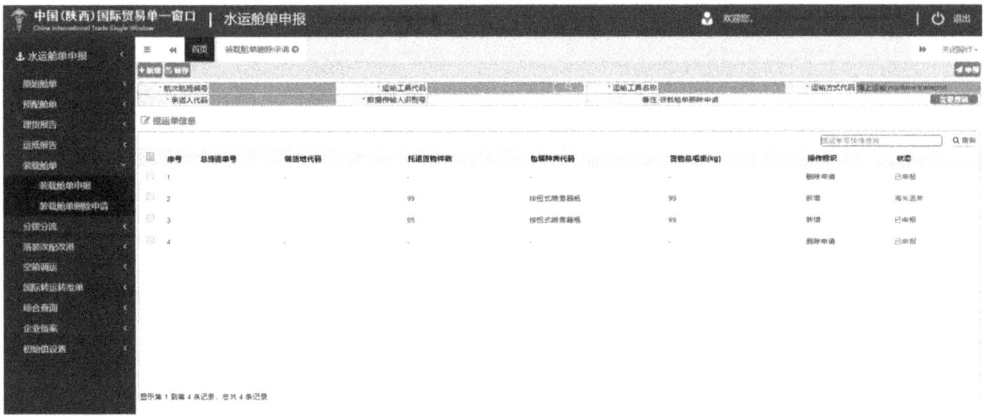

图 4-48　装载舱单删除申请界面

可手工录入各个字段，或输入已录入并保存过的航次航班编号与运输工具代码等字段后，按回车键，系统将查找并自动返填所有已存在的数据内容。新增、申报等更多详细操作，可参考原始舱单主要数据中的相关描述，此处不再赘述。

小提示

装载舱单删除申请状态为申报失败、海关退单时，可进行申报、删除申请操作。否则，系统可能给出无符合条件的数据等提示。

七、分拨分流

该模块为用户提供分拨分流数据的录入、暂存、修改、删除等功能，左侧菜单栏如图 4-49 所示，可依次点击左侧菜单栏“水运舱单申报”→“分拨分流”展开。

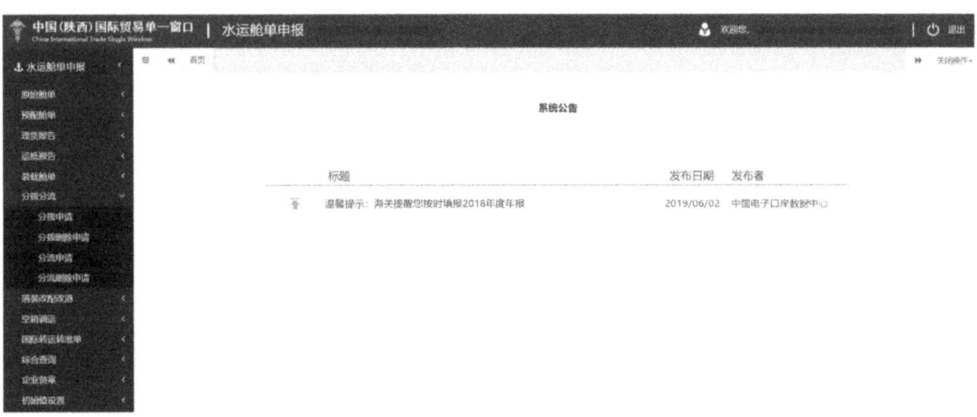

图 4-49　分拨分流主界面

（一）分拨申请

实现分拨申请新增数据的录入、修改、暂存功能，提供分拨申请新增数据的录入界面，由用户手工录入或修改分拨申请新增数据。点击左侧菜单栏中“分拨分流”→“分拨申请”，右侧区域展示录入界面如图 4-50 所示。界面上方为表头部分、下方列表为表体（提运单信息）部分。

图 4-50　分拨申请界面

1. 录入与暂存

本节仅对分拨分流的特殊部分进行说明，更多详细操作，可参考原始舱单主要数据中的相关描述。点击界面上方蓝色按钮所进行的操作，将影响当前的整票数据。

小提示

“分拨申请”界面中，带有红色星号的字段为必填项，否则可能无法继续进行保存或申报等操作。界面中的白色按钮，所影响的数据仅为当前涉及的页签或字段。

（1）表头。

表头信息录入请参考原始舱单表头录入。

（2）表体。

录入表头数据后，点击界面上方“暂存”按钮，才能新增表体数据。在分拨申请界面中点击中部“新增”按钮，界面如图 4-51 所示。提运单信息分为基本信息与分拨/分流运输工具信息两部分。更多关于录入的详细操作，可参考上文相关描述，此处不再赘述。

图 4-51　分拨申请——提运单信息界面

小提示

提运单表体最多录入 9999 条。分流/分拨运输工具信息最多录入 99 条。

2. 新增

在“分拨申请”界面中点击上方“新增”按钮，系统将自动清空当前界面内所有已录入的数据，用户可以重新录入数据。

小提示

如果用户在录入数据的过程中点击了“暂存”按钮，则系统将自动保存当前所录入的数据。即使进行新增操作，也不会丢失数据，可在综合查询中查找。

3. 申报

可勾选“分拨申请”界面中录入完毕并确认无误的表体数据，通过点击右上方的“申报”按钮进行申报。

小提示

申报即意味着录入的数据将向相关业务主管部门发送，并等待其审批。

4. 删除

可删除整票分拨申请数据。点击分拨申请界面上方的“删除”按钮，系统将提示用户是否删除当前数据。删除的数据将不可恢复，需谨慎操作。

小提示

当分拨数据只有表头，没有提单表体；所有提单均为可删除状态的分拨申请；分拨数据删除申请状态为海关接受申报时，可进行该项删除操作。否则，系统可能弹出不允许删除的相应提示。

（二）分拨删除申请

对于已经向海关申报的分拨申请，如果用户已经收到了海关接受申报的回执，表示该分拨申请已进入海关系统数据库，此时如需撤销申报数据，可通过此模块申请删除海关系统中对应的分拨申请数据。此外，由于海关仅接受原始舱单和预配舱单的变更申请，如果发现此前申报的分拨申请数据项有误，也只能通过此功能向海关提交删除申请，申请删除海关系统中对应的分拨申请数据，重新申报正确的分拨申请。

本模块实现水运分拨申请删除申请的录入、申报功能，提供水运分拨申请删除申请录入、申报界面，由用户手工录入并申报水运分拨申请删除申请。点击左侧菜单栏中“分拨分流”→“分拨删除申请”，右侧区域展示录入界面（如图 4-52 所示）。

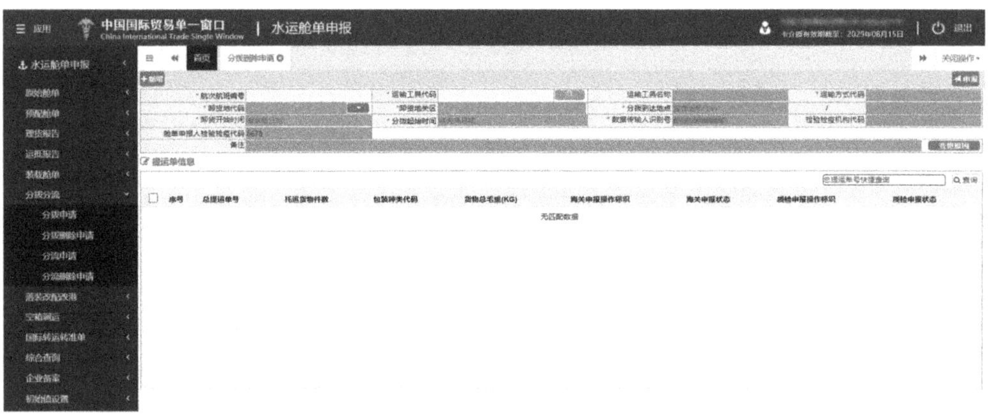

图 4-52　分拨删除申请界面

可手工录入各个字段，或输入已录入并保存过的航次航班编号、运输工具代码等字段后，按回车键，系统将查找并自动返填所有已存在的数据内容。新增、申报等更多详细操作，可参考原始舱单主要数据中的相关描述。

小提示

只有分拨删除申请状态为申报失败、海关退单时，方可进行申报、删除申请操作。否则，系统可能给出无符合条件的数据等提示。

（三）分流申请

实现分流申请新增数据的录入、修改、暂存功能，提供分拨申请新增数据的录入界面，由用户手工录入或修改分拨申请新增数据。点击左侧菜单栏中“分拨分流”→“分流申请”，右侧区域展示录入界面如图 4-53 所示。

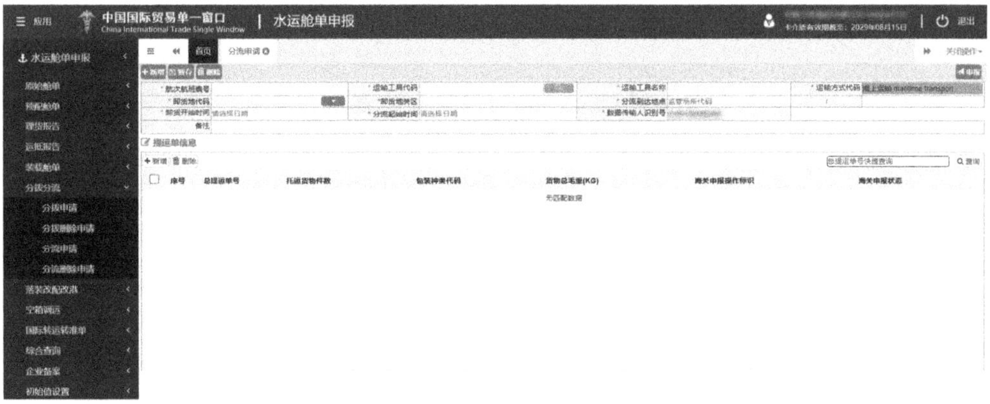

图 4-53　分流申请界面

更多操作，可参考原始舱单主要数据或分拨申请中的相关描述，此处不再赘述。

（四）分流删除申请

对于已经向海关申报的分流申请，如果用户已经收到了海关接受申报的回执，表示该分流申请已进入海关系统数据库，此时如需撤销申报数据，可通过此模块申请删除海关系统中对应的分流申请数据。此外，由于海关仅接受原始舱单和预配舱单的变更申请，如果发现此前申报的分流申请数据项有误，也只能通过此功能向海关提交删除申请，申请删除海关系统中对应的分流申请数据，重新申报正确的分流申请。

本模块实现水运分流删除申请的录入、申报功能，提供水运分流删除申请的录入、申报界面，由用户手工录入并申报水运分流删除申请。点击左侧菜单栏中“分拨分流”→“分流删除申请”，右侧区域展示录入界面（如图 4-54 所示）。

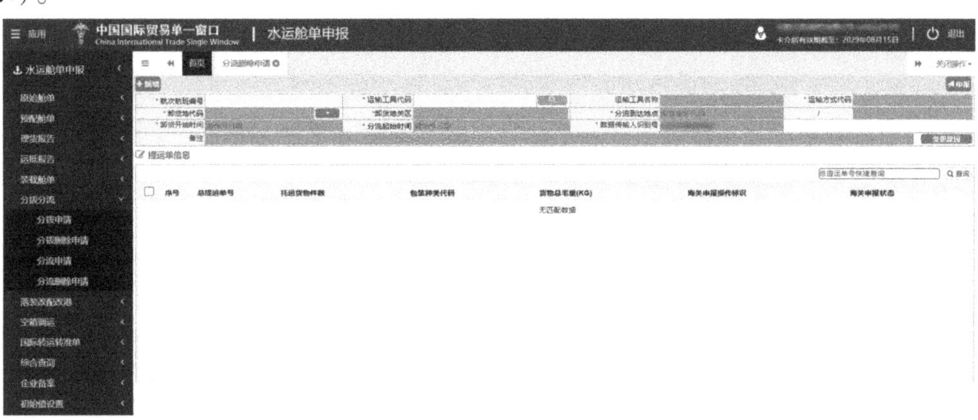

图 4-54　分流删除申请界面

可手工录入各个字段，或输入已录入并保存过的航次航班编号与运输工具代码等字段后，按回车键，系统将查找并自动返填所有已存在的数据内容。新增、申报等更多详细操作，可参考原始舱单主要数据中的相关描述，此处不再赘述。

小提示

只有分流删除申请状态为申报失败、海关退单时，方可进行申报、删除申请操作。否则，系统可能给出无符合条件的数据等提示。

八、落装改配改港

该模块为用户提供改配改港数据的录入、暂存、修改、删除等功能，左侧菜单栏如图 4-55 所示，可依次点击左侧菜单栏“水运舱单申报”→“落装改配改港”展开。

图 4-55　落装改配改港主界面

（一）出口直接改配申请

实现出口直接改配申请新增数据的录入、修改、暂存功能，提供新增数据录入界面，由用户手工录入或修改数据。点击左侧菜单栏中“落装改配改港”→“出口直接改配申请”，右侧区域展示录入界面如图 4-56 所示。界面上方为表头部分、下方列表为表体（提运单信息）部分。

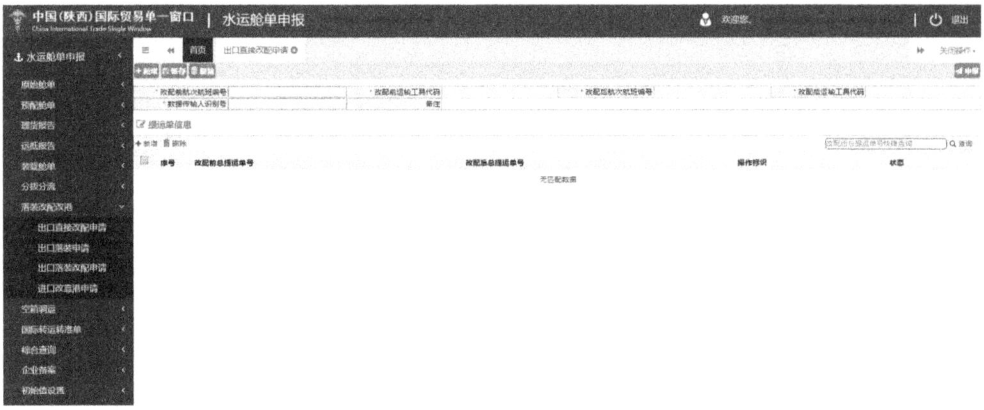

图 4-56　出口直接改配申请界面

1. 录入与暂存

本节仅对出口直接改配申请的特殊部分进行说明，更多详细操作，可参考原始舱单主要数据中的相关描述。点击界面上方蓝色按钮所进行的操作，将影响当前的整票数据。

小提示

“出口直接改配申请”界面中，带有红色星号的字段为必填项，否则可能无法继续进行保存或申报等操作。界面中的白色按钮，所影响的数据仅为当前涉及的页签或字段。

（1）表头。

请参考原始舱单。

（2）表体。

录入表头数据后，点击界面上方的“暂存”按钮，才能新增表体数据。在“出口直接改配申请”界面中点击中部的“新增”按钮，界面如图 4-57 所示。如实录入信息后，点击“保存”白色按钮即可。点击界面上方的“新增”按钮，可清除当前框中的内容，可以录入新的提运单改配信息。

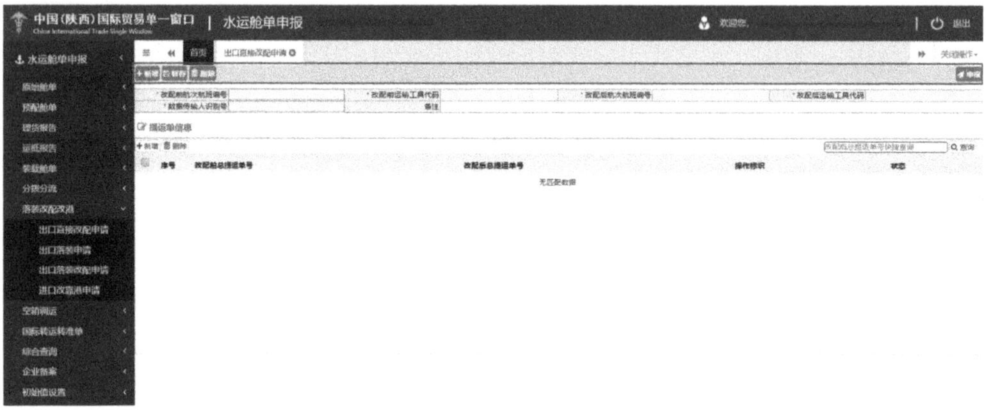

图 4-57　出口直接改配申请——出口直接改配申请界面

2. 新增

在“出口直接改配申请”界面中点击上方“新增”按钮，系统将自动清空当前界面内所有已录入的数据，用户可以重新录入数据。

小提示

如果用户在录入数据的过程中点击了“暂存”按钮，则系统将自动保存当前所录入的数据。即使进行新增操作，也不会丢失数据，可在综合查询中查找。

3. 申报

可勾选“出口直接改配申请”界面中录入完毕并确认无误的表体数据，通过点击右上方的“申报”按钮进行申报。

小提示

申报即意味着录入的数据将向相关业务主管部门发送，并等待其审批。

4. 删除

可删除整票出口直接改配申请的数据。点击“出口直接改配申请”界面上方的“删除”按钮，系统将提示用户是否删除当前数据。删除的数据将不可恢复，需谨慎操作。

小提示

当出口直接改配申请数据只有表头，没有提单表体；有提单均为暂存、可删除等状态时，可进行该项删除操作。否则，系统可能弹出不允许删除的相应提示。

（二）出口落装申请

实现出口落装申请的录入、申报功能，提供出口落装申请的录入、申报界面，由用户手工录入并申报申请数据。点击左侧菜单栏“落装改配改港”→“出口落装申请”，右侧区域展示录入界面如图 4-58 所示。

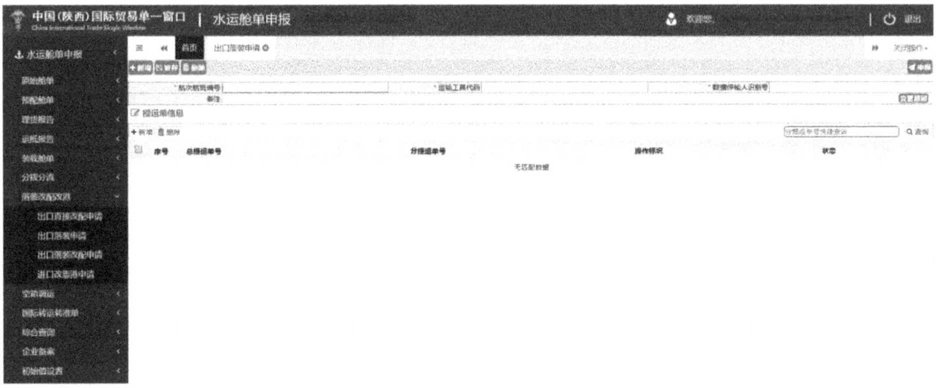

图 4-58　出口落装申请界面

可手工录入各个字段，或输入已录入并保存过的航次航班编号与运输工具代码等字段后，按回车键，系统将查找并自动返填所有已存在的数据内容。新增、申报等更多详细操作，可参考原始舱单主要数据中的相关描述，此处不再赘述。

小提示

出口落装申请状态为申报失败、海关退单时，可进行申报、删除申请操作。否则，系统可能给出无符合条件的数据等提示。

（三）出口落装改配申请

实现出口落装改配申请数据的录入、修改、暂存功能，提供分拨申请新增数据的录入界面，由用户手工录入或修改数据。点击左侧菜单栏中“落装改配改港”→“出口落装改配申请”，右侧区域展示录入界面如图 4-59 所示。

图 4-59　出口落装改配申请界面

录入表头数据后，点击界面上方的“暂存”按钮，才能新增表体数据。在出口落装改配申请界面中点击中部“新增”按钮，界面包括基本信息、集装箱信息与商品项信息三部分，以切换页签的方式显示。如实填写相关信息，点击“保存”按钮即可。更多操作说明，可参考原始舱单主要数据或出口直接改配申请中的相关描述，此处不再赘述。

（四）进口改靠港申请

实现进口改靠港申请的录入、申报功能，提供进口改靠港申请的录入、申报界面，由用户手工录入并申报相关数据。点击左侧菜单栏中“落装改配改港”→“进口改靠港申请”，右侧区域展示录入界面如图 4-60 所示。

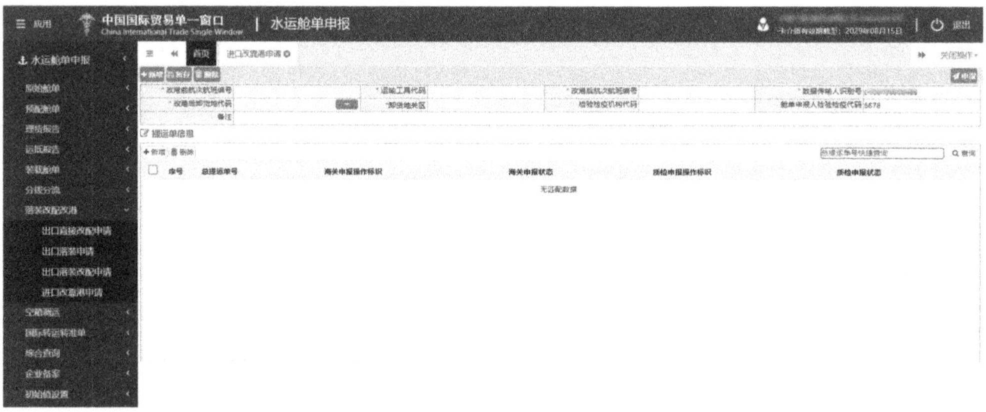

图 4-60　进口改靠港申请界面

可手工录入各个字段，或输入已录入并保存过的航次航班编号与运输工具代码等字段后，按回车键，系统将查找并自动返填所有已存在的数据内容。更多详细操作，可参考原始舱单主要数据或出口直接改配申请中的相关描述，此处不再赘述。

九、空箱调运

空箱调运模块为用户提供水运舱单空箱调运数据的录入、暂存、修改、变更、删除等功能，菜单栏如图 4-61 所示，可依次点击左侧菜单栏“水运舱单申报”→“空箱调运”展开。

图 4-61　空箱调运主界面

（一）进口空箱调运申请

实现进口空箱调运数据的录入、修改、暂存功能，提供水运进口空箱调运新增数据的录入界面，由用户手工录入或修改数据。点击左侧菜单栏中“空箱调运”→“进口空箱调运申请”，右侧区域展示录入界面（如图 4-62 所示）。界面上方为表头部分、下方列表为表体（提运单信息）部分。

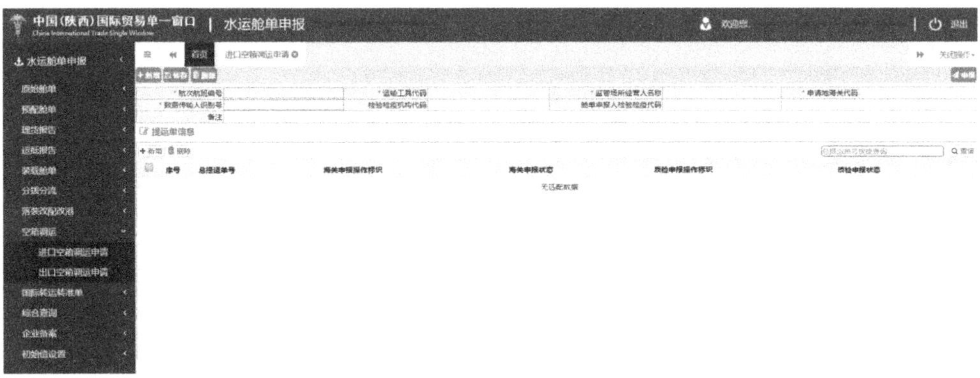

图 4-62　进口空箱调运申请

1. 录入与暂存

本节仅对空箱调运申请的特殊部分进行说明，更多详细操作，可参考原始舱单主要数据中的相关描述。点击界面上方蓝色按钮所进行的操作，将影响当前的整票数据。

小提示

进口空箱调运申请界面中，带有红色星号的字段为必填项，否则可能无法继续进行保存或申报等操作。界面中的白色按钮，所影响的数据仅为当前涉及的页签或字段。

（1）表头。

请参考原始舱单。

（2）表体。

录入表头数据后，点击界面上方“暂存”按钮，才能新增表体数据。在“进口空箱调运申请”界面中点击中部“新增”按钮，界面如图 4-63 所示。更多关于录入的详细操作，可参考上文相关描述，此处不再赘述。

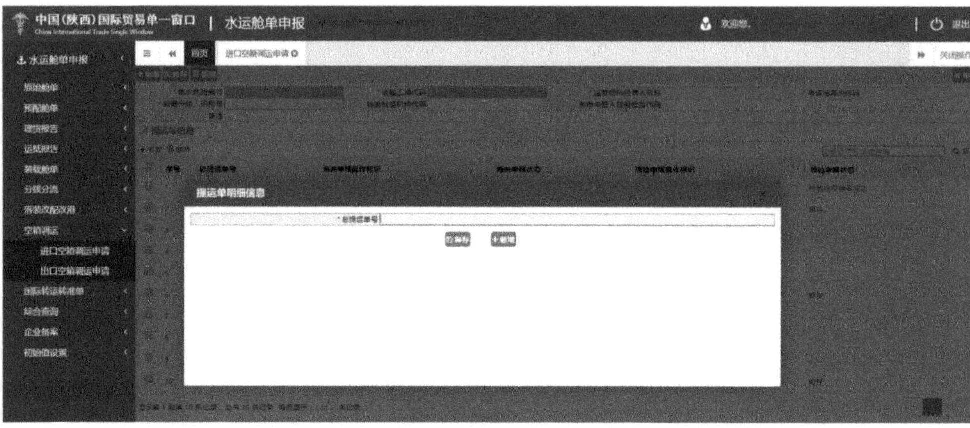

图 4-63　进口空箱调运申请——提运单明细信息界面

2. 新增

在“进口空箱调运申请”界面中点击上方“新增”按钮，系统将自动清空当前界面内所有已录入的数据，用户可以重新录入数据。

小提示

如果用户在录入数据的过程中点击了“暂存”按钮，则系统将自动保存当前所录入的数据。即使进行新增操作，也不会丢失数据，可在综合查询中查找。

3. 申报

可勾选“进口空箱调运申请”界面中录入完毕并确认无误的表体数据，通过点击右上方的“申报”按钮进行申报。

小提示

申报即意味着录入的数据将向相关业务主管部门发送，并等待其审批。

4. 删除

可删除整票进口空箱调运申请的数据。点击“进口空箱调运申请”界面上方的“删除”按钮，系统将提示用户是否删除当前数据。删除的数据将不可恢复，需谨慎操作。

小提示

当进口空箱调运申请的数据只有表头，没有提单表体；所有提单均为暂存等状态时，可进行该项删除操作。否则，系统可能弹出不允许删除的相应提示。

（二）出口空箱调运申请

实现出口空箱调运申请的录入、申报功能，提供水运出口空箱调运申请的录入、申报界面，由用户手工录入并申报数据。点击左侧菜单栏“空箱调运”→“出口空箱调运申请”，右侧区域展示录入界面如图 4-64 所示。

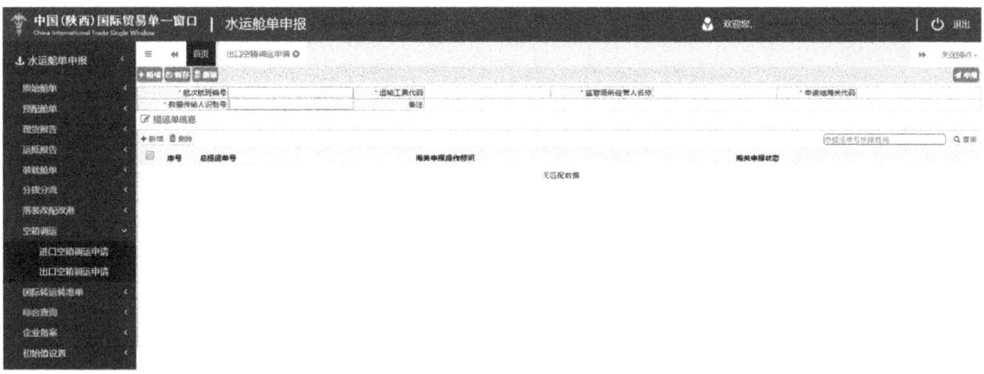

图 4-64　出口空箱调运申请界面

可手工录入各个字段，或输入已录入并保存过的航次航班编号与运输工具代码等字段后，按回车键，系统将查找并自动返填所有已存在的数据内容。更多详细操作，可参考原始舱单主要数据或进口空箱调运申请的相关描述，此处不再赘述。

十、国际转运准单

实现国际转运准单数据的录入、暂存、删除等功能，提供国际转运准单新增数据的录入界面，由用户手工录入或修改数据。可依次点击左侧菜单栏“水运舱单申报”→“国际转运准单”→“国际转运准单”展开，输入进境航次航班编号和进境运输工具代码后，点击空白处，便可加载出该条件下的国际转运准单（如图 4-65 所示）。

图 4-65　国际转运准单界面

若要新增国际转运准单，需要填写完表头数据后，点击“新增”按钮便可出现“国际转运准单信息”界面（如图 4-66 所示），其界面分为进境提运单信息、出境提运单信息与集装箱更换信息（其按钮在底部显示）三部分。其中集装箱更换信息为非必填部分，可根据实际业务选择填写。

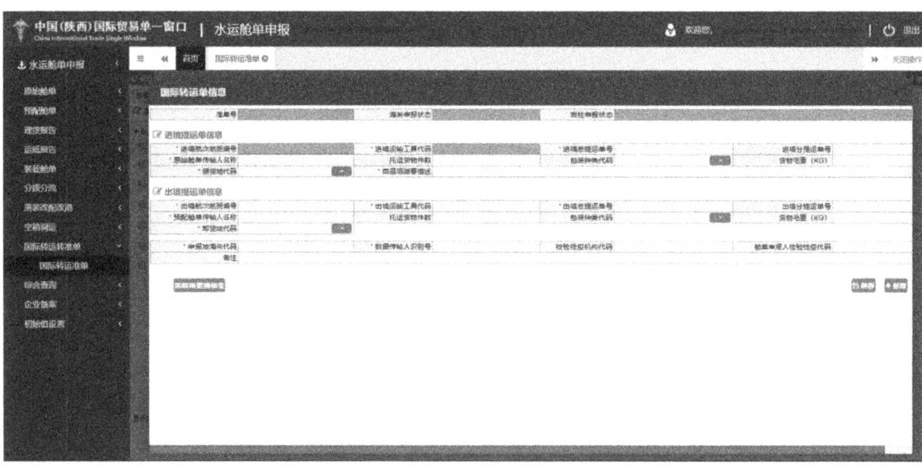

图 4-66　国际转运准单——国际转运准单信息界面

本节仅对国际转运准单的特殊部分进行说明，更多详细操作，可参考原始舱单主要数据中的相关描述，此处不再赘述。点击界面上方蓝色按钮所进行的操作，将影响当前的整票数据。

小提示

“国际转运准单信息”界面中，带有红色星号的字段为必填项，否则可能无法继续进行保存或申报等操作。界面中出现的白色按钮，所影响的数据仅为当前涉及的页签或字段。

在“国际转运准单信息”界面中，顶部的“准单号”“海关申报状态”不允许手工录入，待用户进行申报等操作后，由系统自动返填。录入进、出境提运单信息，并点击界面中“保存”按钮保存成功后，才能新增集装箱更换信息数据。

点击“国际转运准单信息”界面底部“集装箱更换信息”按钮，界面如图4-67所示。更多关于录入的详细操作，可参考上文相关描述，此处不再赘述。

图 4-67　国际转运准单——集装箱更换信息界面

十一、综合查询

(一) 单证查询

提供水运舱单申报系统所有单证的状态和回执查询功能。用户登录海空运舱单申报系统，进入综合查询页面，输入查询条件并执行查询，系统以列表方式展现符合条件的记录及其状态，用户可进一步查看其中每条记录的详细信息和回执信息。点击左侧菜单栏中“综合查询”→“单证查询”，右侧显示界面如图 4-68 所示。

图 4-68　单证查询界面

单证类型为必填项，否则系统会提示“单证类型必填”。若“单证类型”选择的是“水运出口运抵”“水运分流运抵”“水运进口理货”或“水运出口理货”，回车或光标移开时激活“集装箱编号”录入框；并激活选择单据查询对话框，用户可选择提运单或集装箱。

航班航次号、暂存日期和申报日期至少要指定其中一个条件，否则点击“查询”按钮时，系统会提示“航次航班编号、暂存日期和申报日期请至少填写一个”。若填写了航次航班编号，则水运单证还必须填写运输工具代码，否则，系统会提示“水运单证必须同时填写航次航班编号和运输工具代码!”。

若填写了分提运单号，则总提运单号必填。否则，系统会提示“查询分提运单时，必须填写总提运单号”。

申报日期为时间段，不能超过 30 天，否则，系统会提示“申报日期时间段不能超过 30 天”。总提运单号和集装箱号不能同时作为查询条件，否则，系统会提示“不允许同时按照提运单号和集装箱编号查询”。

点击“重置”按钮将清空查询条件，重新填写后查询。输入相应查询条件，点击“查询”按钮，查询结果显示在下方列表中（如图 4-69 所示）。

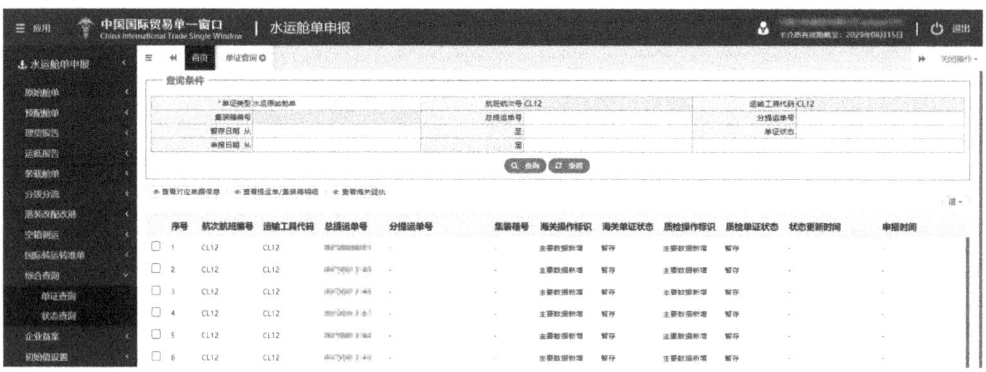

图 4-69　单证查询结果界面

在查询结果列表界面中勾选任意记录，可点击界面中“查看对应单据信息”“查看提运单/集装箱明细”或“查看海关回执”等按钮，系统自动跳转至相应的详细信息界面。

（二）状态查询

状态查询与单证查询不一样的就是状态查询没有查询条件下方的白色按钮，无法查看每个提运单的具体信息。但是状态查询可以查询其他公司提单的状态，具体查询操作和单证查询相同。“状态查询”界面如图 4-70 所示。

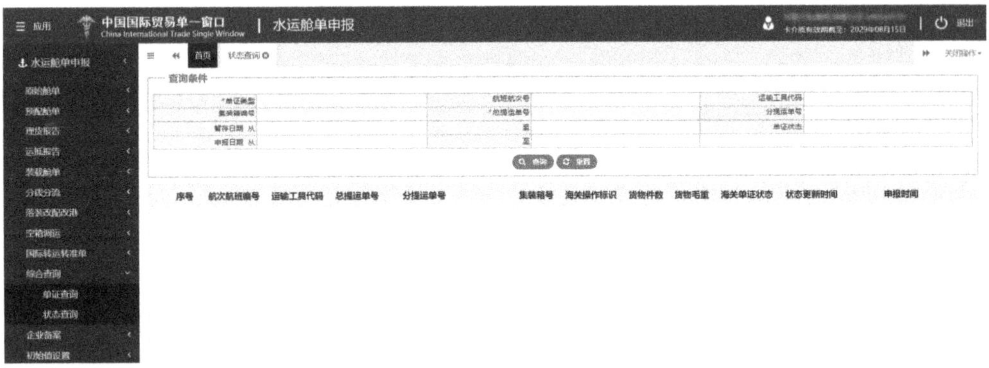

图 4-70　状态查询界面

十二、初始值设置

由于界面需录入的字段较多，而且每个用户录入的提运单中大部分信息都相同，系统故而设计此功能，用户可以根据本公司业务录入多个模板，在原始舱单主要数据和预配舱单主要数据界面录入提运单时，勾选界面的获取默认数据提运单，便可加载出默认数据。

（一）原始舱单初始值设置

点击左侧菜单栏“初始值设置”→“原始舱单初始值设置”，右侧展开的界面显示如图 4-71 所示。

图 4-71　原始舱单初始值设置界面

1. 查询：查询条件为“模板名称”。若输入该用户设置的模板名称，点击“查询”按钮，下方的查询列表便会显示出查询信息，点击该信息的模板名称，便可查看具体的模板信息。

2. 重置：“重置”按钮的功能是清除模板名称输入框中的内容。

3. 新增：点击“新增”按钮，系统会弹出初始值配置界面，如图 4-72 所示。

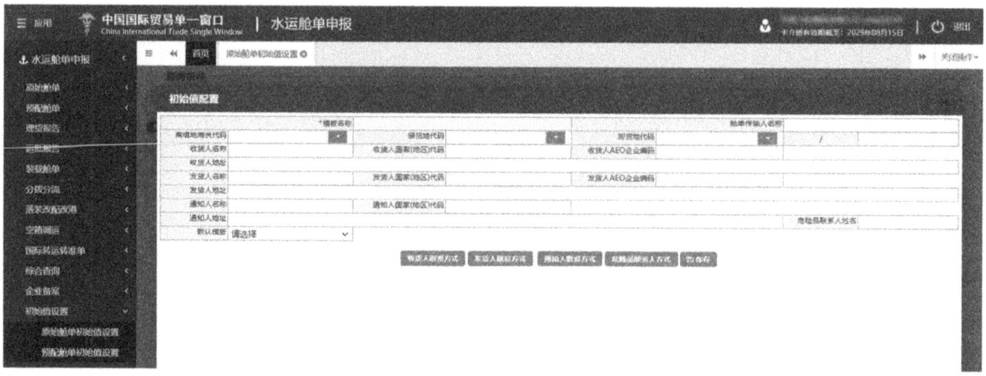

图 4-72　原始舱单初始值设置——初始值配置界面

4. 查看：勾选出查询的数据，点击“查询”按钮，便可查看该条模板的具体配置信息。

5. 删除：勾选需要删除的数据，点击“删除”按钮，在弹出的提示框中点“确认”按钮，便可删除该条数据。

6. “初始值配置”界面的各个联系方式需在点击“保存”后，才可点击进入页面进行操作。具体操作和原始舱单中类似，此处不再赘述。

（二）预配舱单初始值设置

点击左侧菜单栏“初始值设置”→“预配舱单初始值设置”，右侧展开的界面显示如图 4-73 所示。操作使用和原始舱单初始值设置相同，此处不再赘述。

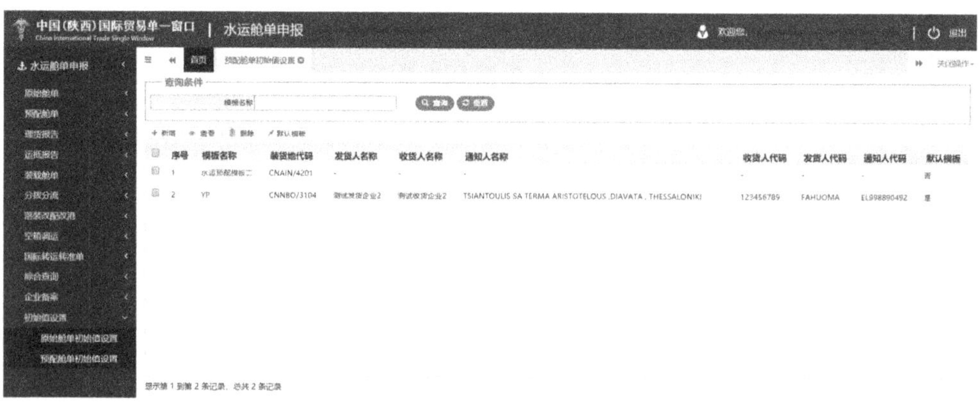

图 4-73　预配舱单初始值设置界面

预配舱单初始值设置中“初始值配置”新增界面与“原始舱单初始值设置——初始值配置”新增界面有部分字段不同，具体的新增界面如图 4-74 所示。

图 4-74　预配舱单初始值设置——初始值配置界面

第三节　常见问题

问题 1　界面暂存时提示“暂存失败，申报企业海关备案代码与当前用户注册信息不一致，请核实”。

答　确认当前登录用户对应的 9 位组织机构代码与舱单表头申报企业海关备案代码后 9 位是否一致。

问题 2　导入方式申报时提示“申报企业海关备案代码与当前用户注册信息不一致，请核实”。

答　确认当前登录用户对应的 9 位组织机构代码与申报报文中的“Send_ID”中“_”前面后 9 位是否一致。

问题 3　导入方式的 MSG_ID 生成规则是什么？

答　规则如下：CN_[name]_1p1_[sender_code]_[send_time].xml，其中“CN”代表中国海关，“[sender_code]”代表发送方代码，“[send_time]”代表发送时间，精确到毫秒，采用“yyyyMMddHHmmssSSS”格式，“1p1”中的前“1”代表报文格式的主版本号、后“1”代表副版本号，“[name]”具体名称详见中国海关进出境舱单报文类型编码表。

问题 4　导入方式收不到回执是什么原因？

答　确认“MSG_ID”是否按照规则生成，如果“MSG_ID”过短会导致收不到回执。

问题 5 导入方式收到回执提示不允许修改提单状态，应如何处理？

答 请确认之前是否已提交过该票数据，并收到通过或者接受申报的回执。

问题 6 出现该提单状态或者该集装箱状态不可修改，应如何处理？

答 请确认当前的提单或者集装箱的状态。

问题 7 导入提单或集装箱，在什么情况下是可以申报的。

答 提单（集装箱）状态暂存、新增申报海关退单、删除申报接收申报可以进行新增申报。

问题 8 原始、预配舱单的主要数据是从其他途径申报的，可以在国际贸易“单一窗口”水运舱单申报系统中进行其他数据申报、变更申请、删除申请吗？

答 不可以。系统做了逻辑检查，主要数据接受申报后才能做其他数据申报、变更申请、删除申请等业务。

问题 9 企业备案已收到了备案成功回执，但是申报舱单数据后仍然收到海关退单回执，提示：舱单传输人未备案。应如何处理？

答 请到海关现场咨询本企业备案信息中适用的关区范围和报文类型范围，并核对已提交电子数据的单证类型和主管海关是否在此范围内。

问题 10 国际贸易“单一窗口”水运舱单申报系统提运单状态为“待人工审核”，与海关系统中的查询状态不同，应如何处理？

答 有时海关人工审核未给回执，所以国际贸易“单一窗口”水运舱单申报系统内状态未改。若原始舱单和预配舱单在海关总署网站上查询的状态为“海关退单”，可以直接在国际贸易“单一窗口”水运舱单申报系统界面，点击“状态解锁”按钮，该提单状态会变为“海关退单”；若其他业务需修改状态或原始舱单、预配舱单需修改为“接收申报”，请联系客服。

第五章　空运舱单申报系统

第一节　业务简介

国际贸易“单一窗口”空运舱单申报系统涵盖空运进出境舱单业务链条各主要环节，包括企业备案、原始舱单、预配舱单、装载舱单、运抵报告、理货报告、分拨分流、落装改配改港、国际转运、综合查询等模块。通过空运舱单申报系统，企业可录入并向海关申报上述舱单及相关单证的电子数据，系统按照符合统一的标准规范对申报数据进行逻辑处理后发送给海关。海关对企业申报的数据进行处理后，将处理回执反馈至空运舱单申报系统，企业可进行查看历史申报数据和相应的海关回执。

一、企业备案

根据《舱单管理办法》要求，对于未在海关办理过企业备案手续的企业，空运舱单申报系统提供备案电子信息的录入和申报功能，企业可以在线录入备案信息并提交给海关，再根据海关对企业备案的相关要求到经营业务所在地直属海关或者经其授权的隶属海关办理备案，避免现场录入数据耗费时间和信息准备不充分等意外情况。

二、原始舱单

原始舱单，是指舱单传输人向海关传输的反映进境运输工具装载货物、物品或者乘载旅客信息的舱单。

根据《舱单管理办法》第九条要求，航程 4 小时内的，应当在航空器起飞前；航程超过 4 小时的，应当在航空器抵达境内第一目的港的 4 小时前，向海关传输原始舱单主要数据；应当在进境货物、物品运抵目的港以前向海关传输原始舱单其他数据。

原始舱单应以提（运）单为单位向海关传输。

三、预配舱单

预配舱单，是指反映出境运输工具预计装载货物、物品或者乘载旅客信息的舱单。

根据《舱单管理办法》第二十一条要求，出境运输工具预计载有货物、物品的，应当在办理货物、物品申报手续以前向海关传输预配舱单主要数据；应当在航空器开始装载货物、物品的 4 小时前向海关传输预配舱单其他数据。

预配舱单应以提（运）单为单位向海关传输。

四、理货报告

理货报告，是指海关监管作业类、旅客通关类、邮件类场所经营人或者理货部门对进出境运输工具所载货物、物品的实际装卸情况予以核对、确认的记录。

根据《舱单管理办法》第十三条要求，理货部门或者海关监管作业类、旅客通关类、邮件类场所经营人应当在进境运输工具卸载货物、物品完毕后的6小时内以电子数据方式向海关提交理货报告；第二十八条要求，出境运输工具驶离装货港的6小时内，海关监管作业场所经营人或者理货部门应当以电子数据方式向海关提交理货报告。

海关在理货报告后，将原始舱单/装载舱单与理货报告进行核对，对二者不相符的，以电子数据方式通知运输工具负责人。运输工具负责人可通过空运舱单申报系统查询到理货异常情况，并在装卸货物、物品完毕后的48小时内向海关报告不相符的原因。

理货报告应以提（运）单为单位向海关传输。

五、运抵报告

运抵报告，是指进出境货物运抵海关监管作业场所时，海关监管作业场所经营人向海关提交的反映货物实际到货情况的记录，以及进出境物品运抵旅客通关类、邮件类场所时，相关场所经营人向海关提交的反映物品实际到货情况的记录。

根据《舱单管理办法》第十七条要求，货物、物品需要疏港分流的，在疏港分流完毕后，相关场所经营人应当以电子数据方式向海关提交疏港分流货物、物品运抵报告；第二十二条要求，出境货物、物品运抵海关监管作业类、旅客通关类、邮件类场所时，相关场所经营人应当以电子数据方式向海关提交运抵报告。

运抵报告应以提（运）单为单位向海关传输。

六、装载舱单

装（乘）载舱单，是指反映出境运输工具实际配载货物、物品或者载有旅客信息的舱单。

根据《舱单管理办法》第二十三条要求，舱单传输人应当在运输工具开始装载货物、物品的30分钟前向海关传输装载舱单电子数据。装载舱单中所列货物、物品海关应当已经放行。

装载舱单应以提（运）单为单位向海关传输。

七、分流申请

疏港分流，是指为防止货物、物品积压、阻塞港口，根据港口行政管理部门的决定，将相关货物、物品疏散到其他海关监管作业类、旅客通关类、邮件类场所的行为。

根据《舱单管理办法》第十七条要求，货物、物品需要疏港分流的，海关监管作业类、旅客通关类、邮件类场所经营人应当以电子数据方式向海关提出疏港分流申请，经海关同意后方可疏港分流。

分流申请应以提（运）单为单位向海关传输。

八、分拨申请

分拨，是指海关监管作业类、旅客通关类、邮件类场所经营人将进境货物、物品从一场所运至另一场所的行为。

根据《舱单管理办法》第十六条要求，进境货物、物品需要分拨的，舱单传输人应当以电子数据方式向海关提出分拨货物、物品申请，经海关同意后方可分拨。

分拨申请应以提（运）单为单位向海关传输。

综上，空运舱单申报系统涵盖了上述所有单证的录入、申报、查询功能。除此之外，对于空运舱单业务链条中的落装、改配、改靠港、国际转运业务，空运舱单申报系统也有相应的业务模块为用户提供相应的电子数据申报服务。

第二节　基本操作

进入系统

在国际贸易“单一窗口”成功注册企业用户后，输入用户名与密码登录系统，即可在“标准版应用”界面的“舱单申报”栏目中，通过点击“空运”链接进入空运舱单申报系统。

一、企业备案

企业备案又称舱单传输权限开通申请。企业可通过企业备案功能模块，向海关申请舱单电子数据的传输权限。企业备案分为总公司备案和分公司备案。总公司备案包括暂存、打印、提交开通申请以及查看审核回执的功能。分公司备案包括查看详情、新增分支机构传输申请等功能。

（一）总公司备案

用户登录国际贸易“单一窗口”，进入“总公司备案”界面，系统将从国际贸易“单一窗口”企业注册信息中自动返填统一社会信用代码、企业中文名称等内容。界面黄色输入框和字段名称前带红色星号的字段为必填项，输入框为灰色的是自动返填字段，输入框为白色的为选填项。“总公司备案”界面如

图 5-1 所示。

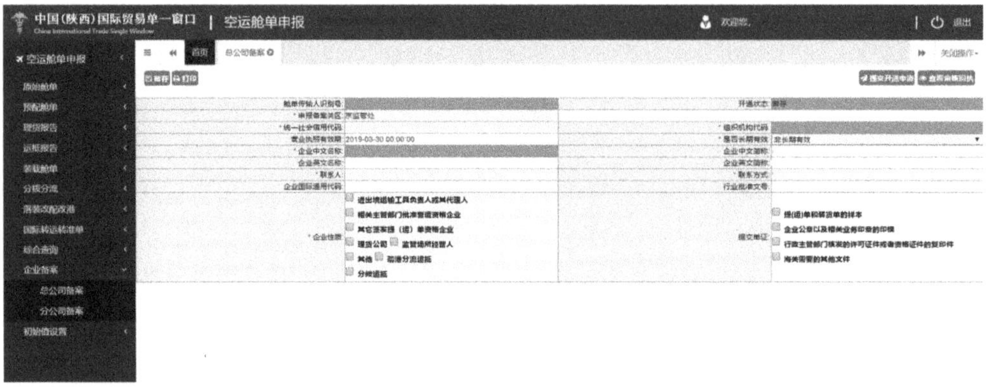

图 5-1　总公司备案界面

界面上的功能如下所述：

1. 暂存：点击“暂存”按钮时，会校验页面上的必填项，请填写所有必填项后再暂存。

2. 打印：点击“打印”按钮时，可打印舱单备案登记表。

3. 提交开通申请：备案信息输入完毕，点击“提交开通申请”按钮，在弹出的提示框中点击“确定”按钮，系统将向海关发送备案权限开通申请。若在“是否确认申报”的提示框中点击“取消”按钮，则放弃向海关发送申请。

4. 查看审核回执：点击“查看审核回执”按钮，可查看最新申请的回执内容。

功能亮点

舱单传输权限开通申请经海关审核通过后，海关将向本系统反馈舱单传输人识别号，并自动返填到界面上的“舱单传输人识别号”输入框内。企业向海关提交舱单及相关电子数据时将使用该识别号作为身份标识。

（二）分公司备案

总公司下包含分支机构的，总公司完成企业备案后，可通过此功能进行分支机构备案；分公司备案可由分公司用户进行，也可由总公司用户为自己旗下分支机构进行备案（可以为多个分支机构备案）。

点击左侧菜单栏中的“分公司备案”后，界面如图 5-2 所示。

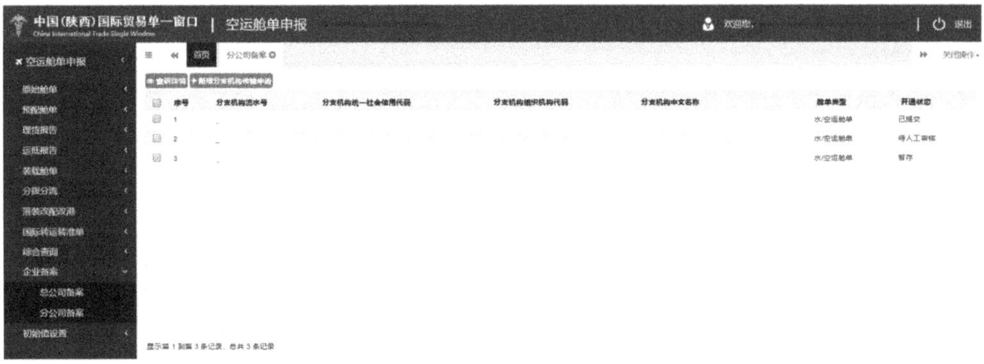

图 5-2　分公司备案界面

界面上的功能如下所述：

1. 查看详情：若当前用户所属企业进行过分公司备案，界面列表区域会展示出所有已录入的分公司备案数据，勾选一条数据，点击“查看详情”按钮可看到具体的备案信息。

2. 新增分支机构传输申请：点击此按钮会弹出“分支机构传输开通申请信息”录入界面，如图 5-3 所示。

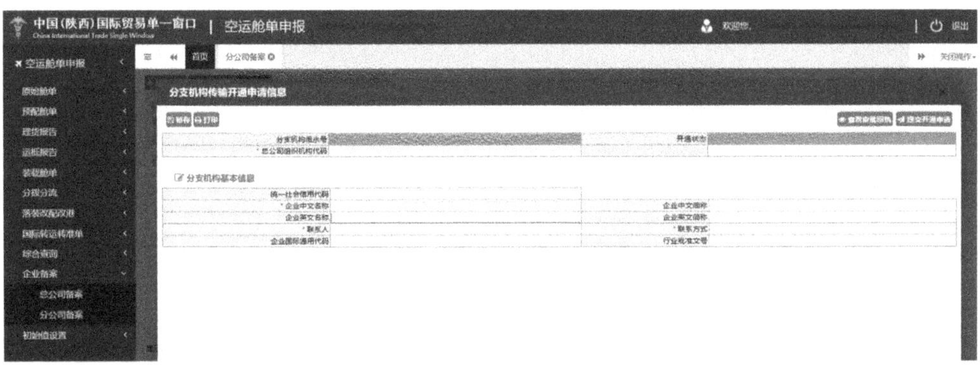

图 5-3　分支机构传输开通申请信息界面

此界面黄色输入框和字段名称前带红色星号的字段为必填项，输入框为灰色的是自动返填字段，输入框为白色的为选填项。界面上的功能按钮和总公司备案界面相同。

二、原始舱单

为用户提供空运原始舱单数据的录入、暂存、修改、变更、删除等功能，菜单如图 5-4 所示，可依次点击左侧菜单栏“空运舱单申报”→“原始舱单”展开。

图 5-4　原始舱单主界面

(一) 原始舱单主要数据

点击左侧菜单栏“原始舱单”→“原始舱单主要数据”，右侧区域展示原始舱单主要数据的录入界面，如图 5-5 所示。

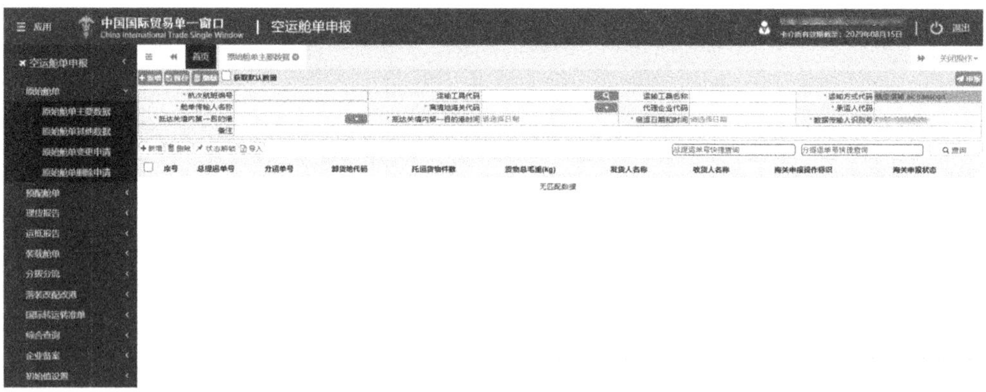

图 5-5　原始舱单主要数据界面

界面上方为表头部分，即原始舱单基本信息；下方列表为表体部分，即提运单信息。点击界面上方蓝色按钮所进行的操作，将影响当前界面的所有提运单数据。界面中字段前带有红色星号和输入框为黄色的字段为必填项，必填项字段若为空则无法继续进行保存或申报等操作。点击界面中的白色按钮，所影响的数据仅为当前涉及的页签或字段。

1. *表头*

（1）界面中，部分字段（例如，航次航班编号等）需要用户手工录入，请根据业务主管部门要求，如实填写相关内容。

（2）部分字段右侧带有三角形标识（例如，离境地海关代码等），表示该类字段需要在参数中调取，不可随意录入。直接点击三角形图标，调出下拉菜单并在其中选择。也可直接输入已知的相应数字、字母或汉字，迅速调出参数，使用上下箭头选择后，点击回车键确认录入。

(3) 日期类字段（例如，启运日期和时间等），点击录入框后，系统自动弹出日历，用户可根据实际情况选择。

(4) 录入航次航班编号后，按回车键，系统将查找该票数据是否已经存在，如找到，则自动返填所有已存在的数据，并将航次航班编号字段置灰，不允许修改。

(5) 点击“暂存”按钮后，航次航班编号字段变为灰色，不允许修改。

(6) 录入运输工具代码后，可点击字段旁的放大镜图标，系统自动查找运输工具中备案的相关数据。如未查询到信息，系统会弹出提示“在运输工具中没有找到此备案信息”，更多关于运输工具的备案信息，请在国际贸易“单一窗口”运输工具申报系统中查询。

(7) 新增：在“原始舱单主要数据”界面中点击上方“新增”按钮，系统将自动清空当前界面内所有已录入的数据，用户可以重新录入数据。

小提示

如果用户在录入数据的过程中点击了“暂存”按钮，则系统将自动保存当前所录入的数据。即使进行新增操作，也不会丢失数据，可在综合查询中查找。

(8) 申报：可勾选“原始舱单主要数据”界面中录入完毕并确认无误的表体数据，通过点击右上方的“申报”按钮进行申报。

小提示

申报即意味着填写的数据将向相关业务主管部门发送，并等待其审批。

(9) 删除：可删除整票原始舱单数据。点击“原始舱单主要数据”界面上方的“删除”按钮，系统将提示用户是否删除当前数据，删除的数据将不可恢复，需谨慎操作。

小提示

当原始舱单主要数据只有表头，没有提运单表体；所有提运单状态为暂存、申报失败或海关退单；原始舱单主要数据删除申请状态为海关接受申报时，可进行该项删除操作。否则，系统可能弹出不允许删除的相应提示。

2. 表体

将表头数据录入完毕，点击“原始舱单主要数据”界面上方的“暂存”按钮成功保存后，方可新增表体提运单数据。点击“原始舱单主要数据”界面中部的“新增”按钮，界面弹出表体提运单信息（如图 5-6 所示），包括基本信息与商品项信息两部分，以切换页签的方式在界面中显示。点击右下角“保存”“新增”按钮所进行的操作，将影响当前整票提运单信息的数据。基本信息、商品项信息两个页签中，基本信息与商品项信息则必须填写。

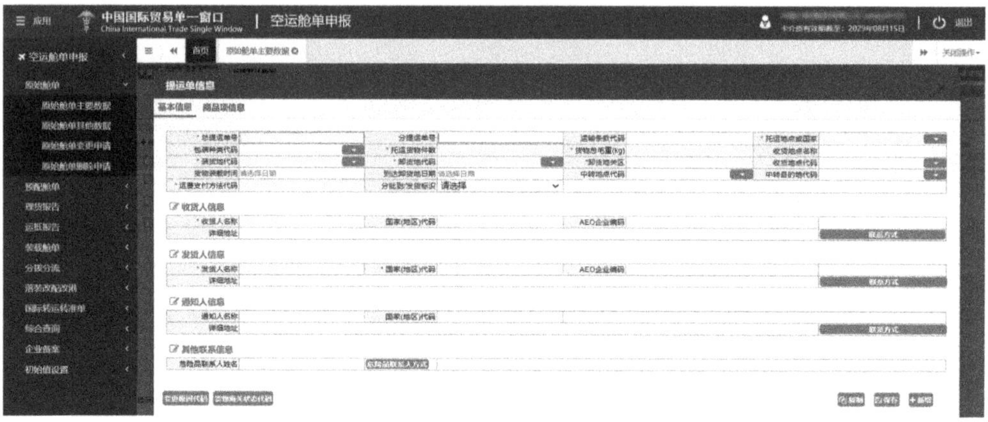

图 5-6　原始舱单主要数据——提运单信息界面

（1）新增表体——基本信息。

①界面中，部分字段（例如，总提运单号、分提运单号、拆箱人代码等）需用户手工录入，请根据业务主管部门要求，如实填写相关内容。

②部分字段右侧带有三角形标识（例如，包装种类代码等），表示该类字段需要在参数中调取，不可随意录入。直接点击三角形图标，调出下拉菜单并在其中选择。也可直接输入已知的相应数字、字母或汉字，迅速调出参数，使用上下箭头选择后，点击回车键确认录入。

③日期类字段（例如，货物装载时间等），点击录入框后，系统自动弹出日历，用户可根据实际情况进行选择。

④须将提运单基本信息上方必要字段、收货人信息、发货人信息、通知人信息、货物交付目的信息，以及其他联系信息填写完毕，并点击“原始舱单主要数据——提运单信息”界面右下角“保存”按钮后，才可继续录入或保存界面下方途径国家代码与货物海关状态代码等。

（2）新增表体——联系方式。

①在“原始舱单主要数据——提运单信息”界面中点击任意“联系方式”按钮，弹出编辑框，如图 5-7 所示，根据实际情况填写。调用参数字段或手工录入字段要求与基本信息一致，此处不再赘述。

图 5-7　原始舱单主要数据——收货人联系信息界面

②保存：录入相应信息后，点击“保存”白色按钮，系统自动将记录保存至下方列表中。

③新增：点击“新增”按钮，将清空当前界面显示的数据，用户可以重新录入并保存数据。

④删除：在列表中对任意记录进行勾选（可多选），可点击“删除”按钮进行删除。

小提示

联系信息不限类别，但最多可录入 3 条记录。

（3）新增表体——货物海关状态代码。

①在“原始舱单主要数据——提运单信息”界面下方点击“货物海关状态代码”按钮，系统弹出编辑框（如图 5-8 所示），根据实际业务情况填写信息。调用参数字段的要求与基本信息一致，此处不再赘述。

图 5-8　原始舱单主要数据——货物海关状态信息界面

②录入相应信息后，点击“保存”按钮，系统自动将记录保存至下方列表中。

③点击“新增”按钮，将清空当前界面显示的数据，用户可以重新录入并保存数据。

④在列表中对任意记录进行勾选（可多选），可点击“删除”按钮进行删除。

小提示

货物海关状态信息，每种代码限录入 1 次。

（4）新增表体——更改原因代码。

“更改原因代码”按钮，只可在变更申请或删除申请时点击录入。

（5）新增表体——商品项信息。

①在“原始舱单主要数据——提运单信息”界面中切换至“商品项信息”界面（如图 5-9 所示），调用参数字段或手工录入字段的要求与基本信息一致，此处不再赘述。

图 5-9　原始舱单主要数据——商品项信息界面

②录入相应信息后，点击“保存”按钮，系统自动将记录保存至下方列表中。

③点击“新增”按钮，将清空当前界面显示的数据，用户可以重新录入并保存数据。

④在列表中对任意记录进行勾选（可多选），可点击“删除”按钮进行删除。

（6）表体信息列表展示。

根据上述操作录入并保存完毕的表体数据，显示在下方列表中（如图 5-10 所示）。此时可点击列表中“总提运单号”或“海关申报状态”一栏内的蓝色字体，系统将弹出对话框展示更多详细信息。勾选任意记录，点击“删除”白色按钮，可对当前选中的表体进行删除操作。

图 5-10　原始舱单主要数据——表体列表信息界面

功能亮点

1. 状态解锁：用于提运单为“已申报”和“待人工审核”状态下长时间收不到回执的情况。点击“状态解锁”按钮，状态变为“海关退单”，该状态下可以重新进行申报。

2. 导入：界面的导入指表体信息 Excel 导入。当表头数据保存成功后，点击“导入”按钮，根据弹出框中的操作指南进行操作，界面如图 5-11 所示。

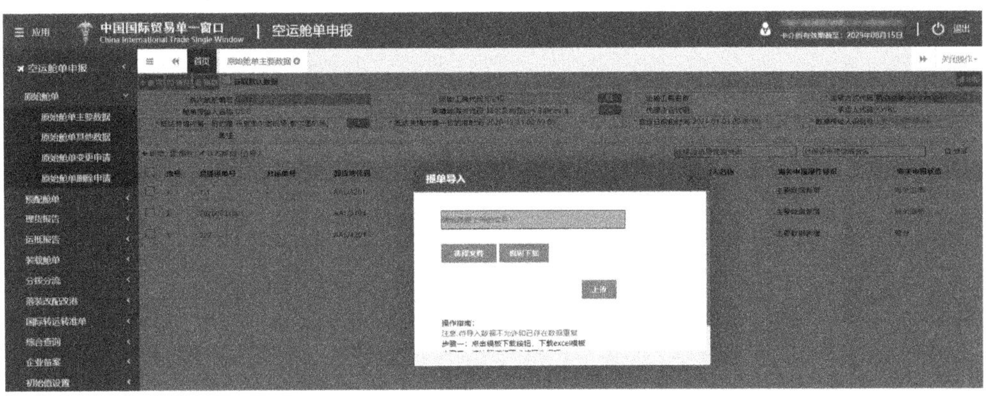

图 5-11　提单导入界面

3. 提运单复制：使用此功能可以快速复制已经存在的提运单信息。具体操作方法如下：在“原始舱单主要数据——表体列表信息”界面中选择已经存在的提运单信息，点击蓝色字体的提运单号，进入提运单详情页面，如图 5-12 所示。

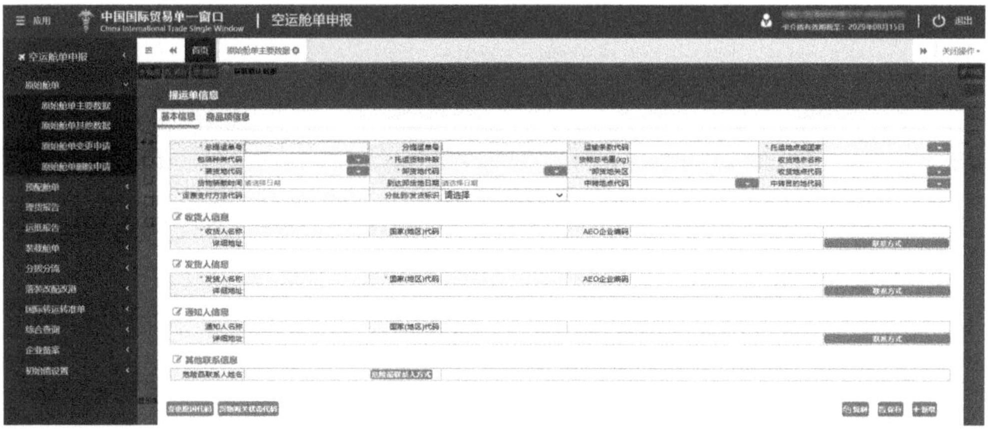

图 5-12　提运单信息界面

点击"复制"按钮，弹出提运单号输入框，如图 5-13 所示。

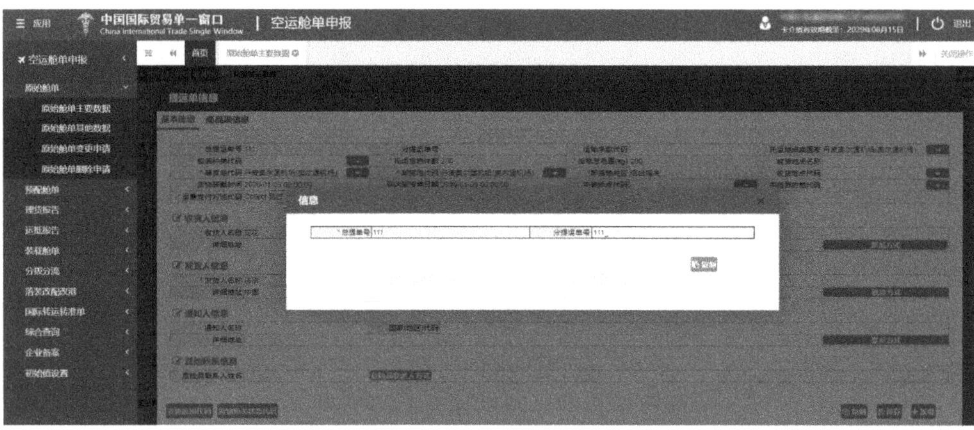

图 5-13　提运单信息复制界面

输入新的总提运单号（或）分提运单号后，点击"复制"按钮，将弹出"复制成功"的提示信息。关闭对话框，可看到当前提运单详细页面中的提运单号信息已更新，新复制的提运单将自动进入提运单列表。

（二）原始舱单其他数据

原始舱单其他数据属于对主要数据的补充，界面如图 5-14 所示。对于海关要求的必填数据项，如果用户在原始舱单主要数据中就已全部申报，可不再向海关提交其他数据；如果主要数据申报时部分必填信息尚不完整，可通过其他数据进行补充申报。更多详细操作，可参考原始舱单主要数据中的相关描述，此处不再赘述。

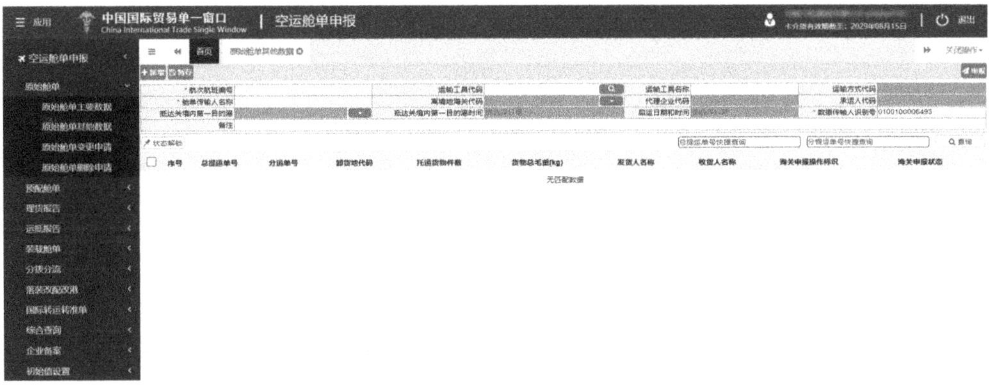

图 5-14　原始舱单其他数据界面

（三）原始舱单变更申请

对于已经向海关申报的原始舱单，如果已经收到了海关接受申报的回执，表示该原始舱单已进入海关系统数据库，此时如需变更部分原始舱单数据，可通过向海关提交变更申请实现。

点击左侧菜单栏“原始舱单”→“原始舱单变更申请”，右侧区域展示录入界面，如图 5-15 所示。可手工录入各个字段，或输入已录入并保存过的航次航班编号字段后，按回车键，系统将查找并自动返填所有已存在的数据内容，可直接在返填数据的基础上修改后申报。新增、暂存等更多详细操作，可参考原始舱单主要数据中的相关描述，此处不再赘述。

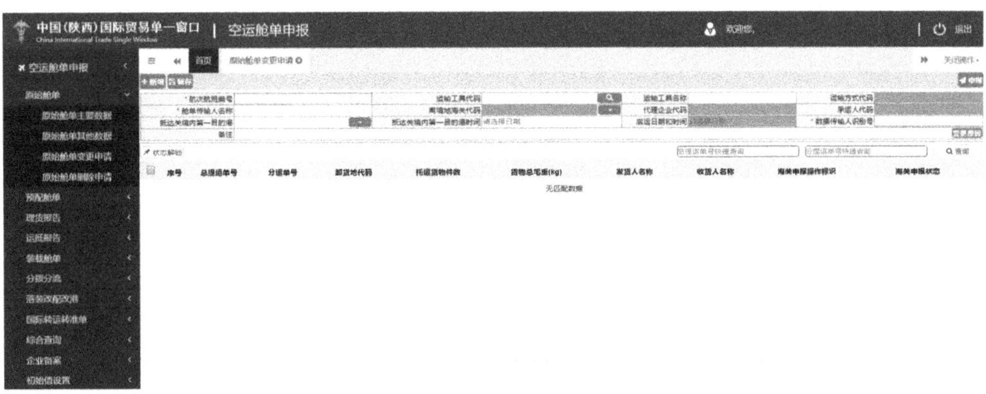

图 5-15　原始舱单变更申请界面

进行变更申请操作时需要填写变更原因和变更原因代码，具体操作如下：

1. 变更原因：在界面中，点击表头右下角的“变更原因”按钮，界面如图 5-16 所示。

图 5-16 原始舱单变更申请——变更原因界面

2. 变更原因代码：点击“提运单信息”界面左下角“变更原因代码”按钮界面，如图 5-17 所示。

图 5-17　原始舱单变更申请——变更原因信息界面

小提示

原始舱单主要数据状态为海关接受申报时，可进行变更申请。原始舱单其他数据状态为暂存、申报失败、海关退单、海关接受申报时，可进行暂存、申报等变更申请。原始舱单变更申请状态为暂存、申报失败、海关退单海关接受申报时，可进行暂存、申报等变更申请。原始舱单删除申请状态为申报失败、海关退单时，可进行暂存、申报等变更申请。否则，系统可能给出无符合条件的数据等提示。

海关不接受原始舱单中以下数据项的变更：

1. 表头：航次航班编号、运输工具代码、运输工具名称、运输方式代码、运输工具离境地海关代码、运输工具代理企业代码、承运人代码、运输工具启运日期和时间。

2. 提运单信息：总提运单号、分提运单号、卸货地代码、货物装载时间。

3. 商品项信息：商品项序号。

（四）原始舱单删除申请

对于已经向海关申报的原始舱单，如果已经收到了海关接受申报的回执，表示该原始舱单已进入海关系统数据库，此时如需撤销申报数据，或者发现海关不接受变更的数据项有误，均可通过此功能向海关提交删除申请，申请删除海关系统中对应的原始舱单数据，重新申报正确的原始舱单。

点击左侧菜单栏“原始舱单”→“原始舱单删除申请”，右侧区域展示录入界面，如图 5-18 所示。可手工录入各个字段，或输入已录入并保存过的航次航班编号与运输工具代码等字段后，按回车键，系统将查找并自动返填所有已存在的数据内容。新增、申报等更多详细操作，可参考原始舱单主要数据中的相关描述，此处不再赘述。

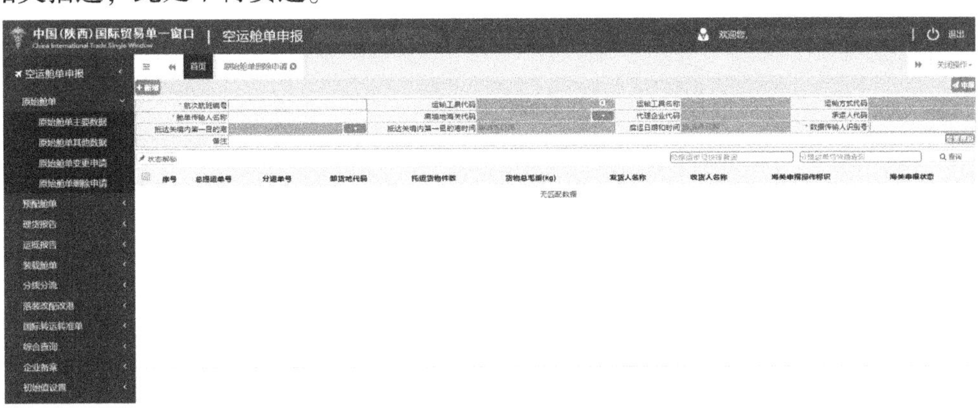

图 5-18　原始舱单删除申请界面

小提示

当原始舱单主要数据状态为海关接受申报时，才可进行删除申请。原始舱单其他数据状态为暂存、申报失败、海关退单、海关接受申报时，可进行申报、删除申请操作。原始舱单变更申请状态为暂存、申报失败、海关退单、海关接受申报时，可进行申报、删除申请操作。原始舱单删除申请状态为申报失败、海关退单时，可进行申报、删除申请操作。

进行删除申请操作时，同样需要填写变更原因和更改原因代码，具体位置和变更申请中的位置相同。

三、预配舱单

为用户提供空运预配舱单数据的录入、暂存、修改、变更、删除等功能。空运预配舱单左侧菜单展开如图 5-19 所示，可依次点击左侧菜单栏“空运舱单申报”→“预配舱单”展开。

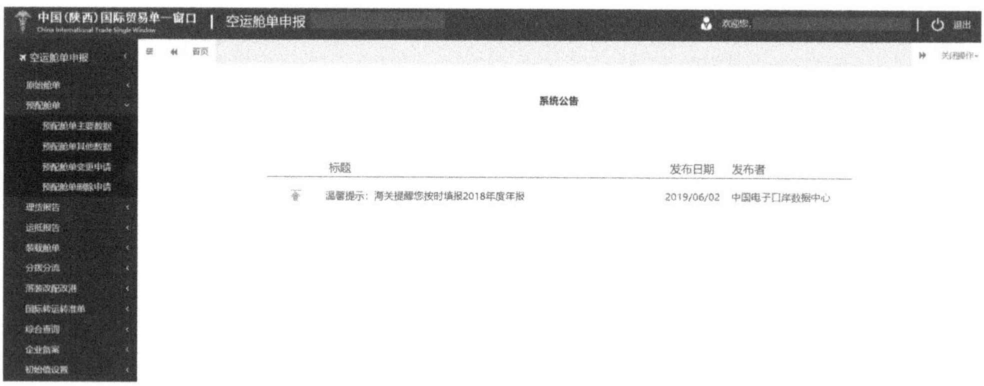

图 5-19　空运预配舱单主界面

（一）预配舱单主要数据

点击左侧菜单栏“预配舱单”→“预配舱单主要数据”，右侧区域展示录入界面如图 5-20 所示。界面上方为表头（基本字段）部分，下方列表为表体（提运单信息）部分。点击界面上方蓝色按钮所进行的操作，将影响当前的整票数据。更多详细操作，可参考原始舱单主要数据中的相关描述，此处不再赘述。

图 5-20　预配舱单主要数据界面

小提示

界面中，带有红色星号和输入框为黄色的字段为必填项，否则可能无法继续进行保存或申报等操作。界面中的白色按钮，所影响的数据仅为当前涉及的页签或字段。

（二）预配舱单其他数据

预配舱单其他数据属于对主要数据的补充。对于海关要求的必填数据项，如果用户在预配舱单主要数据中就已全部申报，可不再向海关提交其他数据；如果主要数据申报时部分必填信息尚不完整，可通过其他数据进行补充申报界面如图 5-21 所示。更多详细操作，可参考原始舱单主要数据中的相关描述，此处不再赘述。

图 5-21　预配舱单其他数据界面

（三）预配舱单变更申请

对于已经向海关申报的预配舱单，如果用户已经收到了海关接受申报的回执，表示该预配舱单已进入海关系统数据库，此时如需变更部分预配舱单数据，可通过向海关提交变更申请来实现。

点击左侧菜单栏“预配舱单”→“预配舱单变更申请”，右侧区域展示录入界面，如图 5-22 所示。可手工录入各个字段，或输入已录入并保存过的航次航班编号与运输工具代码等字段后，按回车键，系统将查找并自动返填所有已存在的数据内容，用户可直接在返填数据的基础上修改后申报。新增、暂存、申报等更多详细操作，可参考原始舱单主要数据中的相关描述，此处不再赘述。

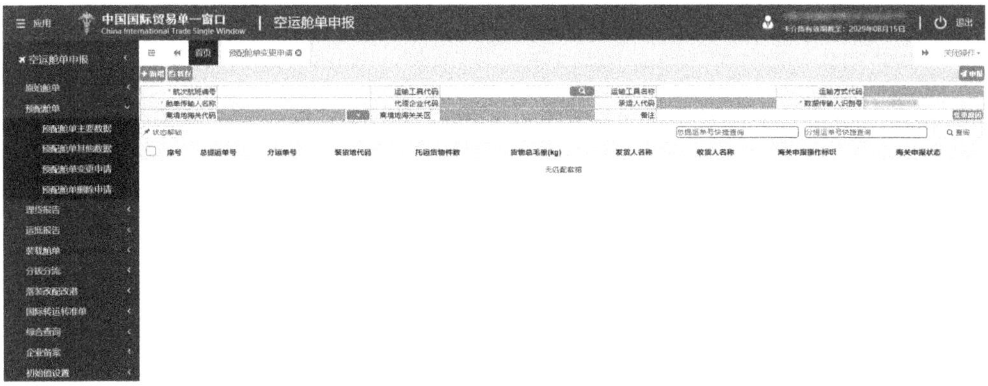

图 5-22　预配舱单变更申请界面

小提示

预配舱单主要数据状态为海关接受申报时，可进行变更申请；预配舱单其他数据状态为暂存、申报失败、海关退单、海关接受申报时，可进行暂存、申报等变更申请；预配舱单变更申请状态为暂存、申报失败、海关退单、海关接受申报时，可进行暂存、申报等变更申请；预配舱单删除申请状态为申报失败、海关退单时，可进行暂存、申报等变更申请。否则，系统可能给出无符合条件的数据等提示。

海关不接受预配舱单中以下数据项的变更：

1. 表头：航次航班编号、运输工具代码、运输工具名称、运输方式代码、运输工具离境地海关代码、运输工具代理企业代码、承运人代码。

2. 提运单信息：总提运单号、分提运单号、装货地代码、货物装载运输工具时间。

3. 商品项信息：商品项序号。

（四）预配舱单删除申请

对于已经向海关申报的预配舱单，如果用户已经收到了海关接受申报的回执，表示该预配舱单已进入海关系统数据库，此时如需撤销申报数据，或者发现海关不接受变更的数据项有误，均可通过此功能向海关提交删除申请，申请删除海关系统中对应的预配舱单数据，重新申报正确的预配舱单。

点击左侧菜单栏“预配舱单”→“预配舱单删除申请”，右侧区域展示录入界面，如图 5-23 所示。可手工录入各个字段，或输入已录入并保存过的航次航班编号与运输工具代码等字段后，按回车键，系统将查找并自动返填所有已存在的数据内容。新增、申报等更多详细操作，可参考原始舱单主要数据中的相关描述，此处不再赘述。

图 5-23　预配舱单删除申请界面

小提示

当预配舱单主要数据状态为海关接受申报时，才可进行删除申请；预配单其他数据状态为暂存、申报失败、海关退单、海关接受申报时，可进行申报、删除申请操作；预配舱单变更申请状态为暂存、申报失败、海关退单、海关接受申报时，可进行申报、删除申请操作；预配舱单删除申请状态为申报失败、海关退单时，可进行申报、删除申请操作。否则，系统可能给出无符合条件的数据等提示。

四、理货报告

为用户提供理货报告数据的录入、暂存、修改、删除等功能，左侧菜单栏如图 5-24 所示，可依次点击左侧菜单栏“空运舱单申报”→“理货报告”展开。

图 5-24　理货报告主界面

（一）进口理货申报

提供进口理货报告新增数据的录入、修改、暂存功能，由用户手工录入或修改进口理货报告新增数据。点击左侧菜单栏“理货报告”→“进口理货申报”，右侧区域展示录入界面（如图 5-25 所示）。界面上方为表头部分、下方列表为表体（提运单信息）部分。

图 5-25　进口理货申报界面

1. 录入与暂存

本节仅对理货报告的特殊部分进行说明，更多详细操作，可参考原始舱单主要数据中的相关描述。点击界面上方蓝色按钮（如图 5-26 所示）所进行的操作，将影响当前的整票数据。

图 5-26　进口理货申报表头界面

小提示

“进口理货申报”界面中，带有红色星号的字段为必填项，否则可能无法继续进行保存或申报等操作。界面中的白色按钮，所影响的数据仅为当前涉及的页签或字段。

录入表头数据后，点击“暂存”按钮，方可新增表体数据。表体为提运单信息部分。提运单信息需根据实际业务填写申报。

在“进口理货申报”界面中选中提运单信息标签页，点击界面中部“新增”按钮，界面如图 5-27 所示。可参考上文表头的录入方法，此处不再赘述。

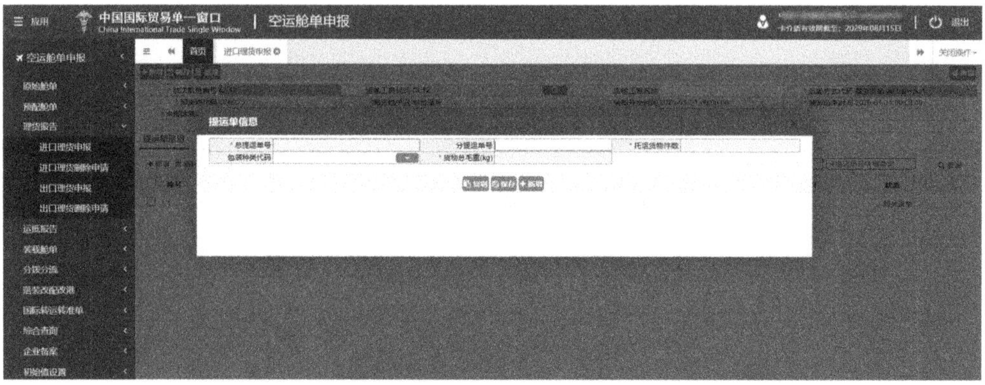

图 5-27　进口理货申报——提运单信息界面

2. 新增

在“进口理货申报”界面中点击界面上方“新增”按钮，系统将自动清空当前界面内所有已录入的数据，用户可以重新录入数据。

小提示

如果用户在录入数据的过程中点击了“暂存”按钮，则系统将自动保存当前所录入的数据。即使进行新增操作，也不会丢失数据，可在综合查询中查找。

3. 申报

可勾选“进口理货申报”界面中录入完毕并确认无误的表体数据，通过点击右上方的“申报”按钮进行申报。

小提示

申报即意味着录入的数据将向相关业务主管部门发送，并等待其审批。

4. 删除

可删除整票进口理货申报的数据。点击“进口理货申报”界面上方的“删除”按钮，系统将提示用户是否删除当前数据。删除的数据将不可恢复，需谨慎操作。

小提示

当进口理货数据只有表头，没有提运单表体；所有提运单状态为暂存、申报失败或海关退单；进口理货数据删除申请状态为海关接受申报时，可进行该项删除操作。否则，系统可能弹出不允许删除的相应提示。

功能亮点

1. 导入：有提运单 Excel 导入，操作方法和原始舱单的导入功能相同。

2. 获取原始舱单舱单数据：在“进口理货申报”界面点击此按钮可以弹出“舱单提运单信息”界面（如图 5-28 所示），可以根据条件查出需要生成理货报告的提运单。

图 5-28 舱单提运单信息界面

在查询结果勾选需要生产理货报告的提运单信息，点击“确定”按钮，可由原始数据直接生成理货报告并显示到主页面列表中。

（二）进口理货删除申请

对于已经向海关申报的理货报告，如果用户已经收到了海关接受申报的回执，表示该理货报告已进入海关系统数据库，此时如需撤销申报数据，可通过此模块申请删除海关系统中对应的理货报告数据。此外，由于海关仅接受原始舱单和预配舱单的变更申请，如果发现此前申报的理货报告数据项有误，也只能通过此功能向海关提交删除申请，申请删除海关系统中对应的理货报告数据，重新申报正确的理货报告。

本模块实现空运进口理货报告删除申请的录入、申报功能，提供空运进口理货报告删除申请的录入、申报界面，由用户手工录入并申报空运进口理货报告删除申请。点击左侧菜单栏“理货报告”→“进口理货删除申请”，右侧区域展示录入界面（如图 5-29 所示）。

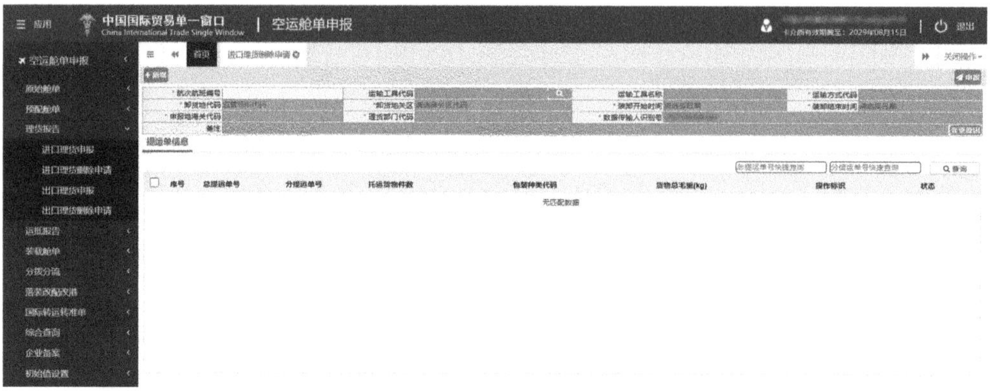

图 5-29　进口理货删除申请界面

可手工录入各个字段，或输入已录入并保存过的航次航班编号字段后，按回车键，系统将查找并自动返填所有已存在的数据内容。新增、申报等更多详细操作，可参考原始舱单主要数据或进口理货申报中的相关描述。

小提示

进口理货报告删除申请状态为申报失败、海关退单时，可进行申报、删除申请操作。否则，系统可能给出无符合条件的数据等提示。

（三）出口理货申报

实现出口理货报告新增数据的录入、修改、暂存功能，提供出口理货报告新增数据的录入界面，由用户手工录入或修改出口理货报告新增数据。点击左侧菜单栏“理货报告”→“出口理货申报”，右侧区域展示录入界面如图 5-30 所示。

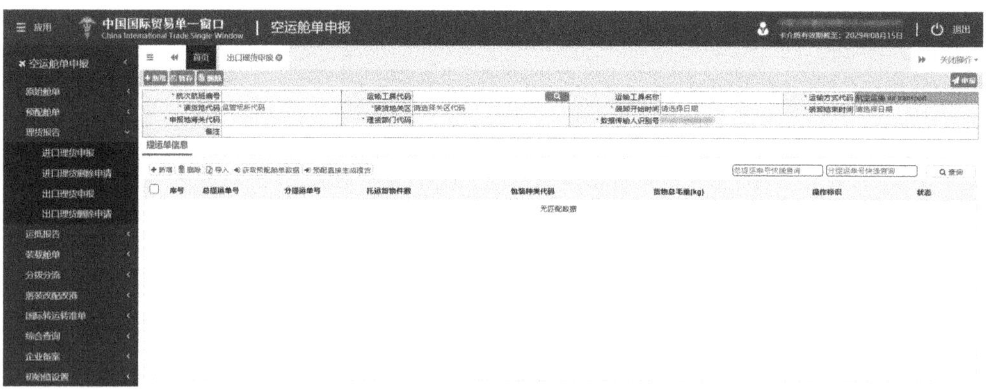

图 5-30　出口理货申报界面

更多详细操作，可参考原始舱单主要数据或进口理货申报中的相关描述，此处不再赘述。

（四）出口理货删除申请

实现空运出口理货报告删除申请的录入、申报功能，提供空运出口理货报告删除申请录入、申报界面，由用户手工录入并申报空运出口理货报告删除申请。点击左侧菜单栏“理货报告”→“出口理货删除申请”，右侧区域展示录入界面如图 5-31 所示。

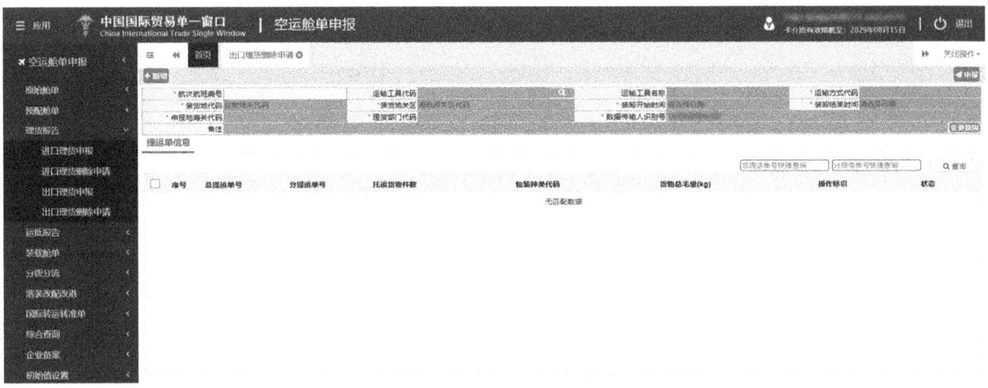

图 5-31　出口理货删除申请界面

可手工录入各个字段，或输入已录入并保存过的航次航班编号与运输工具代码等字段后，按回车键，系统将查找并自动返填所有已存在的数据内容。新增、申报等更多详细操作，可参考原始舱单主要数据或进口理货申报中的相关描述，此处不再赘述。

小提示

出口理货报告删除申请状态为申报失败、海关退单时，可进行申报、删除申请操作。否则，系统可能给出无符合条件的数据等提示。

五、运抵报告

为用户提供运抵报告数据的录入、暂存、修改、删除等功能，左侧菜单栏如图 5-32 所示，可依次点击左侧菜单栏“空运舱单申报”→“运抵报告”展开。

图 5-32　运抵报告主界面

(一) 分流分拨运抵申报

点击左侧菜单栏“运抵报告”→“分流分拨运抵申报”，右侧区域展示录入界面如图 5-33 所示。界面上方为表头部分、下方列表为表体提运单信息部分。

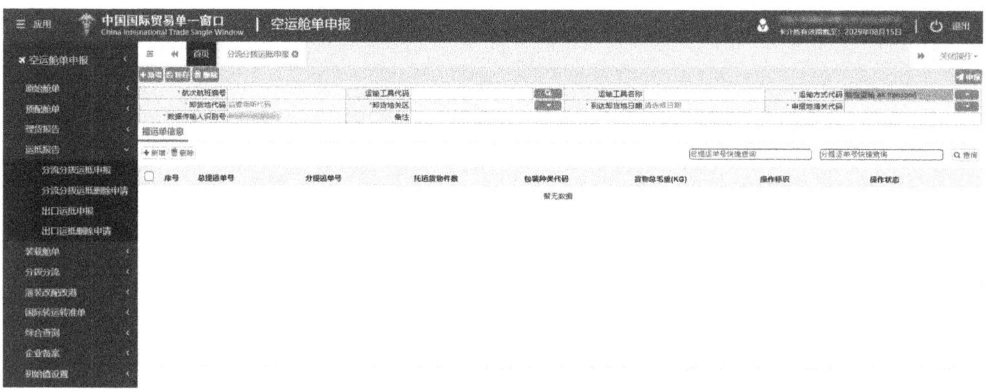

图 5-33　分流分拨运抵申报界面

1. 录入与暂存

本节仅对分流分拨运抵申报的特殊部分进行说明，更多详细操作可参考原始舱单主要数据中的相关描述。点击界面上方蓝色按钮所进行的操作，将影响当前的整票数据。

小提示

“分流分拨运抵申报”界面中，带有红色星号的字段为必填项，否则可能无法继续进行保存或申报等操作。界面中的白色按钮，所影响的数据仅为当前涉及的页签或字段。

（1）表头。

表头信息录入请参考原始舱单表头录入。

（2）表体。

录入表头数据后，点击界面上方的“暂存”按钮，方可新增表体数据。表体为提运单信息部分。其中，提运单信息请根据实际业务填写申报。

在“分流分拨运抵申报”界面中选中提运单信息标签页，点击界面中部“新增”按钮，界面如图 5-34 所示。提运单信息分为基本信息与商品项信息两部分。

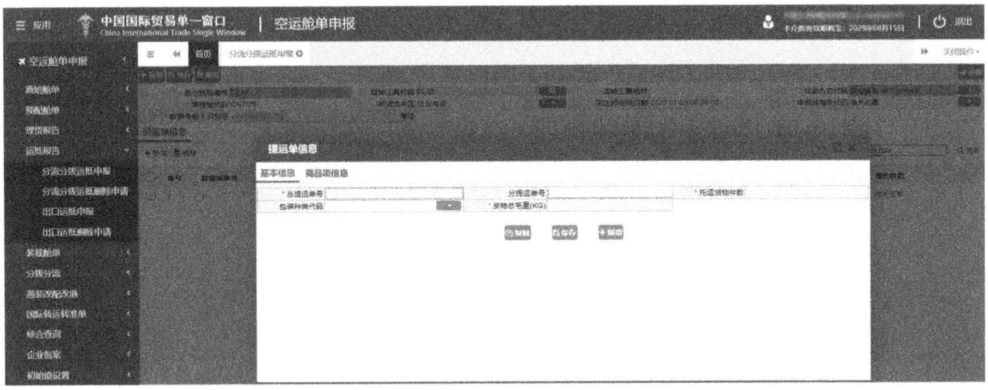

图 5-34　分流分拨运抵申报——提运单信息界面

2. 新增

在“分流分拨运抵申报”界面中点击上方“新增”按钮，系统将自动清空当前界面内所有已录入的数据，用户可以重新录入数据。

小提示

如果用户在录入数据的过程中点击了“暂存”按钮，则系统将自动保存当前所录入的数据。即使进行新增操作，也不会丢失数据，可在综合查询中查找。

3. 申报

可勾选“分流分拨运抵申报”界面中录入完毕并确认无误的表体数据，通过点击右上方的“申报”按钮进行申报。

小提示

申报即意味着录入的数据将向相关业务主管部门发送，并等待其审批。

4. 删除

可删除整票分流分拨运抵申报的数据。点击“分流分拨运抵申报”界面上方的“删除”按钮，系统将提示用户是否删除当前数据。删除的数据将不可恢复，需谨慎操作。

小提示

当分流分拨运抵数据只有表头，没有提运单表体；所有提运单状态为暂存、申报失败或海关退单；分流分拨运抵数据删除申请状态为海关接受申报，可进行该项删除操作。否则，系统可能弹出不允许删除的相应提示。

（二）分流分拨运抵删除申请

对于已经向海关申报的分流分拨运抵报告，如果用户已经收到了海关接受申报的回执，表示该分流分拨运抵报告已进入海关系统数据库，此时如需撤销申报数据，可通过此模块申请删除海关系统中对应的分流分拨运抵报告数据。此外，由于海关仅接受原始舱单和预配舱单的变更申请，如果发现此前申报的分流分拨运抵报告数据项有误，也只能通过此功能向海关提交删除申请，申请删除海关系统中对应的分流分拨运抵报告数据，重新申报正确的分流分拨运抵报告。

本模块实现分流分拨运抵报告删除申请的录入、申报功能，提供分流分拨运抵报告删除申请的录入、申报界面，由用户手工录入并申报分流分拨运抵报告删除申请。点击左侧菜单栏"运抵报告"→"分流分拨运抵删除申请"，右侧区域展示录入界面如图 5-35 所示。

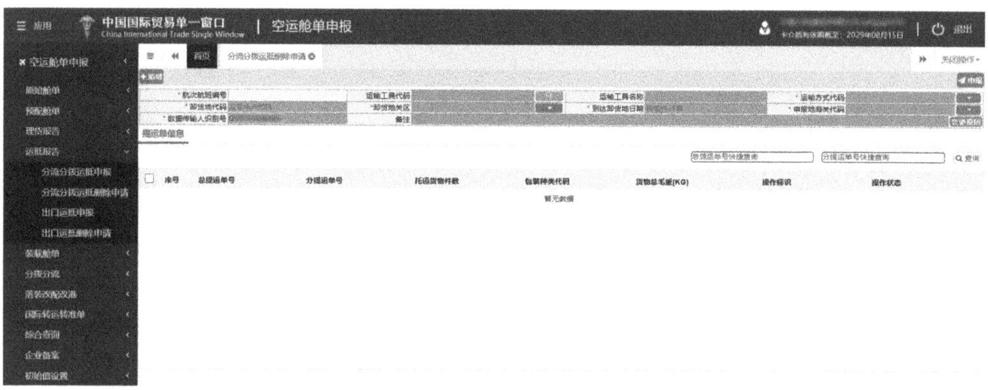

图 5-35　分流分拨运抵删除申请界面

可手工录入各个字段，或输入已录入并保存过的航次航班编号字段后，按回车键，系统将查找并自动返填所有已存在的数据内容。新增、申报等更多详细操作，可参考原始舱单主要数据中的相关描述。

小提示

分流分拨运抵删除申请状态为申报失败、海关退单时，可进行申报、删除申请操作。否则，系统可能给出无符合条件的数据等提示。

（三）出口运抵申报

实现出口运抵报告新增数据的录入、修改、暂存功能，提供出口运抵报告新增数据录入界面，由用户手工录入或修改出口运抵报告新增数据。点击左侧菜单栏“运抵报告”→“出口运抵申报”，右侧区域展示录入界面如图 5-36 所示。

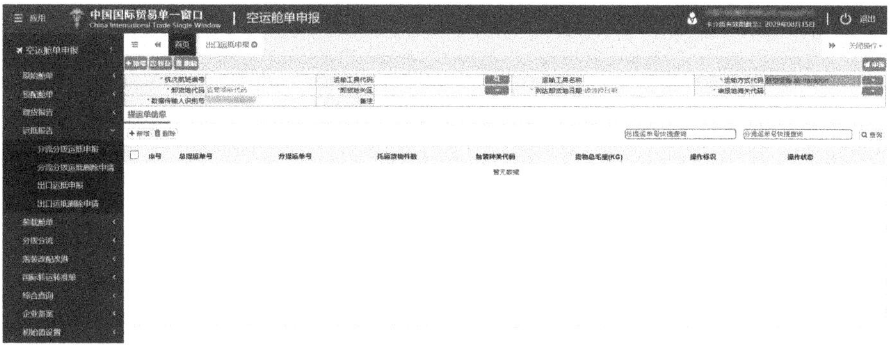

图 5-36　出口运抵申报界面

更多详细操作，可参考原始舱单主要数据或分流分拨运抵申报中的相关描述，此处不再赘述。

（四）出口运抵删除申请

实现空运出口运抵报告删除申请的录入、申报功能，提供空运出口运抵报告删除申请的录入、申报界面，由用户手工录入并申报空运出口运抵报告删除申请。点击左侧菜单栏“运抵报告”→“出口运抵删除申请”，右侧区域展示录入界面如图 5-37 所示。

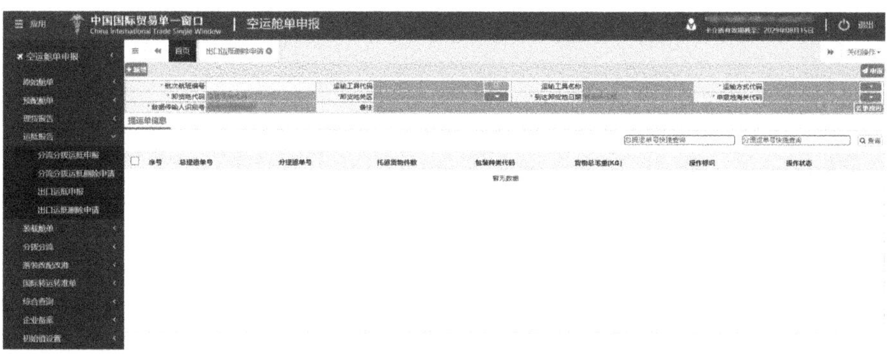

图 5-37　出口运抵删除申请界面

可手工录入各个字段，或输入已录入并保存过的航次航班编号与运输工具代码等字段后，按回车键，系统将查找并自动返填所有已存在的数据内容。新增、申报等更多详细操作，可参考原始舱单主要数据中的相关描述。

小提示

出口运抵删除申请状态为申报失败、海关退单时，可进行申报、删除申请操作。否则，系统可能给出无符合条件的数据等提示。

六、装载舱单

为用户提供运抵报告数据的录入、暂存、修改、删除等功能，左侧菜单栏如图 5-38 所示，可依次点击左侧菜单栏“空运舱单申报”→“装载舱单申报”进行展开。

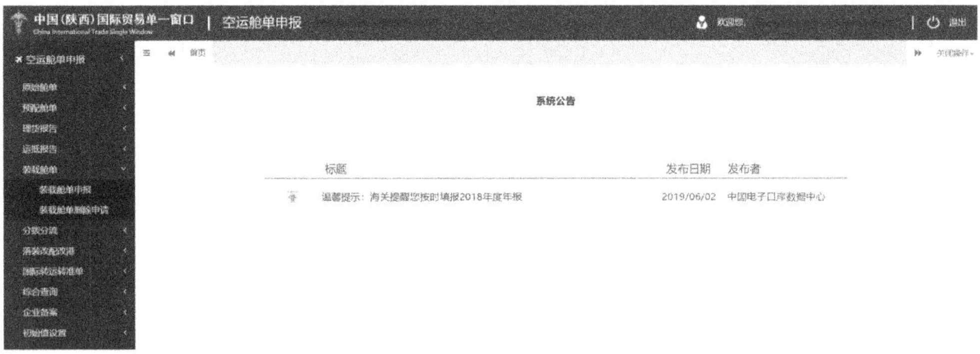

图 5-38　装载舱单主界面

（一）装载舱单申报

点击左侧菜单栏“装载舱单”→“装载舱单申报”，右侧区域展示录入界面如图5-39所示。界面上方为表头部分、下方列表为表体（提运单信息）部分。

图 5-39　装载舱单申报界面

1. 录入与暂存

本节仅对装载舱单的特殊部分进行说明，更多详细操作，可参考原始舱单主要数据中的相关描述。点击界面上方蓝色按钮（如图 5-40 所示）所进行的操作，将影响当前的整票数据。

图 5-40　装载舱单申报表头界面

小提示

“装载舱单申报”界面中，带有红色星号的字段为必填项，否则可能无法继续进行保存或申报等操作。界面中的白色按钮，所影响的数据仅为当前涉及的页签或字段。

（1）表头。

表头信息录入请参考原始舱单表头录入。

（2）表体。

录入表头数据后，点击界面上方“暂存”按钮，才能新增表体数据。在“装载舱单申报”界面中点击中部“新增”按钮，界面弹出“提运单基本信息”界面如图5-41所示。更多关于录入的详细操作，可参考上文相关描述，此处不再赘述。

图 5-41　装载舱单申报——提运单基本信息界面

小提示

提运单表体信息最多可录入 9999 条。

①获取预配舱单数据

录入完表头基本信息并暂存后，可在装载舱单申报界面中点击“获取预配舱单数据”按钮，系统弹出编辑框（如图 5-42 所示），根据实际情况填写调用即可。

图 5-42　装载舱单申报——预配舱单信息界面

②预配直接生成装载

录入完表头基本信息并暂存后，可在装载舱单申报界面中点击“预配直接生成装载”按钮，系统自动查找与当前装载舱单提运单列表中匹配的、可生成的预配舱单数据，并自动执行生成操作。

2. 新增

在“装载舱单申报”界面中点击界面上方“新增”按钮，系统将自动清空当前界面内所有已录入的数据，用户可以重新录入数据。

小提示

如果用户在录入数据的过程中点击了“暂存”按钮，则系统将自动保存当前所录入的数据。即使进行新增操作，也不会丢失数据，可在综合查询中进行查找。

3. 申报

可勾选“装载舱单申报”界面中录入完毕并确认无误的表体数据，通过点击右上方的“申报”按钮进行申报。

小提示

申报即意味着录入的数据将向相关业务主管部门发送，并等待其审批。

4. 删除

可删除整票装载舱单数据。点击“装载舱单申报”界面上方的“删除”按钮，系统将提示用户是否删除当前数据。删除的数据将不可恢复，需谨慎操作。

小提示

当装载舱单数据只有表头，没有提运单表体；所有提运单状态为暂存、申报失败或海关退单；装载数据删除申请状态为海关接受申报时，可进行该项删除操作。否则，系统可能弹出不允许删除的相应提示。

（二）装载舱单删除申请

对于已经向海关申报的装载舱单，如果用户已经收到了海关接受申报的回执，表示该装载舱单已进入海关系统数据库，此时如需撤销申报数据，可通过此模块申请删除海关系统中对应的装载舱单数据。此外，由于海关仅接受原始舱单和预配舱单的变更申请，如果发现此前申报的装载舱单数据项有误，也只能通过此功能向海关提交删除申请，申请删除海关系统中对应的装载舱单数据，重新申报正确的装载舱单。

本模块实现空运装载舱单删除申请的录入、申报功能，提供空运装载舱单删除申请的录入、申报界面，由用户手工录入并申报空运装载舱单删除申请。点击左侧菜单栏“装载舱单”→“装载舱单删除申请”，右侧区域展示录入界面如图 5-43所示。

图 5-43 装载舱单删除申请界面

可手工录入各个字段，或输入已录入并保存过的航次航班编号字段后，按回车键，系统将查找并自动返填所有已存在的数据内容。新增、申报等更多详细操作，可参考原始舱单主要数据中的相关描述。

小提示

装载舱单删除申请状态为申报失败、海关退单时，可进行申报、删除申请操作。否则，系统可能给出无符合条件的数据等提示。

七、分拨分流

为用户提供分拨分流数据的录入、暂存、修改、删除等功能，左侧菜单栏如图 5-44 所示，可依次点击左侧菜单栏“空运舱单申报”→“分拨分流”展开。

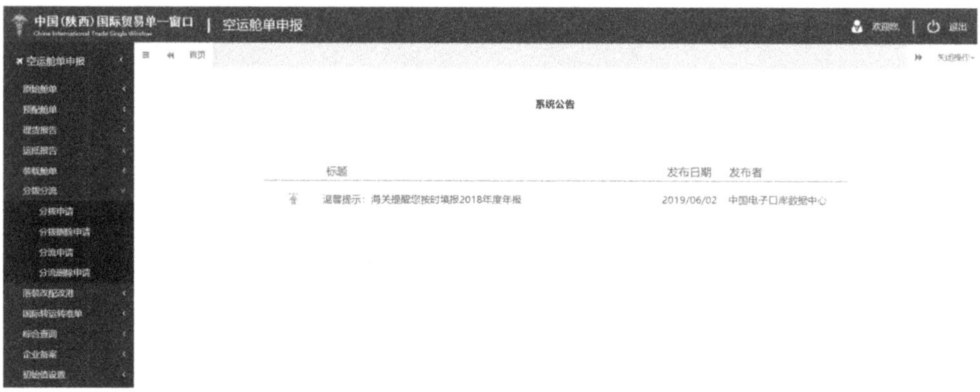

图 5-44　分拨分流主界面

（一）分拨申请

实现分拨申请新增数据的录入、修改、暂存功能，提供分拨申请新增数据录入界面，由用户手工录入或修改分拨申请新增数据。点击左侧菜单栏“分拨分流”→“分拨申请”，右侧区域展示录入界面如图 5-45 所示。界面上方为表头部分、下方列表为表体（提运单信息）部分。

图 5-45　分拨申请界面

1. 录入与暂存

本节仅对分拨分流的特殊部分进行说明，更多详细操作，可参考原始舱单主要数据中的相关描述。点击界面上方蓝色按钮所进行的操作，将影响当前的整票数据。

小提示

分拨申请界面中，带有红色星号的字段为必填项，否则可能无法继续进行保存或申报等操作。界面中的白色按钮，所影响的数据仅为当前涉及的页签或字段。

（1）表头。

表头信息录入请参考原始舱单表头录入。

（2）表体。

录入表头数据后，点击界面上方“暂存”按钮，才能新增表体数据。在分拨申请界面中点击中部“新增”按钮，界面如图 5-46 所示。提运单信息分为基本信息与分拨/分流运输工具信息两部分。更多关于录入的详细操作，可参考上文相关描述，此处不再赘述。

图 5-46　分拨申请——提运单信息界面

小提示

提运单表体最多录入 9999 条。分流/分拨运输工具信息最多录入 99 条。

2. 新增

在“分拨申请”界面中点击上方“新增”按钮，系统将自动清空当前界面内所有已录入的数据，用户可以重新录入数据。

小提示

如果用户在录入数据的过程中点击了“暂存”按钮，则系统将自动保存当前所录入的数据。即使进行新增操作，也不会丢失数据，可在综合查询中查找。

3. 申报

可勾选“分拨申请”界面中录入完毕并确认无误的表体数据，通过点击右上方的“申报”按钮进行申报。

小提示

申报即意味着录入的数据将向相关业务主管部门发送，并等待其审批。

4. 删除

可删除整票分拨申请数据。点击分拨申请界面上方的“删除”按钮，系统将提示用户是否删除当前数据，删除的数据将不可恢复，需谨慎操作。

小提示

当分拨数据只有表头，没有提单表体；所有提单均为可删除状态的分拨申请；分拨数据删除申请状态为海关接受申报时，可进行该项删除操作。否则，系统可能弹出不允许删除的相应提示。

（二）分拨删除申请

对于已经向海关申报的分拨申请，如果用户已经收到了海关接受申报的回执，表示该分拨申请已进入海关系统数据库，此时如需撤销申报数据，可通过此模块申请删除海关系统中对应的分拨申请数据。此外，由于海关仅接受原始舱单和预配舱单的变更申请，如果发现此前申报的分拨申请数据项有误，也只能通过此功能向海关提交删除申请，申请删除海关系统中对应的分拨申请数据，重新申报正确的分拨申请。

本模块实现空运分拨申请删除申请的录入、申报功能，提供空运分拨申请删除申请录入、申报界面，由用户手工录入并申报空运分拨申请删除申请。点击左侧菜单栏“分拨分流”→“分拨删除申请”，右侧区域展示录入界面如图5-47所示。

图 5-47　分拨删除申请界面

可手工录入各个字段，或输入已录入并保存过的航次航班编号、运输工具代码等字段后，按回车键，系统将查找并自动返填所有已存在的数据内容。新增、申报等更多详细操作，可参考原始舱单主要数据中的相关描述。

小提示

分拨删除申请状态为申报失败、海关退单时，可进行申报、删除申请操作。否则，系统可能给出无符合条件的数据等提示。

（三）分流申请

实现分流申请新增数据的录入、修改、暂存功能，提供分拨申请新增数据的录入界面，由用户手工录入或修改分拨申请新增数据。点击左侧菜单栏“分拨分流”→“分流申请”，右侧区域展示录入界面如图 5-48 所示。

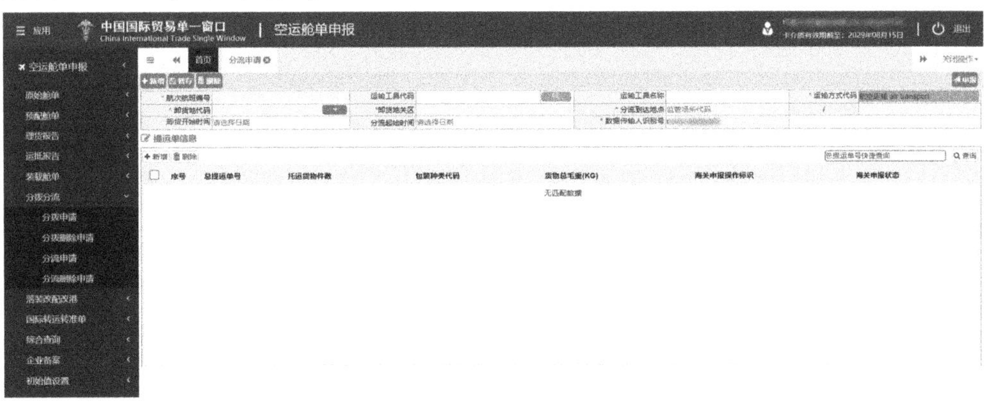

图 5-48　分流申请界面

更多说明，可参考原始舱单主要数据或分拨申请中的相关描述，此处不再赘述。

（四）分流删除申请

对于已经向海关申报的分流申请，如果用户已经收到了海关接受申报的回执，表示该分流申请已进入海关系统数据库，此时如需撤销申报数据，可通过此模块申请删除海关系统中对应的分流申请数据。此外，由于海关仅接受原始舱单和预配舱单的变更申请，如果发现此前申报的分流申请数据项有误，也只能通过此功能向海关提交删除申请，申请删除海关系统中对应的分流申请数据，重新申报正确的分流申请。

本模块实现空运分流删除申请的录入、申报功能，提供空运分流删除申请的录入、申报界面，由用户手工录入并申报空运分流删除申请。点击左侧菜单栏“分拨分流”→“分流删除申请”，右侧区域展示录入界面如图 5-49 所示。

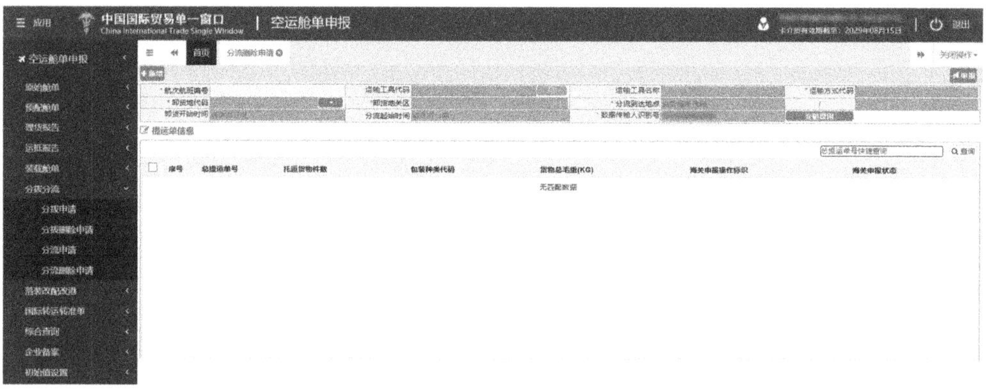

图 5-49　分流删除申请界面

可手工录入各个字段，或输入已录入并保存过的航次航班编号与运输工具代码等字段后，按回车键，系统将查找并自动返填所有已存在的数据内容。新增、申报等更多详细操作，可参考原始舱单主要数据中的相关描述。

小提示

分流删除申请状态为申报失败、海关退单时，可进行申报、删除申请操作。否则，系统可能给出无符合条件的数据等提示。

八、落装改配改港

为用户提供改配改港数据的录入、暂存、修改、删除等功能，左侧菜单栏如图 5-50 所示，可依次点击左侧菜单栏“空运舱单申报”→“落装改配改港”展开。

图 5-50　落装改配改港主界面

（一）出口直接改配申请

实现出口直接改配申请新增数据的录入、修改、暂存功能，提供新增数据的录入界面，由用户手工录入或修改数据。点击左侧菜单栏“落装改配改港”→“出口直接改配申请”，右侧区域展示录入界面（如图 5-51 所示）。界面上方为表头部分、下方列表为表体（提运单信息）部分。

图 5-51　出口直接改配申请界面

1. 录入与暂存

本节仅对出口直接改配申请的特殊部分进行说明，更多详细操作，可参考原始舱单主要数据中的相关描述。点击界面上方蓝色按钮所进行的操作，将影响当前的整票数据。

小提示

“出口直接改配申请”界面中，带有红色星号的字段为必填项，否则可能无法继续进行保存或申报等操作。界面中的白色按钮，所影响的数据仅为当前涉及的页签或字段。

（1）表头。

相关操作请参考原始舱单，此处不再赘述。

（2）表体。

录入表头数据后，点击界面上方的“暂存”按钮，才能新增表体数据。在“出口直接改配申请”界面中点击中部“新增”按钮，界面如图5-52所示，如实录入信息，点击“保存”按钮即可。

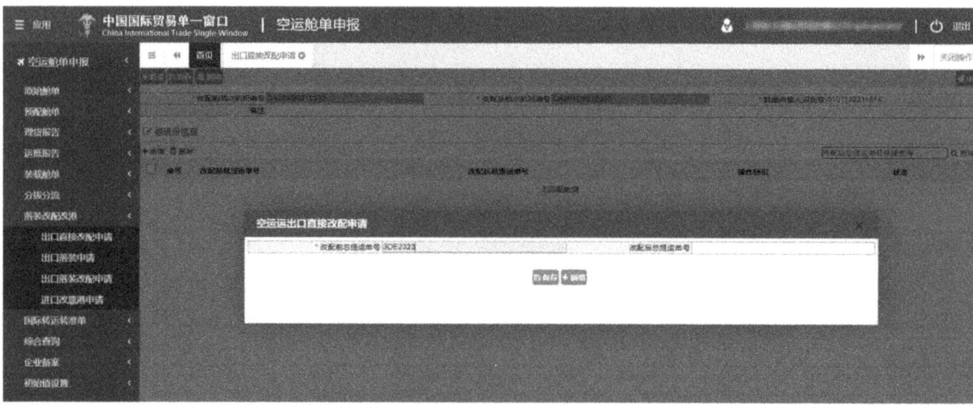

图 5-52　出口直接改配申请——空运出口直接改配申请界面

2. 新增

在“出口直接改配申请”界面中点击上方“新增”蓝色按钮，系统将自动清空当前界面内所有已录入的数据，用户可以重新录入数据。

小提示

如果用户在录入数据的过程中点击了“暂存”按钮，则系统将自动保存当前所录入的数据。即使进行新增操作，也不会丢失数据，可在综合查询中查找。

3. 申报

可勾选“出口直接改配申请”界面中录入完毕并确认无误的表体数据，通过点击右上方的“申报”按钮进行申报。

小提示

申报即意味着录入的数据将向相关业务主管部门发送，并等待其审批。

4. 删除

可删除整票出口直接改配申请的数据。点击“出口直接改配申请”界面上方的“删除”按钮，系统将提示用户是否删除当前数据。删除的数据将不可恢复，需谨慎操作。

小提示

当出口直接改配申请数据只有表头，没有提单表体；所有提单均为暂存、可删除等状态时，可进行该项删除操作。否则，系统可能弹出不允许删除的相应提示。

（二）出口落装申请

实现出口落装申请的录入、申报功能，提供出口落装申请的录入、申报界面，由用户手工录入并申报申请数据。点击左侧菜单栏“落装改配改港”→“出口落装申请”，右侧区域展示录入界面如图 5-53 所示。

图 5-53　出口落装申请界面

可手工录入各个字段，或输入已录入并保存过的航次航班编号与运输工具代码等字段后，按回车键，系统将查找并自动返填所有已存在的数据内容。新增、申报等更多详细操作，可参考原始舱单主要数据中的相关描述。

小提示

出口落装申请状态为申报失败、海关退单时，可进行申报、删除申请操作。否则，系统可能给出无符合条件的数据等提示。

（三）出口落装改配申请

实现出口落装改配申请数据的录入、修改、暂存功能，提供分拨申请新增数据的录入界面，由用户手工录入或修改数据。点击左侧菜单栏“落装改配改港”→“出口落装改配申请”，右侧区域展示录入界面如图 5-54 所示。

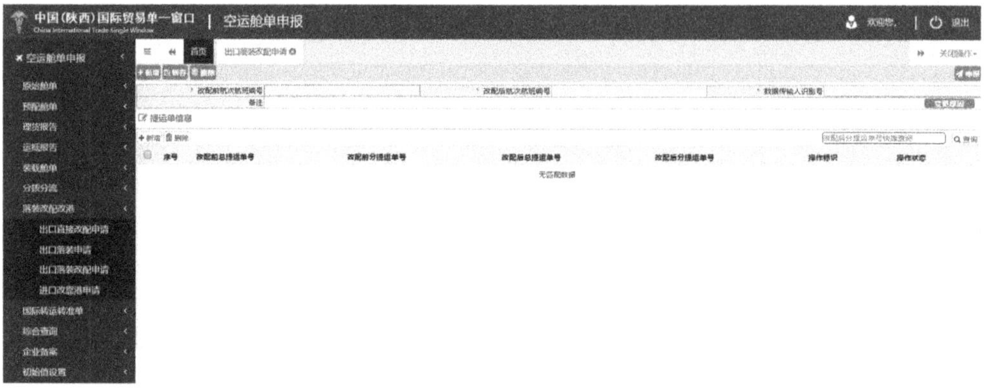

图 5-54　出口落装改配申请界面

录入表头数据后，点击界面上方"暂存"按钮，才能新增表体数据。在出口落装改配申请界面中点击中部"新增"按钮，界面包括基本信息与商品项信息两部分，以切换页签的方式在界面中显示。如实填写相关信息，点击"保存"按钮即可。更多操作说明，可参考原始舱单主要数据或出口直接改配申请中的相关描述。

（四）进口改靠港申请

实现进口改靠港申请的录入、申报功能，提供进口改靠港申请的录入、申报界面，由用户手工录入并申报相关数据。点击左侧菜单栏"落装改配改港"→"进口改靠港申请"，右侧区域展示录入界面如图 5-55 所示。

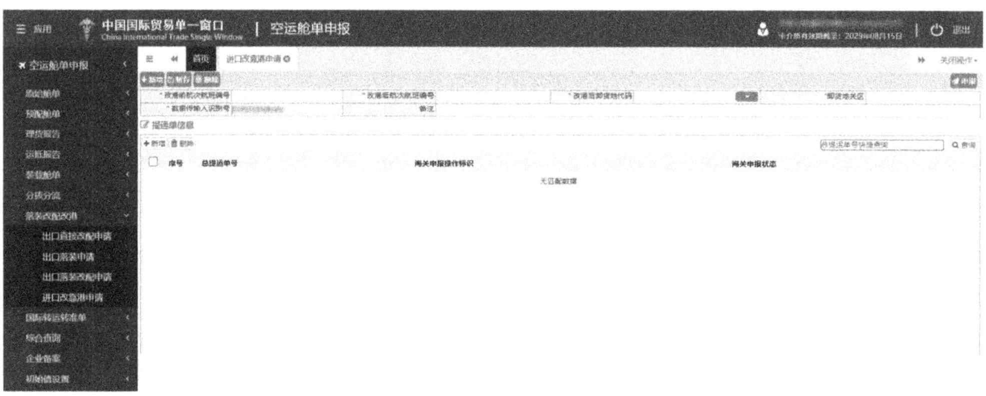

图 5-55　进口改靠港申请界面

可手工录入各个字段，或输入已录入并保存过的航次航班编号字段后，按回车键，系统将查找并自动返填所有已存在的数据内容。更多详细操作，可参考原始舱单主要数据或出口直接改配申请中的相关描述。

九、国际转运准单

实现国际转运准单数据的录入、暂存、删除等功能，提供国际转运准单新增数据的录入界面，由用户手工录入或修改数据。可依次点击左侧菜单栏“空运舱单申报”→“国际转运准单”→“国际转运准单”展开，输入进境航次航班编号后，点击空白处，便可加载出该条件下的国际转运准单（如图 5-56 所示）。

图 5-56　国际转运准单界面

若要新增国际转运准单，需要填写完表头数据后，点击“新增”按钮，便可出现“国际转运准单信息”界面（如图 5-57 所示）。其界面分为进境提运单信息、出境提运单信息与集装箱更换信息（其按钮在底部显示）三部分，其中集装箱更换信息为非必填部分，可根据实际业务选择填写。

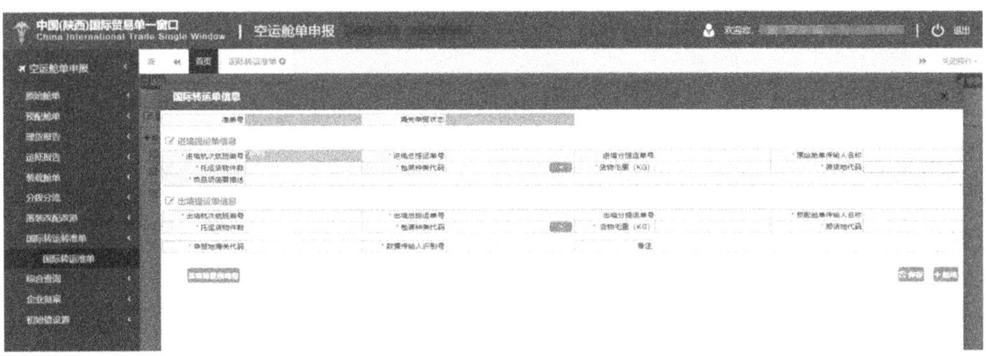

图 5-57　国际转运准单——国际转运准单信息界面

本节仅对国际转运准单的特殊部分进行说明，更多详细操作，可参考原始舱单主要数据中的相关描述。

小提示

“国际转运准单信息”界面中，带有红色星号的字段为必填项，否则可能无法继续进行保存或申报等操作。界面中出现的白色按钮，所影响的数据仅为当前涉及的页签或字段。

在“国际转运准单信息”界面中，顶部的“准单号”“海关申报状态”不允许手工录入，待用户进行申报等操作后，由系统自动返填。录入进、出境提运单信息，并点击界面上方“暂存”按钮保存成功后，才能新增集装箱更换信息数据。

在“国际转运准单信息”界面底部点击“集装箱更换信息”按钮，界面如图5-58所示。更多关于录入的详细操作，可参考上文相关描述，此处不再赘述。

图 5-58　国际转运准单—集装箱更换信息界面

十、综合查询

（一）单证查询

提供空运舱单申报系统所有单证的状态和回执查询功能。用户登录海空运舱单申报系统，进入综合查询页面，输入查询条件并执行查询，系统以列表方式展现符合条件的记录及其状态，用户可进一步查看其中每条记录的详细信息和回执信息。点击左侧菜单栏“综合查询”→“单证查询”，右侧显示界面如图 5-59 所示。

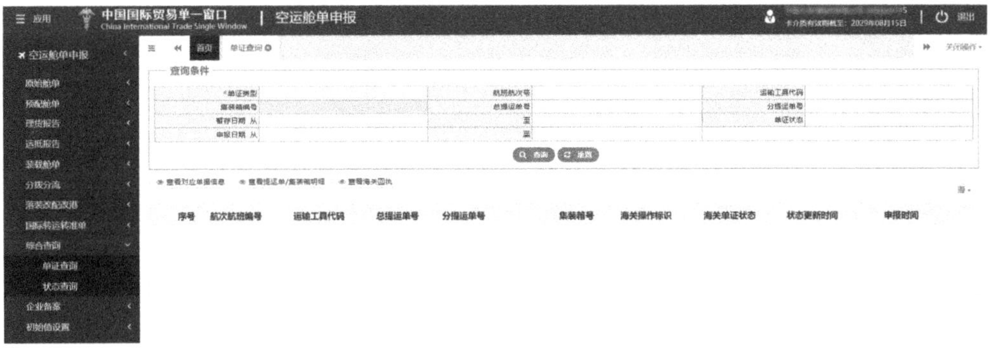

图 5-59　单证查询界面

单证类型为必填项。航班航次号、暂存日期和申报日期至少要指定其中一个条件。否则，点击“查询”按钮时，系统会提示“航次航班编号、暂存日期和申报日期请至少填写一个”。若填写了分提运单号，则总提运单号必填。否则，系统会提示“查询分提运单时，必须填写总提运单号”。申报日期为时间段，不能超过 30 天。否则，系统会提示“申报日期时间段不能超过 30 天”。总提运单号和集装箱号不能同时作为查询条件，否则，系统会提示“不允许同时按照提运单号和集装箱编号查询”。点击“重置”按钮将清空查询条件，重新填写后查询。输入相应查询条件，点击“查询”按钮，查询结果显示在下方列表中（如图 5-60 所示）。

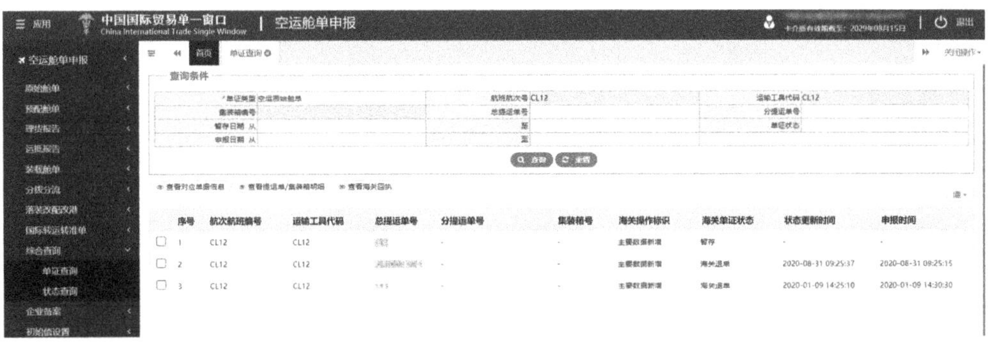

图 5-60　单证查询结果列表界面

在“单证查询结果列表”界面中勾选任意记录，可点击界面中“查看对应单据信息”“查看提运单/集装箱明细”或“查看海关回执”等按钮，系统自动跳转至相应的详细信息界面。

（二）状态查询

状态查询与单证查询不一样的就是状态查询没有查询条件下方的按钮，无法查看每个提运单的具体信息。但是状态查询可以查询其他公司提单的状态，具体查询操作和单证查询相同。状态查询界面如图 5-61 所示。

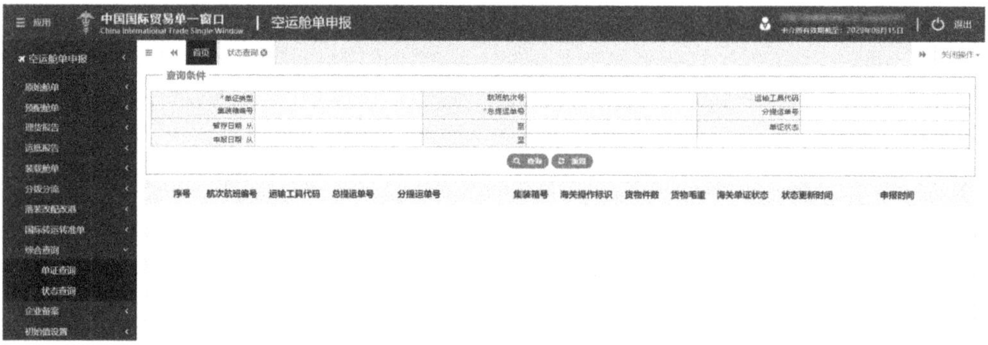

图 5-61　状态查询界面

十一、初始值设置

由于界面需录入的字段较多，而且每个用户录入的提运单中大部分信息都相同，系统故而设计此功能，用户可以根据本公司业务录入多个模板，在原始舱单主要数据和预配舱单主要数据界面录入提运单时，勾选界面的获取默认数据提运单，便可加载出默认数据。

（一）原始舱单初始值设置

点击左侧菜单栏“初始值设置”→“原始舱单初始值设置”，右侧展开的界面显示如图 5-62 所示。

图 5-62　原始舱单初始值设置界面

1. 查询

查询条件为“模板名称”。若输入该用户设置的模板名称，点击“查询”按钮，下方的查询列表便会显示出查询信息，点击该信息的模板名称，便可查看具体的模板信息。

2. 重置

“重置”按钮的功能是清除模板名称输入框中的内容。

3. 新增

点击“新增”按钮，系统会弹出“初始值配置”界面，如图 5-63 所示。

图 5-63　原始舱单初始值设置——初始值配置界面

4. 查看

勾选出查询的数据，点击“查询”按钮，便可查看该条模板的具体配置信息。

5. 删除

勾选需要删除的数据，点击“删除”按钮，在弹出的提示框中点“确认”按钮，便可删除该条数据。

6. 初始值配置

“初始值配置”界面的各个联系方式需在点击“保存”按钮后，才可点击进入页面进行操作，具体操作和原始舱单类似，此处不再赘述。

（二）预配舱单初始值设置

点击左侧菜单栏“初始值设置”→“预配舱单初始值设置”，右侧展开的界面如图5-64所示。操作使用和原始舱单初始值设置相同。

图 5-64　预配舱单初始值设置界面

预配舱单初始值设置中“初始值配置”新增界面与“原始舱单初始值设置——初始值配置”界面有部分字段不同，具体的界面如图 5-65 所示。

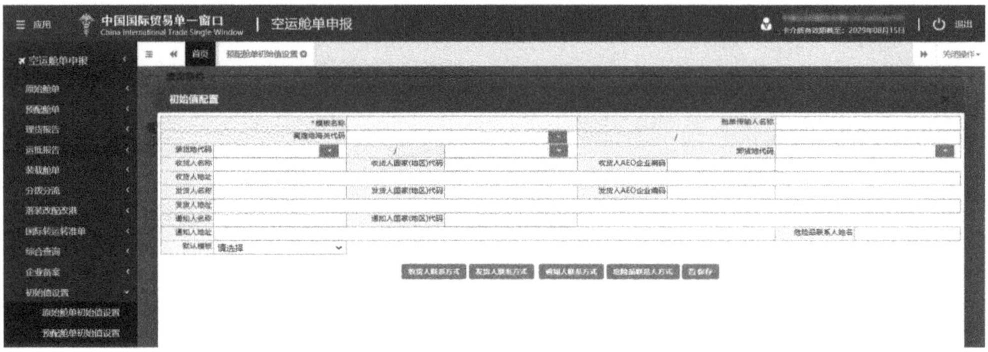

图 5-65　预配舱单初始值设置——初始值配置界面

第三节　常见问题

问题 1　找不到原始舱单中的港口代码，怎么办？

答　找不到港口代码，可以自己输入国际标准版港口代码。空运舱单申报系统的港口代码输入框支持输入和选择两种操作。

问题 2　若收到“11106 提（运）单号重复，海关审核不通过”退单回执，该如何继续其他业务的操作？

答　这样的回执内容证明此条提运单在海关库里状态为接收申报，可以继续进行其他业务操作。

问题 3　国际贸易“单一窗口”空运舱单申报系统提运单状态为“待人工审核”，与海关系统中查询的状态不同，为什么会出现这样的问题？

答　有时海关人工审核未给回执，所以国际贸易“单一窗口”空运舱单申报系统内状态未改。若原始舱单和预配舱单在海关系统中查询的状态为“海关退单”，可以直接在国际贸易“单一窗口”空运舱单申报系统界面点击“状态解锁”，该提单状态会变为“海关退单”；若其他业务需修改状态或原始舱单、预配舱单需修改为“接收申报”，请联系客服。

问题 4　空运舱单中的变更申请，改不了卸货地代码和关区，应如何处理？

答　目前原始舱单海关在接受申报后，海关不允许直接变更卸货地代码，所以国际贸易“单一窗口”中这两个字段不支持变更。如填写错误，请企业发送删除申请，待海关接收删除申请申报后重新申报原始舱单。

问题5　使用国际贸易“单一窗口”空运舱单申报系统需用卡介质登录吗？

答　不需要。

问题6　在国际贸易“单一窗口”空运舱单申报系统中提交出口直接改配申请，海关已经审批，并且海关系统查询到的报关单和舱单都是新的船名航次提单号，但是在“单一窗口”空运舱单申报系统查不到新船名航次下的舱单信息，是什么原因？

答　国际贸易“单一窗口”中录入改配申请后，暂时无法和新的预配舱单数据关联，改配成功后，不会自动更新预配舱单，但不影响运抵装载等后续业务。

问题7　运抵报告当前单证状态是海关退单，企业想要提交出口运抵删除申请，勾选框是灰色的无法勾选，是什么原因？

答　该票单据操作标识为新增，且海关状态为海关退单，不可以进行运抵删除申请。若需更改运抵报告内容，请企业在出口运抵申报里进行修改操作。

问题8　企业备案已收到了备案成功回执，但是申报舱单数据后仍然收到海关退单回执，系统提示“舱单传输人未备案”，怎么处理？

答　到海关现场咨询本企业备案信息中适用的关区范围和报文类型范围，并核对已提交电子数据的单证类型和主管海关是否在此范围内。

问题9　企业在国际贸易“单一窗口”申报空运预配舱单，海关端已经放行，但是国际贸易“单一窗口”查询未放行，导致装载舱单也不能申报，怎么处理？

答　首先确认一下报关单是否已经放行。若报关单已放行，可手动录入装载舱单。

第六章　公路舱单申报系统

第一节　业务简介

国际贸易“单一窗口”公路舱单申报系统为企业提供公路口岸进出境过程中各种单证的录入申报功能，所涉及单证按业务流程分为进口和出口两大类，进口包括原始舱单、理货报告、进境承运确报等单证的录入申报；出口包括预配舱单、运抵报告、出境承运确报、理货报告、落装申请、落装改配等单证的录入申报。通过公路舱单申报系统，企业可录入并向海关申报上述舱单及相关单证的电子数据，系统按照符合统一的标准规范对申报数据进行逻辑处理后发送给海关。海关对企业申报的数据进行处理后，将处理回执反馈至公路舱单申报系统，企业可查看历史申报数据和相应的海关回执。

一、企业备案

根据《舱单管理办法》要求，对于未在海关办理过企业备案手续的企业，公路舱单申报系统提供备案电子信息的录入和申报功能，企业可以在线录入备案信息并提交给海关，再根据海关对企业备案的相关要求到经营业务所在地直属海关或者经其授权的隶属海关办理备案，避免现场录入数据耗费时间和信息准备不充分等意外情况。

二、原始舱单

原始舱单，是指舱单传输人向海关传输的反映进境运输工具装载货物、物品或者乘载旅客信息的舱单。

根据《舱单管理办法》第九条要求，公路车辆应当在抵达境内第一目的站的1小时前，向海关传输原始舱单主要数据；应当在进境货物、物品运抵目的港前向海关传输原始舱单其他数据。考虑到公路运输时效性要求高的实际情况，海关支持将主要数据和其他数据合并传输。

原始舱单应以提（运）单为单位向海关传输。

三、预配舱单

预配舱单，是指反映出境运输工具预计装载货物、物品或者乘载旅客信息的舱单。

根据《舱单管理办法》第二十一条要求，出境运输工具预计载有货物、物品的，应当在办理货物、物品申报手续前向海关传输预配舱单主要数据；公路车辆应当在开始装载货物、物品的1小时前向海关传输预配舱单其他数据。考虑到公路运输时效性要求高的实际情况，海关支持将主要数据和其他数据合并传输。

预配舱单应以提（运）单为单位向海关传输。

四、理货报告

理货报告，是指海关监管作业类、旅客通关类、邮件类场所经营人或者理货部门对进出境运输工具所载货物、物品的实际装卸情况予以核对、确认的记录。

根据《舱单管理办法》第十三条要求，理货部门或者海关监管作业类、旅客通关类、邮件类场所经营人应当在进境运输工具卸载货物、物品完毕后的6小时内以电子数据方式向海关提交理货报告；第二十八条要求，出境运输工具驶离装货港的6小时内，海关监管作业场所经营人或者理货部门应当以电子数据方式向海关提交理货报告。

海关在理货报告后，将原始舱单/装载舱单与理货报告进行核对，对二者不相符的，以电子数据方式通知运输工具负责人。运输工具负责人可通过公路舱单申报系统查询到理货异常情况，并在装卸货物、物品完毕后的48小时内向海关报告不相符的原因。

理货报告应以提（运）单或集装箱为单位向海关传输。

五、运抵报告

运抵报告，是指进出境货物运抵海关监管作业场所时，海关监管作业场所经营人向海关提交的反映货物实际到货情况的记录，以及进出境物品运抵旅客通关类、邮件类场所时，相关场所经营人向海关提交的反映物品实际到货情况的记录。

根据《舱单管理办法》第十七条要求，货物、物品需要疏港分流的，在疏港分流完毕后，相关场所经营人应当以电子数据方式向海关提交疏港分流货物、物品运抵报告；第二十二条要求，出境货物、物品运抵海关监管作业类、旅客通关类、邮件类场所时，相关场所经营人应当以电子数据方式向海关提交运抵报告。

运抵报告应以提（运）单货集装箱为单位向海关传输。

六、装载舱单

装载舱单，是指反映出境运输工具实际配载货物、物品或者载有旅客信息的舱单。

根据《舱单管理办法》第二十三条要求，舱单传输人应当在运输工具开始装载货物、物品的30分钟前向海关传输装载舱单电子数据。装载舱单中所列货物、物品海关应当已经放行。

装载舱单应以提（运）单为单位向海关传输。

七、进出境承运确报

公路运输工具进出境承运确报（以下简称“车辆进出境确报”），分为载货运输工具进境承运确报（以下简称“载货车辆进境确报”）、载货运输工具出境承运确报（以下简称“载货车辆出境确报”）、空载运输工具进境承运确报（以下简称“空载车辆进境确报”）、空载运输工具出境承运确报（以下简称“空载车辆出境确报”）、空集装箱运输工具进境承运确报（以下简称“空箱车辆进境确报”）、空集装箱运输工具出境承运确报（以下简称“空箱车辆出境确报”）。

车辆进出境确报，既反映了公路车辆进出境的动态信息，又体现了承运车辆与进出境货物的绑定关系。

综上，公路舱单申报系统涵盖了上述所有单证的录入、申报、查询功能。除此之外，对于公路舱单业务链条中的落装、改配业务，公路舱单申报系统也有相应的业务模块为用户提供相应的电子数据申报服务。

除此以外，公路舱单系统还为用户提供了如下几项拓展服务。

八、手机应用

为满足来往港澳空载车辆、空箱车辆快速通关的需求，对空载车辆进出境确报和空箱车辆进出境确报，除在国际贸易“单一窗口”提供基础的网页版功能之外，电子口岸还提供了移动申报方式，使企业及其车辆驾驶员可以随时随地向海关发送车辆确报信息，从而快速通关。但使用移动申报业务之前，需要先在国际贸易“单一窗口”公路舱单申报系统对移动用户进行授权。本功能模块即提供该项授权服务。

企业可以通过手机应用模块对移动申报用户进行授权管理，进行手机应用设置、人工确认申报和已确认数据查询等操作。

九、业务统计

为方便公路进出境运输承运企业及时掌握本企业的业务状态和业务趋势，公路舱单申报系统提供了业务统计功能，该功能实现了对某个时间段内本企业相关单证状态的统计，分为舱单数量统计（提单数）、确报数量统计、指定车辆确报统计。

第二节　基本操作

进入系统

在国际贸易“单一窗口”成功注册企业用户后，输入用户名与密码登录系统，即可在“标准版应用”界面的“舱单申报”栏目中，通过点击“公路”链接进入公路舱单申报系统。

一、原始舱单

实现进境原始舱单的新增、修改、申报、删除、变更等功能，主要内容包括申报企业基本信息、进口货物信息，如提运单信息、商品项信息、集装箱信息等。企业可按照海关监管要求，自行录入、申报各项业务数据，海关收到原始舱单信息后进行审核，审核后将审核结果发送到公路舱单申报系统，企业可通过公路舱单申报系统查询审核结果。

（一）录入

登录公路舱单申报系统，点击左侧菜单栏“原始舱单”→“原始舱单”（如图6-1、图 6-2 所示），界面分为表头和表体（提运单信息、商品项信息、集装箱信息）。

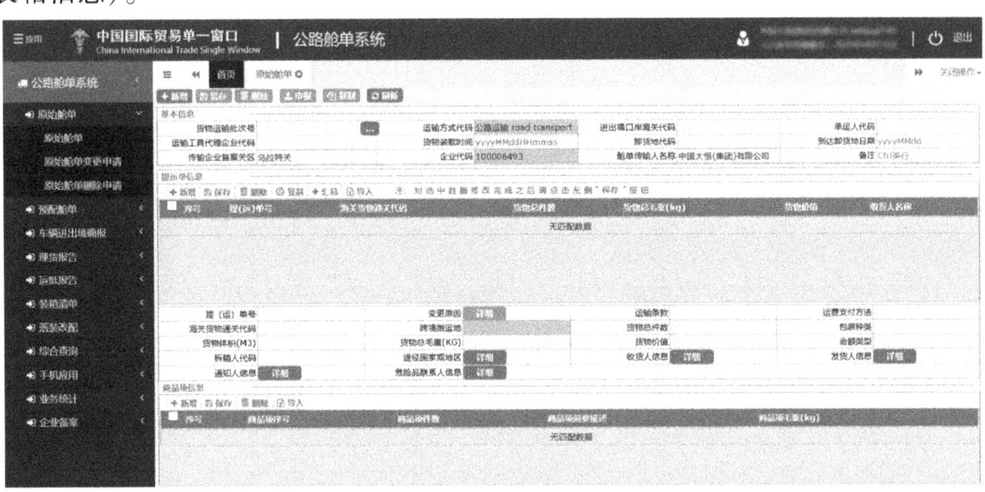

图 6-1　原始舱单界面（一）

图 6-2　原始舱单界面（二）

小提示

红色星号或浅黄底色的字段为必填项。灰色字段为系统返填项，不允许录入。白色字段为选填项，根据实际需要填写。

1. 表头

（1）界面各录入字段中，带黄色输入框的字段为必填项，置灰输入框的字段为系统返填项或不可修改项（注：此规则适用于所有业务，且各字段输入框颜色标识会随着数据状态的不同而变化）。

（2）暂存前，表头必填项信息必须填写，否则不可暂存。

（3）货物运输批次号，可点击“系统分配”按钮，系统自动返填。

（4）系统根据企业备案信息自动返填该企业的“传输企业备案关区”“企业代码”“舱单传输人名称”。

（5）表头信息录入完成后，点击“暂存”按钮，系统保存表头数据，然后可以依次录入表体信息，表头信息不暂存时，表体信息仍可录入。

2. 表体提运单信息

原始舱单中商品项信息和集装箱挂靠在当前提运单下，包括新增、删除、修改、复制和汇总功能。

（1）新增。

提运单表体录入信息后，点击“原始舱单”界面中提运单信息下的“新增”白色按钮，提运单列表中将新增提运单信息。

①录入提运单信息时，应该先录入信息再点击“新增”按钮，直接点击“新增”按钮则提示“提运单号不能为空”，如图 6-3 所示。

图
6-
3

提
运
单
号
提
示
界
面

②点击提运单表体中的“详细”按钮进入相关表体后，需先录入信息后点击“新增”按钮或录入完最后一项后点击回车键增加表体信息，直接点击“新增”按钮则提示填写相应的必填项，如危险品联系人信息，如图6-4所示。

图
6-
4

危
险
品
联
系
人
提
示
界
面

（2）删除。

在“原始舱单”界面提运单信息列表中选择一条提运单信息，点击“删除”白色按钮，在跳出的提示框中再点击“确定”按钮，将删除本条表体数据。如未选择则出现图 6-5 所示的提示。

图 6-5 请勾选需删除的数据提示界面

（3）修改。

在“原始舱单”界面提运单列表中选中某条提运单，当前提运单信息会显示在输入框中，可直接在输入框中修改，修改完成后点击“新增”或“保存”按钮，则成功修改当前提运单信息。

（4）复制。

在“原始舱单”界面中点击提运单信息下方的“复制”白色按钮，系统将复制当前界面已录入提运单的数据，同时新复制的提运单号为空。

（5）汇总。

在“原始舱单”界面中点击提运单信息下方的“汇总”白色按钮，系统自动计算当前所有提运单的货物总件数和货物总毛重，如图 6-6 所示。

图6-6　提运单汇总计算界面

3. 表体商品项信息

在“原始舱单”界面提运单列表中选择一条提运单后可以进行新增或删除商品项信息操作。

（1）新增。

在商品项表体中录入相关信息后，点击商品项信息下方的“新增”按钮或输入完成最后一个数据项后点击回车键，则增加一条商品项信息。每增加一条商品项信息，商品项序号自动递增匹配。

（2）保存。

在商品项表体中录入相关信息后，点击商品项信息下方的“保存”按钮或输入完成最后一个数据项后点击回车键，则增加一条商品项信息。每增加一条商品项信息，商品项序号自动递增匹配。

（3）删除。

在商品项表体列表中选择一条商品项信息后，点击商品项信息下方的“删除”按钮，则删除当前商品项信息。未选择商品项信息直接点击“删除”按钮则出现“请勾选需删除的数据”提示。

4. 表体集装箱

在“原始舱单”界面提运单列表中选择一条提运单后可以进行新增或删除集装箱信息操作。

（1）新增。

在集装箱表体中录入相关信息后，点击“新增”按钮或输入完成最后一个数据项后点击回车键，则增加一条集装箱信息。

（2）保存。

在集装箱表体中录入相关信息后，点击“保存”按钮或输入完成最后一个数据项后点击回车键，则增加一条集装箱信息。

（3）删除。

在集装箱表体列表中选择一条集装箱信息后，点击“删除”按钮，则删除当前集装箱信息，未选择集装箱信息直接点击“删除”按钮则出现“请勾选需删除的数据”提示。

小提示

当添加集装箱信息时，需要先选择一条提运单。如果未选择提运单直接点击集装箱部分的“新增”按钮则出现“提（运）单号不可为空”的提示。

（二）新增

点击“原始舱单”界面上方的“新增”蓝色按钮，页面初始化。

（三）暂存

点击“暂存”按钮，可对当前录入的内容进行保存，系统弹出提示框提示暂存成功。注意，需要保存表体数据的时候，除了点击表体的“保存”按钮之外，还需要点击表头的“暂存”按钮。

（四）删除

可删除整票原始舱单数据。点击“原始舱单”界面上方的“删除”蓝色按钮，系统将提示用户是否删除当前数据。删除的数据将不可恢复，需谨慎操作。

小提示

当原始舱单暂存成功后，“删除”和“申报”按钮方可激活，点击操作。

（五）申报

原始舱单数据录入完毕，可点击右上方的“申报”按钮进行申报。

小提示

申报即意味着录入的数据将向相关业务主管部门发送，并等待其审批。

申报时，必须至少选择一条提运单，才能申报成功。

申报时，表头和表体中的必填项必须录入相关数据，才能申报成功。

（六）复制

录入一条数据暂存或者申报成功之后，可点击“原始舱单”界面上方的“复制”蓝色按钮，复制该条数据并清空货物运输批次号，重新录入一个新的货物运输批次号，可修改页面数据。修改完成后，点击“原始舱单”界面上方的“蓝色”按钮，保存该条原始舱单数据。

（七）变更申请

企业对已经申报的原始舱单进行变更申请，如果没有录入过原始舱单数据，可以直接通过变更申请进行申报。完成申报后向海关发送申报信息。海关收到原始舱单变更申请信息后，由关员进行审核，审核后将审核结果发送到公路舱单申报系统。企业可通过公路舱单申报系统查询审核结果，原始舱单变更申请包括录入、申报功能。

1. 表头

点击左侧菜单栏“原始舱单”→“原始舱单变更申请”，右侧区域展示录入界面，如图 6-7 所示。界面分为表头和表体（提运单信息、商品项信息、集装箱信息）。

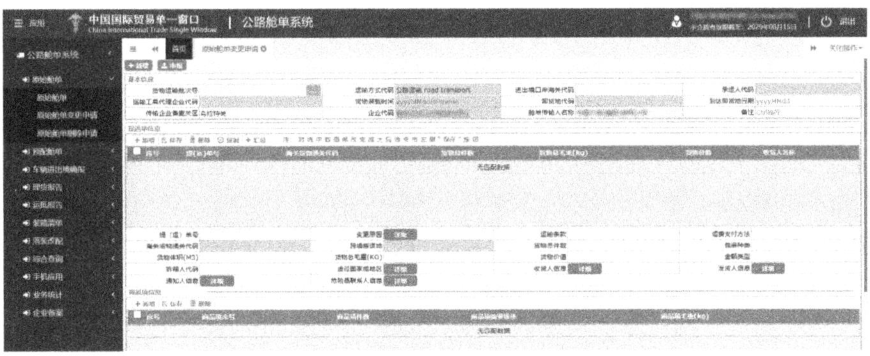

图 6-7　原始舱单变更申请界面

点击界面上方的蓝色按钮所进行的操作，将影响当前的整票数据。

2. 表体

（1）参照“原始舱单”界面录入规则，录入原始舱单变更页面数据完毕，选中需要申报的提运单数据，点击表体中的“变更原因”按钮，进入变更原因录入页面。

（2）选中变更原因，点击“变更原因信息”界面（如图 6-8 所示）中的“保存”按钮，此时，观察变更原因描述、变更申请联系人姓名、变更申请联系人电话录入框底纹颜色，如果为黄色底纹，则该三个录入框必须录入正确内容；如果为白色底纹，则可录入内容或者不录入任何内容。

图6-8 变更原因信息界面

（3）点击“关闭”按钮，关闭变更原因页面。

（4）点击提运单信息表体下方的“保存”按钮，将保存信息。

小提示

变更原因描述等三个录入框为白色底纹时如果选择录入，则三个录入框必须都要填写完整。

“原始舱单变更申请”界面中，带有黄色输入框的字段为必填项，否则可能无法继续进行申报操作。

①新增

原始舱单变更申请新增数据操作请参考原始舱单数据的新增操作说明。点击“原始舱单变更申请”界面表头的蓝色“新增”按钮，可进行相关操作。

②申报

原始舱单可以通过录入货物运输批次号返填已经申报过的原始舱单数据，如果页面未返填数据，也可以通过手动录入数据进行申报。

A. 在“原始舱单变更申请”界面中手动录入原始舱单变更数据，选中需要进行变更操作的提运单表体，具体填写规则详见原始舱单变更表体数据的录入规则，点击表头的“申报”按钮，进行申报操作。

B. 对于已经申报过的原始舱单，通过在“原始舱单变更申请”界面表头输入货物运输批次号，点击回车键返填已申报的原始舱单数据，更改部分舱单数据后，进行提运单表体变更原因录入，具体步骤可参考表体录入。点击右上方的“申报”按钮进行申报。

小提示

1. 原始舱单变更申请必须要填写变更原因，如果未填写就直接申报数据，系统会弹出“申报失败，变更原因不能为空”的提示。

2. 原始舱单变更申请中，集装箱信息是不可新增和修改的，集装箱表体置灰显示，如图 6-9 所示。

图 6-9 集装箱信息界面

（八）删除申请

企业对已经申报的原始舱单进行删除申请，如果没有录入过原始舱单数据，可以直接通过删除申请进行申报。完成申报后向海关发送申报信息。海关收到原始舱单删除申请的信息后，由关员进行审核，审核后将审核结果发送到公路舱单申报系统。企业可通过公路舱单申报系统查询审核结果，原始舱单删除申请包括录入、申报功能。

1. 表头

点击左侧菜单栏“原始舱单”→“原始舱单删除申请”，右侧区域展示录入界面如图 6-10 所示。界面分为表头和表体（提运单信息、商品项信息、集装箱信息）。

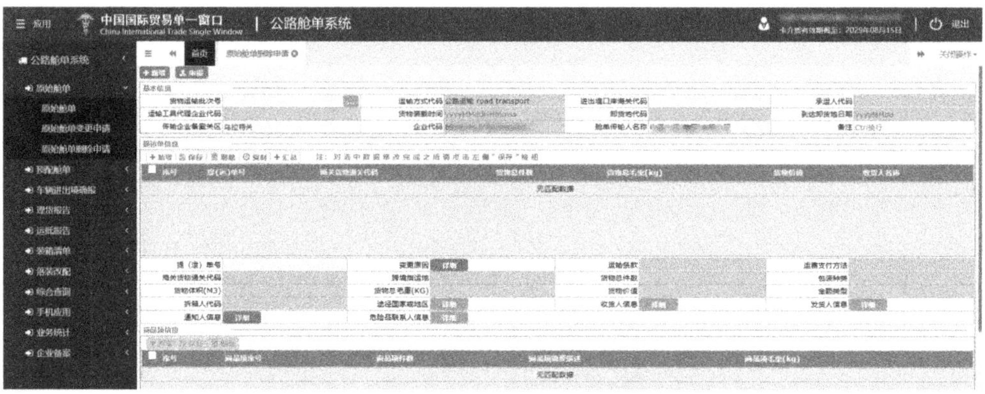

图 6-10　原始舱单删除申请界面

点击界面上方的蓝色按钮所进行的操作，将影响当前的整票数据。

小提示

“原始舱单删除申请”界面中，带有黄色输入框的字段为必填项，否则可能无法继续进行申报操作。

2. 表体

原始舱单删除申请只能新增和修改提运单号，集装箱和商品项信息表体皆置灰显示，不能做任何操作，如图 6-11 所示。提运单表体的录入规则同原始舱单变更申请表体数据的申报规则。

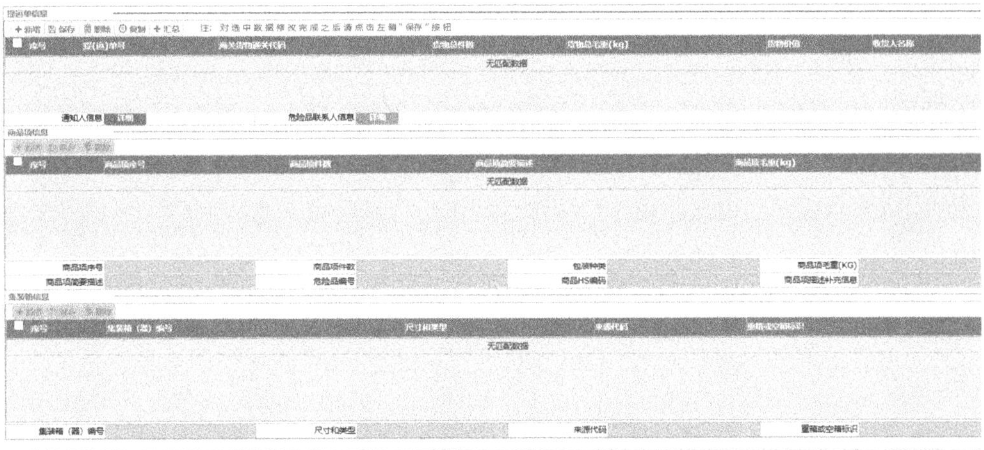

图 6-11　原始舱单删除申请表体界面

（1）新增。

原始舱单删除申请新增数据操作请参考原始舱单数据新增。

（2）申报。

原始舱单删除申请申报数据操作请参考原始舱单变更数据申报。

二、预配舱单

实现出境预配舱单的新增、修改、申报、删除、变更等功能，主要内容包括申报企业基本信息、进口货物信息（提运单信息、商品项信息、集装箱信息）。

（一）录入

企业可自行录入或者委托代理企业完成预配舱单的数据录入，录入完成后向海关发送申报信息。海关收到预配舱单信息后，由关员进行审核，审核后将审核结果发送到公路舱单申报系统。企业可通过公路舱单申报系统查询审核结果。预配舱单功能模块包括舱单数据录入、新增、暂存、删除、申报、复制、变更申请、删除申请功能。

点击左侧菜单栏“预配舱单”→“预配舱单”，右侧区域展示录入界面（如图6-12所示）。界面分为表头和表体（提运单信息、商品项信息、集装箱信息）。

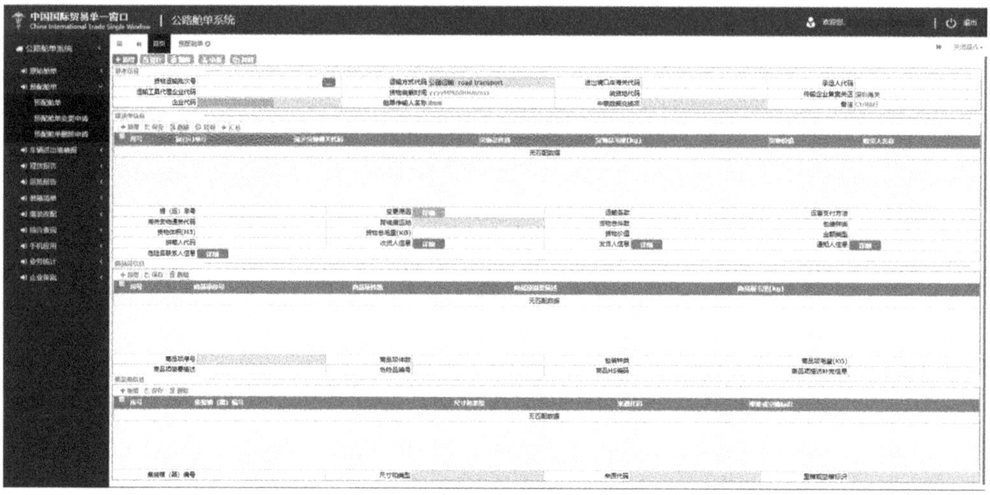

图 6-12　预配舱单界面

1. 表头

（1）界面各录入字段中，带黄色输入框的字段为必填项，置灰输入框的字段为系统返填项或不可修改项（注：此规则适用于所有业务，且各字段输入框颜色标识会随着数据状态的不同而变化）。

（2）暂存前，表头必填项信息必须填写，否则不可暂存。

（3）货物运输批次号，可点击“系统分配”按钮，系统自动返填。

（4）系统根据企业备案信息自动返填该企业的“传输备案关区”“企业代码”“舱单传输人名称”。

（5）中蒙数据交换项为系统自动返填，根据企业选择的进出境口岸海关代码判断是否进行返填。返填内容为：参与中蒙数据交换，企业可忽略。

（6）表头信息录入完成后，点击“暂存”按钮，系统保存表头数据，然后可以依次录入表体信息，表头信息不暂存时，表体信息仍可录入。

2. 表体提运单信息

（1）新增。

请参考原始舱单录入——表体提运单新增模块。

（2）删除。

请参考原始舱单录入——表体提运单删除模块。

（3）修改。

请参考原始舱单录入——表体提运单修改模块。

（4）复制。

请参考原始舱单录入——表体提运单复制模块。

（5）汇总。

请参考原始舱单录入——表体提运单汇总模块。

3. 表体商品项信息

在预配舱单提运单列表中选择一条提运单后进行新增或删除商品项信息。

（1）新增。

请参考原始舱单录入——表体商品项信息新增模块。

（2）保存。

请参考原始舱单录入——表体商品项信息保存模块。

（3）删除。

请参考原始舱单录入——表体商品项信息删除模块。

4. 表体集装箱信息

在预配舱单提运单列表中选择一条提运单后进行新增或删除集装箱信息。

（1）新增。

请参考原始舱单录入——表体集装箱新增模块。

（2）保存。

请参考原始舱单录入——表体集装箱保存模块。

（3）删除。

请参考原始舱单录入——表体集装箱删除模块。

（二）新增

点击预配舱单页面上方的“新增”蓝色按钮，页面初始化。

（三）暂存

点击暂存按钮，可对当前录入的内容进行保存，系统弹出提示框提示暂存成功。

（四）删除

可删除整票预配舱单数据。点击预配舱单上方的“删除”蓝色按钮，系统将提示用户是否删除当前数据，删除的数据将不可恢复，需谨慎操作。

（五）申报

预配舱单数据录入完毕，可点击右上方的“申报”按钮进行申报。

小提示

申报即意味着录入的数据将向相关业务主管部门发送，并等待其审批。

申报时，必须至少选择一条提运单，才能申报成功。

申报时，表头和表体中的必填项必须录入相关数据，才能申报成功。

（六）复制

请参考原始舱单申报复制功能的相关描述。

（七）变更申请

企业对已经申报的预配舱单进行变更申请，完成申报后向海关发送申报信息。海关收到预配舱单变更申请的信息后，由关员进行审核，审核后将审核结果发送到公路舱单申报系统。企业可通过公路舱单申报系统查询审核结果，预配舱单变更申请包括录入、申报功能。

1. 表头

点击左侧菜单栏“预配舱单”→“预配舱单变更申请”，右侧区域展示录入界面，如图 6-13 所示。界面分为表头和表体（提运单信息、商品项信息、集装箱信息）。

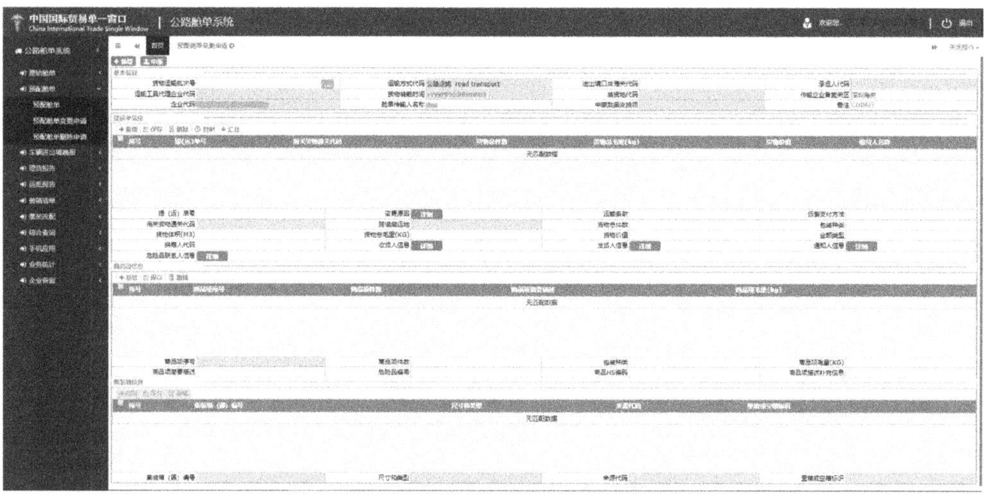

图 6-13　预配舱单变更申请界面

2. 表体

请参考原始舱单变更申请表体。

（1）新增。

请参考原始舱单数据新增。

（2）申报。

请参考原始舱单数据申报。

（八）删除申请

企业对已经申报的预配舱单进行删除申请，如果没有录入过预配舱单数据，可以直接通过删除申请进行申报。完成申报后向海关发送申报信息。海关收到预配舱单删除申请的信息后，由关员进行审核，审核后将审核结果发送到公路舱单申报系统。企业可通过公路舱单申报系统查询审核结果，预配舱单删除申请包括录入、申报功能。

1. 表头

点击左侧菜单栏“预配舱单”→“预配舱单删除申请”，右侧区域展示录入界面如图 6-14 所示。界面分为表头和表体（提运单信息、商品项信息、集装箱信息）。

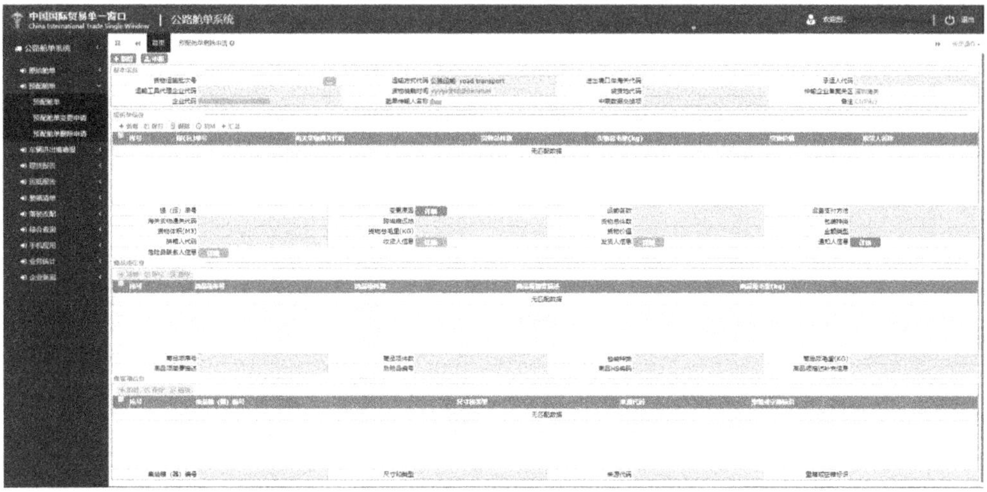

图 6-14　预配舱单删除申请界面

点击界面上方的蓝色按钮所进行的操作，将影响当前的整票数据。

小提示

“预配舱单删除申请”界面中，带有黄色输入框的字段为必填项，否则可能无法继续进行申报操作。

2. 表体

请参考原始舱单删除申请表体。

（1）新增。

请参考原始舱单数据新增。

（2）申报。

请参考原始舱单数据申报。

三、车辆进出境确报

实现车辆进出境确报的新增、修改、申报、删除、打印等功能，主要内容包括申报企业基本信息、进出口货物和进出境车辆信息等。

（一）载货车辆进境确报

1. 录入

运输企业可自行录入或者委托代理企业完成载货车辆进境的数据录入，录入完成后向海关发送申报信息。海关收到载货车辆进境确报信息后，由关员进行审核，审核后将审核结果发送到公路舱单申报系统。企业可通过公路舱单申报系统查询审核结果。载货车辆进境确报功能模块包括舱单数据录入、暂存、删除、申报、打印功能。

（1）表头。

点击左侧菜单栏“车辆进出境确报”→“载货车辆进境确报”，右侧区域展示录入界面如图 6-15 所示。界面分为表头和表体（运输工具信息、托架/拖挂车信息、集装箱信息）。

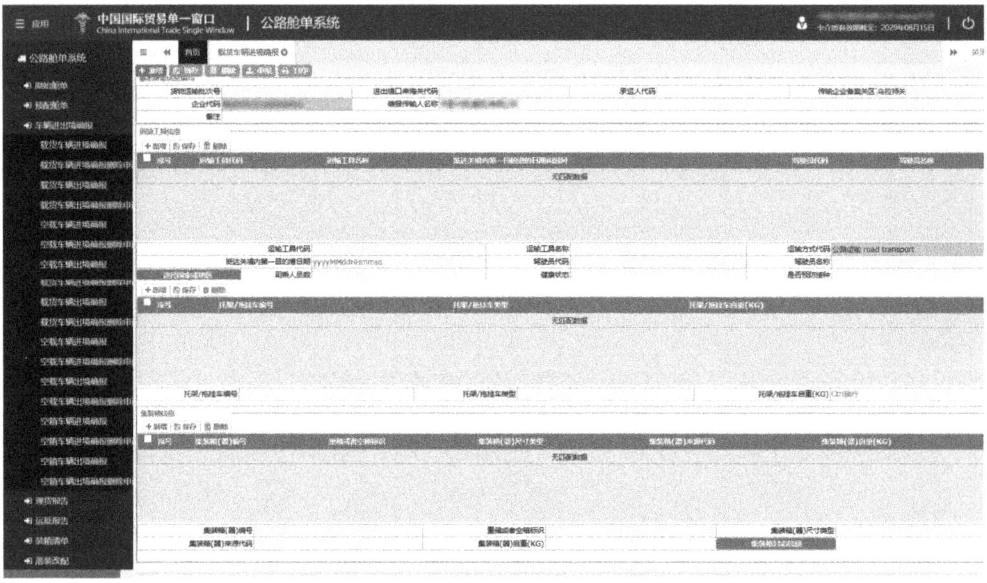

图 6-15　载货车辆进境确报界面

点击界面上方的蓝色按钮所进行的操作，将影响当前的整票数据。

小提示

载货车辆进境确报界面中，带有黄色输入框的字段为必填项，否则可能无法继续进行暂存或申报等操作。

①各录入字段中，带黄色输入框的字段为必填项，置灰输入框的字段为系统返填项或不可修改项。

②暂存前，表头必填项信息必须填写，否则不可暂存。

③系统根据企业备案信息自动返填该企业的“传输企业备案关区”“企业代码”“确报传输人名称”。

④表头信息录入完成后，点击“暂存”按钮，系统保存表头数据，然后可以依次录入表体信息，表头信息不暂存时，表体信息仍可录入。

（2）表体。

表头数据录入完毕，在载货车辆进境确报表头下方依次新增表体——运输工具、托架/拖挂车、集装箱信息。

①录入运输工具信息时，应该先录入信息再点击“新增”按钮，直接点击“新增”按钮则提示“运输工具代码不能为空”。

②录入托架/拖挂车或者集装箱时，应该先录入信息再点击“新增”按钮，直接点击“新增”按钮则提示“请先保存运输工具信息”。

③录入运输工具或者托架/拖挂车信息时，可使用如下方式进行录入：先录入完信息至最后一项后点击回车键增加一条表体信息。

小提示

录入集装箱信息封志信息时，应注意页面录入提示规则，如图 6-16 所示。

图 6-16　集装箱（器）封志信息界面

2. 新增

点击“载货车辆进境确报”界面表头“新增”按钮，页面初始化。

3. 暂存

点击“载货车辆进境确报”界面表头“暂存”按钮，可对当前录入的内容进行保存，系统弹出提示框提示暂存成功。

小提示

至少录入货物运输批次号和进出境口岸海关代码后，“暂存”按钮方可激活，点击操作。

4. 删除

点击“载货车辆进境确报”界面上方的“删除”按钮，系统将提示用户是否删除当前数据。删除的数据将不可恢复，需谨慎操作。

小提示

当载货车辆进境确报暂存成功后，“删除”“申报”按钮方可激活，点击操作。

5. 申报

载货车辆进境数据录入完毕，点击“载货车辆进境确报”界面上方的“申报”按钮进行申报。

小提示

1. 申报即意味着录入的数据将向相关业务主管部门发送，并等待其审批。
2. 申报时，系统默认选择运输工具、托架/拖挂车、集装箱信息都申报。
3. 申报时，表头和表体中的必填项必须录入相关数据，才能申报成功。

6. 打印

点击“载货车辆进境确报”界面上方的“打印”按钮进行打印，弹出提示框，如图 6-17 所示，选择打印格式，点击蓝色的“打印”按钮，系统将生成一个 PDF 文件，将文件自动保存在默认路径下。

图 6-17　载货清单打印提示界面

小提示

载货车辆进境确报申报成功后且页面录入的进出境口岸海关代码为 53 开头

的关区，方可激活“打印”按钮，点击操作。注意，必须同时满足这两个条件。

7. 删除申请

企业对已经申报的载货车辆进境确报进行删除申请，如果没有申报过载货车辆进境确报数据也可以直接通过删除申请进行申报。完成申报后向海关发送申报信息。海关收到载货车辆进境确报删除的申请信息后，由关员进行审核，审核后将审核结果发送到公路舱单申报系统。企业可通过公路舱单申报系统查询审核结果，载货车辆进境确报删除申请包括录入、申报功能。

点击左侧菜单栏“车辆进出境确报”→“载货车辆进境确报删除申请”，右侧区域展示录入界面如图 6-18 所示。界面分为表头和表体（运输工具信息、托架/拖挂车信息、集装箱信息）。

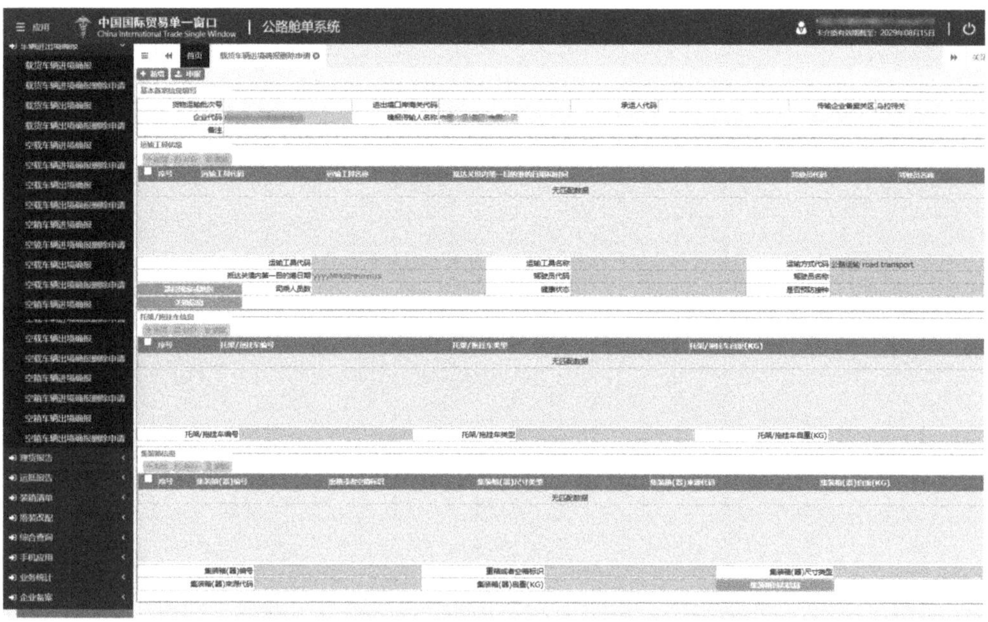

图 6-18　载货车辆进境确报删除申请界面

点击界面上方的蓝色按钮所进行的操作，将影响当前的整票数据。

小提示

“载货车辆进境确报删除申请”界面中，带有黄色输入框的字段为必填项，否则可能无法继续进行申报操作。

（1）表头。

录入货物运输批次号，光标移除或者直接点击回车操作，返填已经申报过的数据。如果未返填数据，也可手动录入。

（2）表体。

运输工具信息、托架/拖挂车信息、集装箱信息全部置灰，不允许手动录入。

①新增

载货车辆进境确报删除申请新增数据操作请参考载货车辆进境确报数据新增。

②申报

载货车辆进境确报删除申请申报数据操作请参考载货车辆进境确报数据申报。

A. 重新录入载货车辆进境确报删除申请数据完毕，点击右上方的“申报”按钮进行申报。

B. 对于已经申报过的载货车辆进境确报，通过在“载货车辆进境确报删除申请”界面表头输入货物运输批次号和进出境口岸海关代码，点击回车键返填已申报的载货车辆进境确报数据后，再点击右上方的“申报”按钮进行申报。

C. 申报成功，出现“申报成功”的弹窗提示。

（二）载货车辆出境确报

1. 录入

运输企业可自行录入或者委托代理企业完成载货车辆出境的数据录入，录入完成后向海关发送申报信息。海关收到载货车辆出境确报信息后，由关员进行审核，审核后将审核结果发送到公路舱单申报系统。企业可通过公路舱单申报系统查询审核结果。载货车辆出境确报功能模块包括舱单数据录入、暂存、删除、申报、打印功能。

（1）表头。

点击左侧菜单栏“车辆进出境确报”→“载货车辆出境确报”，右侧区域展示录入界面如图 6-19 所示。界面分为表头和表体（运输工具信息、托架/拖挂车信息、集装箱信息）。

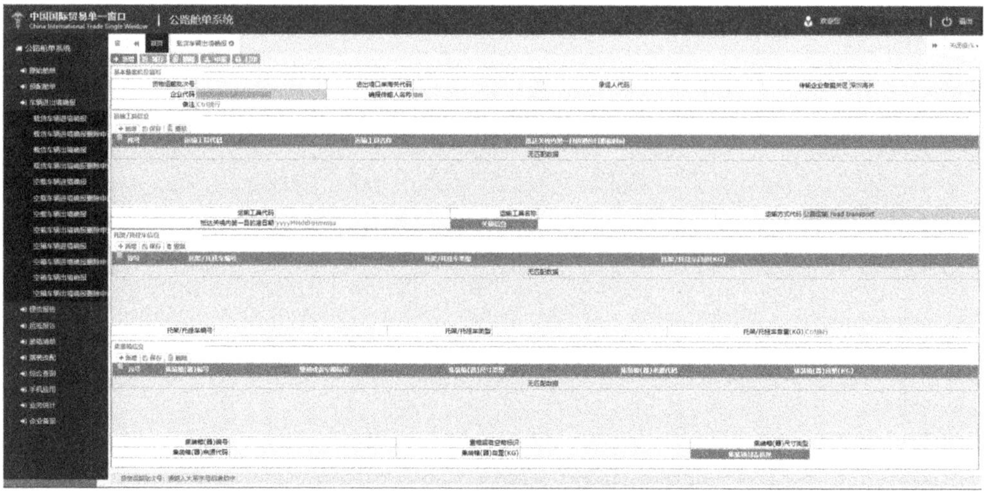

图 6-19　载货车辆出境确报界面

小提示

“载货车辆出境确报”界面中，带有黄色输入框的字段为必填项，否则可能无法继续进行暂存或申报等操作。

①各录入字段中，带黄色输入框的字段为必填项，置灰输入框的字段为系统返填项或不可修改项。

②暂存前，表头必填项信息必须填写，否则不可暂存。

③系统根据企业备案信息自动返填该企业的“传输企业备案关区”“企业代码”“确报传输人名称”。

④表头信息录入完成后，点击“暂存”按钮，系统保存表头数据，然后可以依次录入表体信息，表头信息不暂存时，表体信息仍可录入。

⑤与载货车辆进境确报相比较，出境确报页面没有产检合一相关录入框，不需要做相关数据的申报。

（2）表体。

表头数据录入完毕，在“载货车辆出境确报”界面表头下方依次新增表体——运输工具、托架/拖挂车、集装箱信息。

表体的录入请参考载货车辆进境确报，详见载货车辆进境确报表体录入。

小提示

录入集装箱信息封志信息时，应注意页面录入提示规则。

2. 新增

请参考载货车辆进境确报新增。

3. 暂存

请参考载货车辆进境确报暂存。

4. 删除

请参考载货车辆进境确报删除。

5. 申报

请参考载货车辆进境确报申报。

6. 打印

请参考载货车辆进境确报打印。

7. 删除申请

运输企业可自行录入或者委托代理企业完成载货车辆出境确报删除申请的数据录入，录入完成申报后向海关发送申报信息。载货车辆出境确报删除申请功能模块提供新增、申报功能。

点击左侧菜单栏“车辆进出境确报”→“载货车辆出境确报删除申请”，右侧区域展示录入界面（如图 6-20 所示）。界面分为表头和表体（运输工具、托架/拖挂车信息、集装箱）。

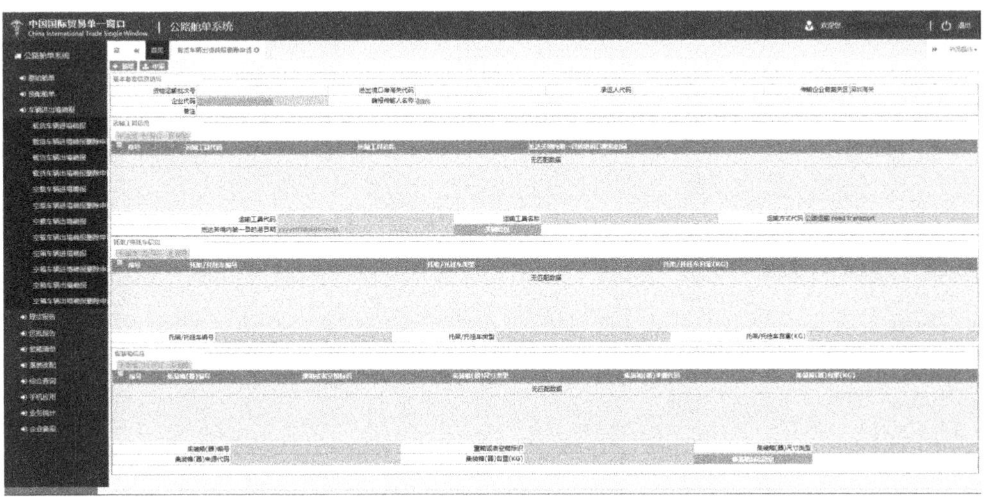

图 6-20　载货车辆出境确报删除申请界面

（1）表头。

录入货物运输批次号，光标移除或者直接点击回车操作，返填已经申报过的数据，如果未返填数据，也可手动录入。

（2）表体。

运输工具信息、托架/拖挂车信息、集装箱信息全部置灰，不允许手动录入。

小提示

“载货车辆出境确报删除申请”界面中，带有黄色输入框的字段为必填项，否则可能无法继续进行申报操作。

①新增

载货车辆出境确报删除申请新增数据操作请参考载货车辆进境确报删除申请新增。

②申报

载货车辆出境确报删除申请申报数据操作请参考载货车辆进境确报删除申请申报。

（三）空载车辆进境确报

运输企业可自行录入或者委托代理企业完成空载车辆进境的数据录入，录入完成后向海关发送申报信息。海关收到空载车辆进境进境信息后，由关员进行审核，审核后将审核结果发送到公路舱单申报系统。企业可通过公路舱单申报系统查询审核结果。空载车辆进境确报功能模块包括舱单数据录入、新增、暂存、删除、申报功能。

1. 录入

（1）表头。

点击左侧菜单栏“车辆进出境确报”→“空载车辆进境确报”，右侧区域展示录入界面如图 6-21 所示。界面分为表头和表体（托架/拖挂车信息）。

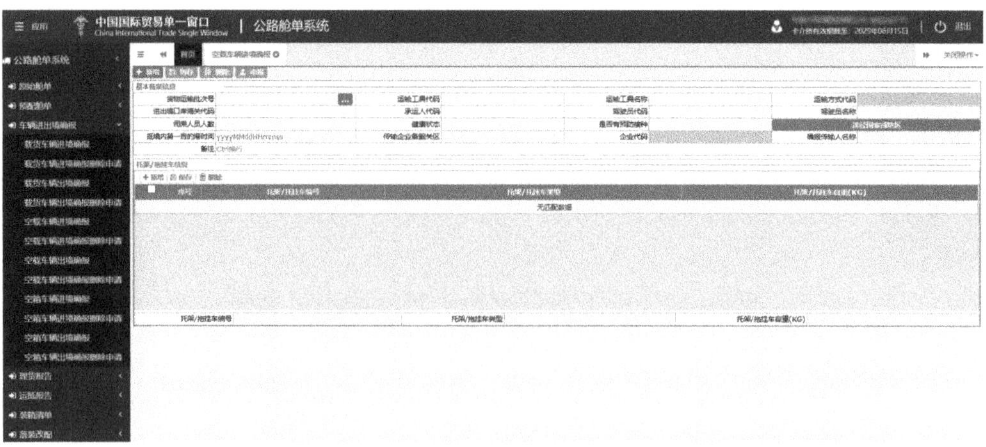

图 6-21　空载车辆进境确报界面

点击界面上方的蓝色按钮所进行的操作，将影响当前的整票数据。

①录入字段中，带黄色输入框的字段为必填项，置灰输入框的字段为系统返填项或不可修改项。

②暂存前，表头必填项信息必须填写，否则不可暂存。

③系统根据企业备案信息自动返填该企业的“传输企业备案关区”“企业代码”“确报传输人名称”。

④表头信息录入完成后，点击“暂存”按钮，系统保存表头数据，然后可以依次录入表体信息，表头信息不暂存时，表体信息仍可录入。

（2）表体。

表头数据录入完毕，在“空载车辆进境确报”界面表头下方新增表体——托架/拖挂车。

录入表体信息时，应该先录入信息再点击“新增”按钮，直接点击“新增”按钮则提示“托架/拖挂车编号不能为空”。

2. 新增

点击“空载车辆进境确报”界面上方的蓝色按钮“新增”，页面初始化。

3. 暂存

点击“空载车辆进境确报”界面上方的蓝色按钮“暂存”可对当前录入的内容进行保存，系统弹出提示框提示暂存成功。

4. 删除

点击“空载车辆进境确报”界面上方的蓝色按钮“删除”，系统将提示用户是否删除当前数据。删除的数据将不可恢复，需谨慎操作。

小提示

当空载车辆进境确报暂存成功后，“删除”“申报”按钮方可激活，点击操作。

5. 申报

空载车辆进境数据录入完毕，点击“空载车辆进境确报”界面上方的“申报”按钮进行申报。

小提示

1. 申报即意味着录入的数据将向相关业务主管部门发送，并等待其审批。
2. 申报时，默认选择表体——托架/拖挂车申报。
3. 申报时，表头和表体中的必填项必须录入相关数据，才能申报成功。

6. 删除申请

运输企业可自行录入或者委托代理企业完成空载车辆进境确报删除申请的数据录入，录入完成申报后向海关发送申报信息。空载车辆进境确报删除申请功能模块提供新增、申报功能。

点击左侧菜单栏中“车辆进出境确报”→“空载车辆进境确报删除申请”，

右侧区域展示录入界面如图 6-22 所示。界面只有表头。

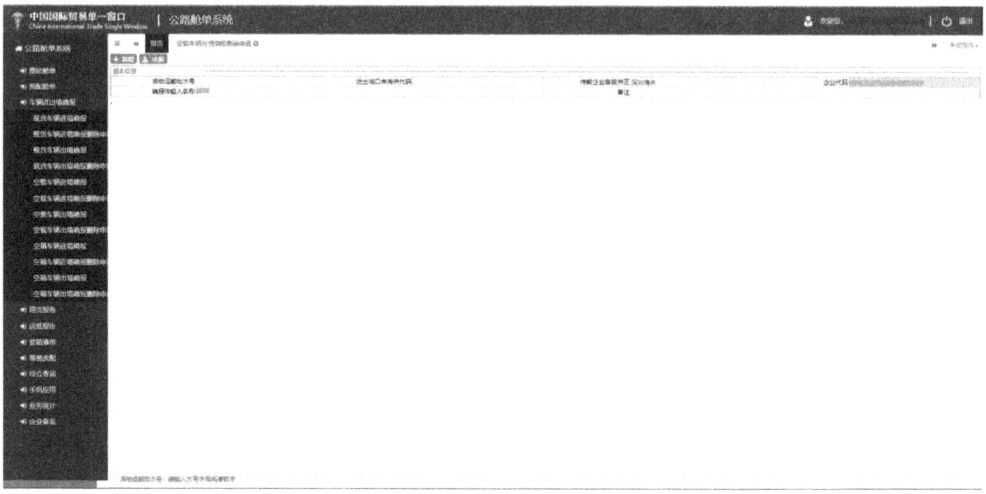

图 6-22　空载车辆进境确报删除申请界面

（1）界面各录入字段中，带黄色输入框的字段为必填项，置灰输入框的字段为系统返填项或不可修改项。

（2）系统根据企业备案信息自动返填该企业的“传输企业备案关区”“企业代码”“确报传输人名称”。

小提示

“空载车辆进境确报删除申请”界面中，带有黄色输入框的字段为必填项，否则可能无法继续进行申报操作。

①新增

点击“空载车辆进境确报删除申请”界面上方的“新增”按钮，进行相关操作。

A. 界面各录入字段中，带黄色输入框的字段为必填项，置灰输入框的字段为系统返填项或不可修改项。

B. 清空货物批次号和进出境口岸海关代码录入框。

C. 系统根据企业备案信息自动返填该企业的“传输企业备案关区”“企业代码”“确报传输人名称”。

②申报

点击“空载车辆进境确报删除申请”界面上方的“申报”按钮，进行数据申报。

申报成功，出现“申报成功”的弹窗提示。

小提示

1. 申报即意味着录入的数据将向相关业务主管部门发送，并等待其审批。
2. 申报时，表头中的必填项必须录入相关数据，才能申报成功。

（四）空载车辆出境确报

运输企业可自行录入或者委托代理企业完成空载车辆出境的数据录入，录入完成后向海关发送申报信息。海关收到空载车辆出境确报信息后，由关员进行审核，审核后将审核结果发送到公路舱单申报系统。企业可通过公路舱单申报系统查询审核结果。空载车辆出境确报功能模块包括舱单数据录入、新增、删除、申报功能。

1. 录入

点击左侧菜单栏“车辆进出境确报”→“空载车辆出境确报”，右侧区域展示录入界面如图 6-23 所示。界面分为表头和表体（托架/拖挂车信息）。

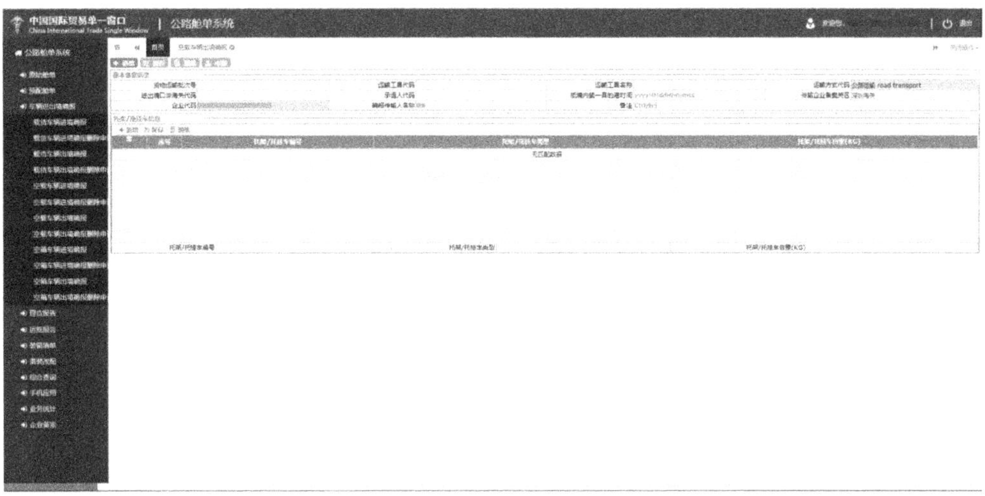

图 6-23　空载车辆出境确报界面

（1）表头。

①各录入字段中，带黄色输入框的字段为必填项，置灰输入框的字段为系统返填项或不可修改项。

②暂存前，表头必填项信息必须填写，否则不可暂存。

③系统根据企业备案信息自动返填该企业的“传输企业备案关区”“企业代码”“确报传输人名称”。

④表头信息录入完成后，点击“暂存”按钮，系统保存表头数据，然后可以依次录入表体信息，表头信息不暂存时，表体信息仍可录入。

小提示

“空载车辆出境确报”界面中，带有黄色输入框的字段为必填项，否则可能无法继续进行申报操作。

（2）表体。

表头数据录入完毕，在“空载车辆出境确报”界面表头下方新增表体——托架/拖挂车。

录入表体信息时，应该先录入信息再点击“新增”按钮。直接点击“新增”按钮则提示“托架/拖挂车编号不能为空”。

2. 新增

请参考空载车辆进境确报新增。

3. 删除

请参考空载车辆进境确报新增。

4. 申报

请参考空载车辆进境确报新增。

5. 删除申请

运输企业可自行录入或者委托代理企业完成空载车辆出境确报删除申请的数据录入，录入完成后向海关发送申报信息。空载车辆出境确报删除申请功能模块提供新增、申报功能。

点击左侧菜单栏“车辆出境确报”→“空载车辆出境确报删除申请”，右侧区域展示录入界面如图 6-24 所示。界面只有表头。

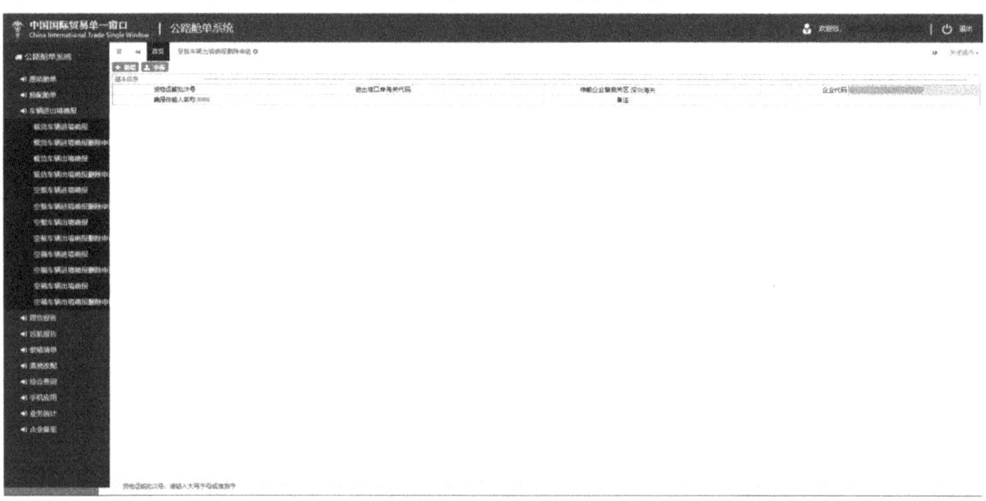

图 6-24　空载车辆出境确报删除申请界面

（1）界面各录入字段中，带黄色输入框的字段为必填项，置灰输入框的字段为系统返填项或不可修改项。

（2）系统根据企业备案信息自动返填该企业的“传输企业备案关区”“企业代码”“确报传输人名称”。

①新增

请参考空载车辆进境确报删除申请表头新增。

②申报

请参考空载车辆进境确报删除申请表头申报。

小提示

“空载车辆出境确报删除申请”界面中，带有黄色输入框的字段为必填项，否则可能无法继续进行申报操作。

（五）空箱车辆进境确报

运输企业可自行录入或者委托代理企业完成空箱车辆进境的数据录入，录入完成后向海关发送申报信息。海关收到空箱车辆进境确报信息后，由关员进行审核，审核后将审核结果发送到公路舱单申报系统。企业可通过公路舱单申报系统查询审核结果。空箱车辆进境确报功能模块包括舱单数据录入、新增、暂存、删除、申报功能。

1. 录入

点击左侧菜单栏“车辆进出境确报”→“空箱车辆进境确报”，右侧区域展示录入界面如图 6-25 所示。界面分为表头和表体（托架/拖挂车信息、集装箱信息）。

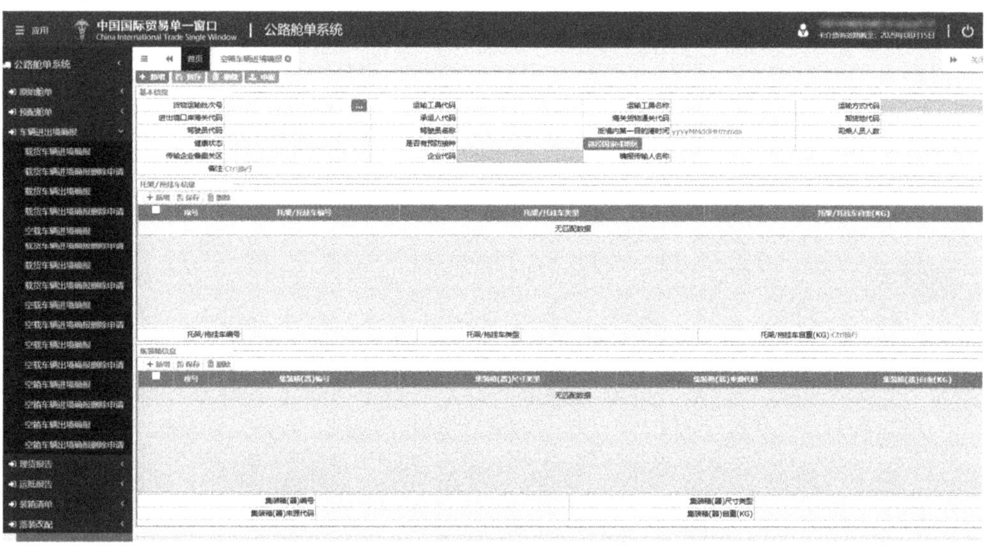

图 6-25　空箱车辆进境确报界面

（1）表头。

①各录入字段中，带黄色输入框的字段为必填项，置灰输入框的字段为系统返填项或不可修改项。

②暂存前，表头必填项信息必须填写，否则不可暂存。

③系统根据企业备案信息自动返填该企业的“传输企业备案关区”“企业代码”“确报传输人名称”。

④表头信息录入完成后，点击“暂存”按钮，系统保存表头数据，然后可以依次录入表体信息，表头信息不暂存时，表体信息仍可录入。

（2）表体。

表头数据录入完毕，在“空箱车辆进境确报”界面表头下方依次新增表体——托架/拖挂车信息、集装箱信息。

①录入托架/拖挂车信息时，可使用如下方式进行录入：先录入完信息至最后一项后点击回车键增加一条表体信息；录入表体信息时，应该先录入信息再点击“新增”按钮。直接点击“新增”按钮则提示“托架/拖挂车编号不能为空”。

②录入集装箱信息时，应该先录入信息再点击“新增”按钮。直接点击“新增”按钮则提示“集装箱（器）编号不能为空”。

2. 新增

点击“空箱车辆进境确报”界面上方的“新增”按钮，页面初始化。

（1）界面各录入字段中，带黄色输入框的字段为必填项，置灰输入框的字段为系统返填项或不可修改项。

（2）系统根据企业备案信息自动返填该企业的“传输企业备案关区”“企业代码”“确报传输人名称”。

3. 暂存

点击“空箱车辆进境确报”界面上方的蓝色“暂存”按钮，可对当前录入的内容进行保存，系统弹出提示框提示暂存成功。

小提示

“空箱车辆进境确报”界面中，表头带有黄色输入框的字段为必填项，否则可能无法继续进行暂存操作。

4. 删除

点击“空箱车辆进境确报”界面上方的蓝色“删除”按钮，系统将提示用户是否删除当前数据。删除的数据将不可恢复，需谨慎操作。

小提示

当空箱车辆进境确报暂存成功后，“删除”“申报”按钮方可激活，点击操作。

5. 申报

空箱车辆进境数据录入完毕，点击空箱车辆进境确报上方的蓝色“申报”按钮进行申报。

小提示

1. 申报即意味着录入的数据将向相关业务主管部门发送，并等待其审批。
2. 申报时，默认选择表体——托架/拖挂车信息、集装箱信息。
3. 申报时，表头和表体中的必填项必须录入相关数据，才能申报成功。

6. 删除申请

运输企业可自行录入或者委托代理企业完成空箱车辆进境确报删除申请的数据录入，录入完成后向海关发送申报信息。空箱车辆进境确报删除申请功能模块只提供新增和申报功能。

点击左侧菜单栏“车辆进出境确报”→“空箱车辆进境确报删除申请”，右侧区域展示录入界面如图 6-26 所示。界面只有表头信息。

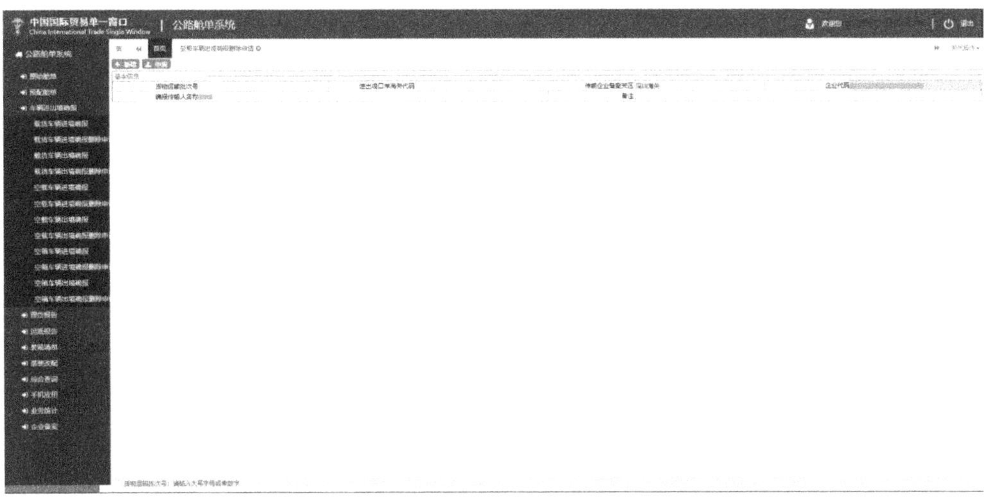

图 6-26　空箱车辆进境确报删除申请界面

各录入字段中，带黄色输入框的字段为必填项，置灰输入框的字段为系统返填项或不可修改项。

系统根据企业备案信息自动返填该企业的“传输企业备案关区”“企业代码”“确报传输人名称”。

小提示

“空箱车辆进境确报删除申请”界面中，带有黄色输入框的字段为必填项，否则可能无法继续进行申报操作。

（1）新增。

点击“空箱车辆进境确报删除申请”界面上方的“新增”按钮，进行相关操作。

①各录入字段中，带黄色输入框的字段为必填项，置灰输入框的字段为系统返填项或不可修改项。

②清空货物批次号和进出境口岸海关代码录入框。

③系统根据企业备案信息自动返填该企业的“传输企业备案关区”“企业代码”“确报传输人名称”。

（2）申报。

点击“空箱车辆进境确报删除申请”界面上方的“申报”按钮，进行数据申报。

申报成功，出现“申报成功”的弹窗提示。

小提示

1. 申报即意味着录入的数据将向相关业务主管部门发送，并等待其审批。
2. 申报时，表头必填项必须录入相关数据，才能申报成功。

（六）空箱车辆出境确报

运输企业可自行录入或者委托代理企业完成空箱车辆出境的数据录入，录入完成后向海关发送申报信息。海关收到空箱车辆出境确报信息后，由关员进行审核，审核后将审核结果发送到公路舱单申报系统。企业可通过公路舱单申报系统查询审核结果。空箱车辆出境确报功能模块包括舱单数据录入、新增、暂存、删除、申报功能。

1. 录入

点击左侧菜单栏“车辆进出境确报”→“空箱车辆出境确报”，右侧区域展示录入界面如图 6-27 所示。界面分为表头和表体（托架/拖挂车信息、集装箱信息）。

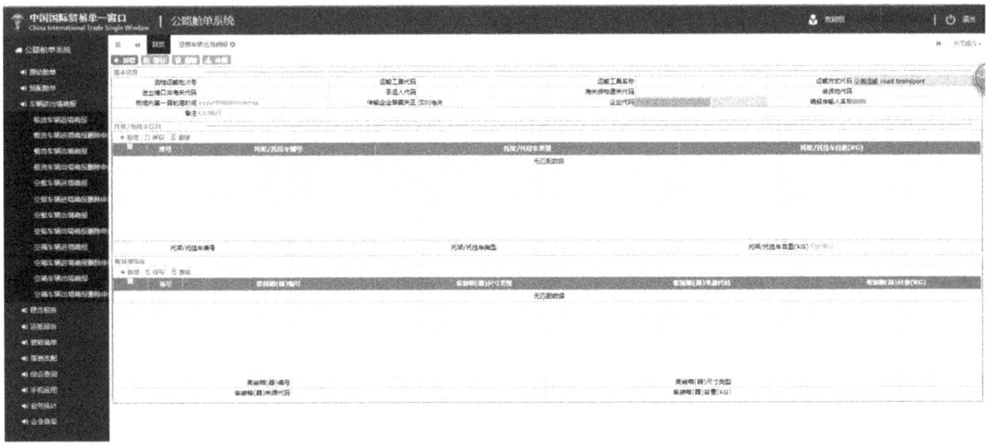

图 6-27　空箱车辆出境确报界面

（1）表头。

请参考空箱车辆进境确报表头。

（2）表体。

请参考空箱车辆进境确报表体。

2. 新增

请参考空箱车辆进境确报新增。

3. 暂存

请参考空箱车辆进境确报暂存。

4. 删除

请参考空箱车辆进境确报删除。

5. 申报

请参考空箱车辆进境确报申报。

6. 删除申请

运输企业可自行录入或者委托代理企业完成空箱车辆出境确报删除申请的数据录入，录入完成后向海关发送申报信息。空箱车辆出境确报删除申请功能模块只提供新增和申报功能。

点击左侧菜单栏“车辆进出境确报”→“空箱车辆出境确报删除申请”，右侧区域展示录入界面如图 6-28 所示。界面只有表头信息。

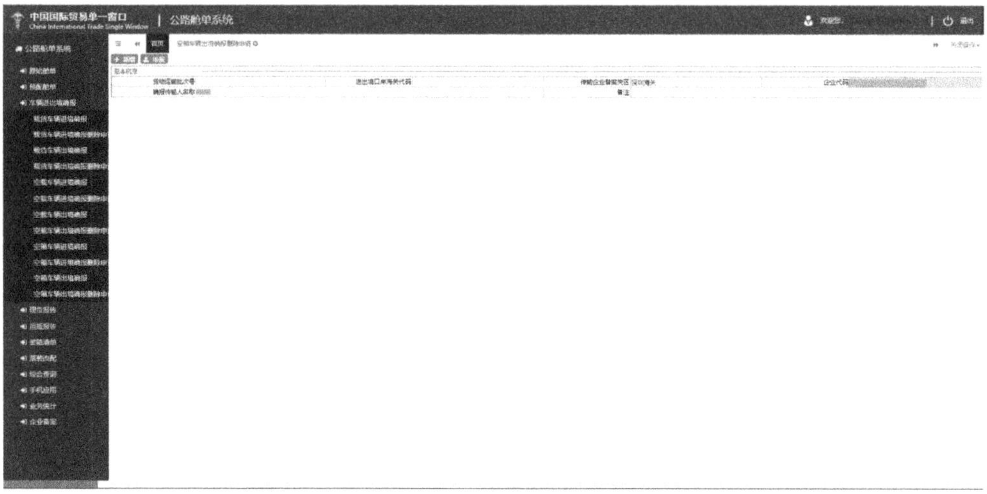

图 6-28　空箱车辆出境确报删除申请界面

各录入字段中，带黄色输入框的字段为必填项，置灰输入框的字段为系统返填项或不可修改项。

系统根据企业备案信息自动返填该企业的“传输企业备案关区”“企业代码”“确报传输人名称”。

小提示

“空箱车辆出境确报删除申请”界面中，带有黄色输入框的字段为必填项，否则可能无法继续进行申报操作。

（1）新增。

请参考空箱车辆进境确报删除申报表头新增。

（2）申报。

请参考空箱车辆进境确报删除申报表头申报。

四、理货报告

实现进出境理货的新增、修改、申报、删除、变更等功能，主要内容包括申报企业基本信息、进口货物信息（提运单信息、集装箱信息）。

（一）进口理货报告

理货企业完成进口理货的数据录入，录入完成后向海关发送申报信息。海关收到进口理货信息后，由关员进行审核，审核后将审核结果发送到公路舱单申报系统。企业可通过公路舱单申报系统查询审核结果。进口理货功能模块包括舱单数据录入、新增、暂存、删除、申报功能。

1. 录入

点击左侧菜单栏“理货报告”→“进口理货”，右侧区域展示录入界面如

图 6-29 所示。界面分为表头和表体（提运单信息和集装箱信息）。

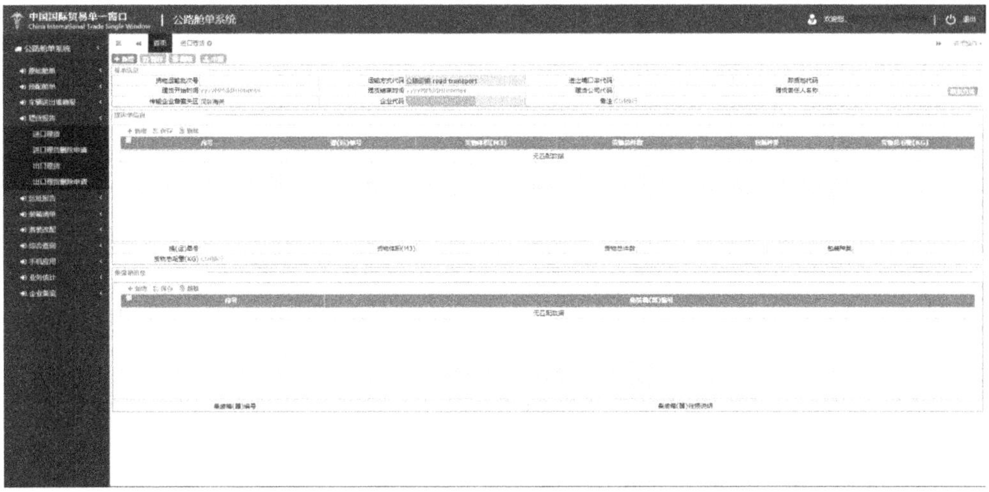

图 6-29 进口理货界面

（1）表头。

点击界面上方蓝色按钮所进行的操作，将影响当前的整票数据。

①各录入字段中，带黄色输入框的字段为必填项，置灰输入框的字段为系统返填项或不可修改项。

②暂存前，表头必填项信息必须填写，否则不可暂存。

③系统根据企业备案信息自动返填该企业的“传输企业备案关区”“企业代码”。

④表头信息录入完成后，点击“暂存”按钮，系统保存表头数据，然后可以依次录入表体信息。表头信息不暂存时，表体信息仍可录入。

小提示

“进口理货”界面中，带有黄色输入框的字段为必填项，否则可能无法继续进行暂存或申报等操作。

（2）表体。

进口理货表体包括集装箱信息和提运单信息，包括新增、修改、删除功能。

①新增

A. 录入表体信息时，可使用如下方式进行录入：先录入完信息至最后一项后点击回车键或者点击“新增”或“保存”按钮增加一条表体信息。

B. 录入集装箱信息时，应该先录入信息再点击“新增”或“保存”按钮，直接点击“新增”或“保存”按钮则提示“集装箱（器）编号不能为空”。

C. 录入提运单信息时，应该先录入信息再点击“新增”或“保存”按钮，直接点击“新增”或“保存”按钮则提示“提（运）单号不能为空”。

②修改

对提运单表体或者集装箱表体进行修改时，需要先在表体列表中选需要修改的提运单或者集装箱。当前提运单或者集装箱信息会显示在输入框中，直接在输入框进行修改。修改完成后点击“新增”或“保存”按钮，则成功修改当前提运单或集装箱信息。

③删除

在表体列表中勾选需要删除的表体数据，点击“删除”按钮，弹出“是否确认删该数据”的提示框，点击“确定”按钮将删除本条表体数据。

2. 新增

点击“进口理货”界面上方的蓝色“新增”按钮，页面初始化。

（1）各录入字段中，带黄色输入框的字段为必填项，置灰输入框的字段为系统返填项或不可修改项。

（2）暂存前，表头必填项信息必须填写，否则不可暂存。

（3）系统根据企业备案信息自动返填该企业的“传输企业备案关区”“企业代码”。

3. 暂存

录入表头必填项，点击“进口理货”界面上方的“暂存”按钮，可对当前录入的内容进行保存，系统弹出提示框提示暂存成功。

4. 删除

点击“进口理货”界面上方的蓝色“删除”按钮，可删除进口理货数据。系统将提示用户是否删除当前数据。删除的数据将不可恢复，需谨慎操作。

小提示

当进口理货暂存成功后，“删除”“申报”按钮方可激活，点击操作。

5. 申报

进口理货数据录入完毕，点击“进口理货”界面上方的“申报”按钮进行申报。

小提示

1. 申报即意味着录入的数据将向相关业务主管部门发送，并等待其审批。

2. 申报时，必须选择提运单或者集装箱，才能申报成功，否则出现提示“请选中一行数据”。

3. 申报时，表头和表体中的必填项必须录入相关数据，才能申报成功。

6. 删除申请

理货企业可自行录入或者委托代理企业完成进口理货删除申请的数据录入，录入完成后向海关发送申报信息。进口理货删除申请功能模块只提供新增和申报功能。

点击左侧菜单栏“理货报告”→“进口理货删除申请”，右侧区域展示录入界面（如图 6-30 所示）。

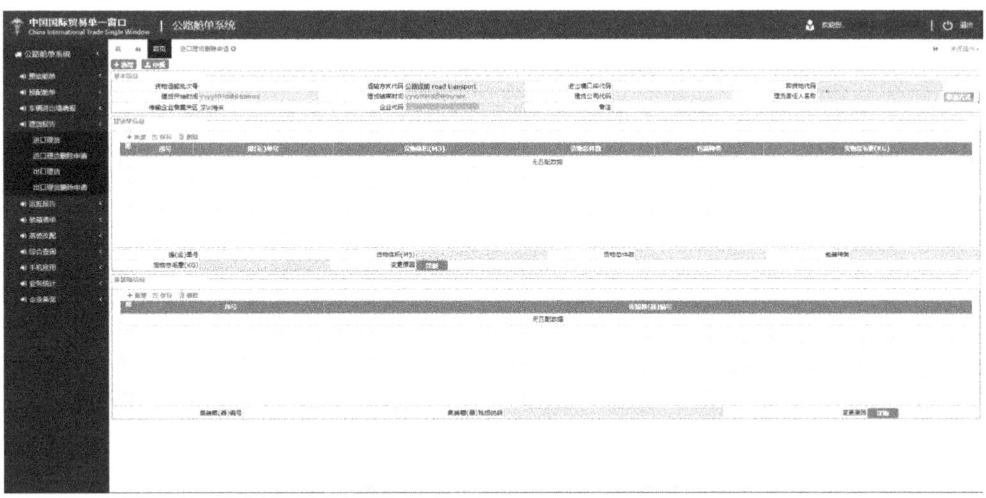

图 6-30　进口理货删除申请界面

（1）表头。

理货报告可以通过录入货物运输批次号返填已经申报过的理货报告数据，如果页面未返填数据，也可以通过手动录入数据进行申报。

①对于录入货物运输批次号后，点击回车键，若未返填进口理货数据，可

通过在“进口理货删除申请”界面手动录入进口理货删除申请数据。

②通过在“进口理货删除申请”界面表头输入货物运输批次号，点击回车键返填已申报的进口理货数据，选择需要删除的数据，进行提运单表体变更原因录入，具体步骤可参考表体录入。点击右上方的“申报”按钮进行申报。

小提示

“进口理货删除申请”界面中，带有黄色输入框的字段为必填项，否则可能无法继续进行申报操作。

（2）表体。

①理货报告删除页面数据录入完毕，选中需要删除的提运单或集装箱表体数据，点击表体“变更原因”按钮，进入“变更原因录入”界面。

②观察变更原因描述、变更申请联系人姓名、变更申请联系人电话录入框底纹颜色，如果为黄色底纹，则该三个录入框必须录入正确内容，如果为白色底纹，则可录入内容或者不录入任何内容。

③点击“关闭”按钮，关闭变更原因页面。

④点击提运单或集装箱表体的“保存”按钮，将保存操作。

小提示

变更原因描述等三个录入框为白色底纹时如果选择录入，则三个录入框必须全部填写完整。

（3）新增。

点击“进口理货删除申请”界面上方的蓝色“新增”按钮，页面初始化。

①各录入字段中，带黄色输入框的字段为必填项，置灰输入框的字段为系统返填项或不可修改项。

②系统根据企业备案信息自动返填该企业的“传输企业备案关区”“企业代码”。

（4）申报。

点击“进口理货删除申请”界面上方的“申报”按钮，进行数据申报。申报成功，出现“申报成功”的弹窗提示。

（二）出口理货报告

理货企业完成出口理货的数据录入，录入完成后向海关发送申报信息。海关收到出口理货信息后，由关员进行审核，审核后将审核结果发送到公路舱单申报系统。企业可通过公路舱单申报系统查询审核结果。出口理货功能模块包括舱单数据录入、新增、暂存、删除、申报功能。

1. 录入

点击左侧菜单栏“理货报告”→“出口理货”，右侧区域展示录入界面如图 6-31 所示。界面分为表头和表体（提运单信息和集装箱信息）。

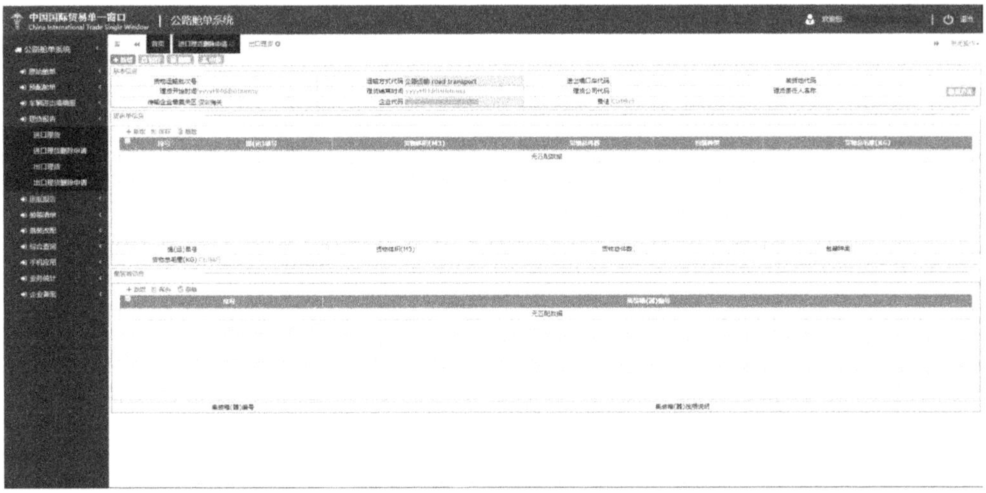

图 6-31　出口理货界面

点击界面上方的蓝色按钮所进行的操作，将影响当前的整票数据。

（1）表头。

①各录入字段中，带黄色输入框的字段为必填项，置灰输入框的字段为系统返填项或不可修改项。

②暂存前，表头必填项信息必须填写，否则不可暂存。

③系统根据企业备案信息自动返填该企业的“传输企业备案关区”“企业代码”。

④表头信息录入完成后，点击“暂存”按钮，系统保存表头数据，然后可以依次录入表体信息。表头信息不暂存时，表体信息仍可录入。

小提示

“出口理货”界面中，带有黄色输入框的字段为必填项，否则可能无法继续进行暂存或申报等操作。

（2）表体。

出口理货表体包括集装箱信息和提运单信息，可以进行新增、保存、删除操作。

①新增

请参考进口理货报告表体新增。

②保存

请参考进口理货报告表体保存。

③删除

请参考进口理货报告表体删除。

2. 新增

请参考进口理货报告新增。

3. 暂存

请参考进口理货报告暂存。

4. 删除

请参考进口理货报告删除。

5. 申报

请参考进口理货报告申报。

6. 删除申请

理货企业可自行录入或者委托代理企业完成出口理货删除申请的数据录入，录入完成后向海关发送申报信息。出口理货删除申请功能模块只提供新增和申报功能。

点击左侧菜单栏“理货报告”→“出口理货删除申请”，右侧区域展示录入界面如图 6-32 所示。

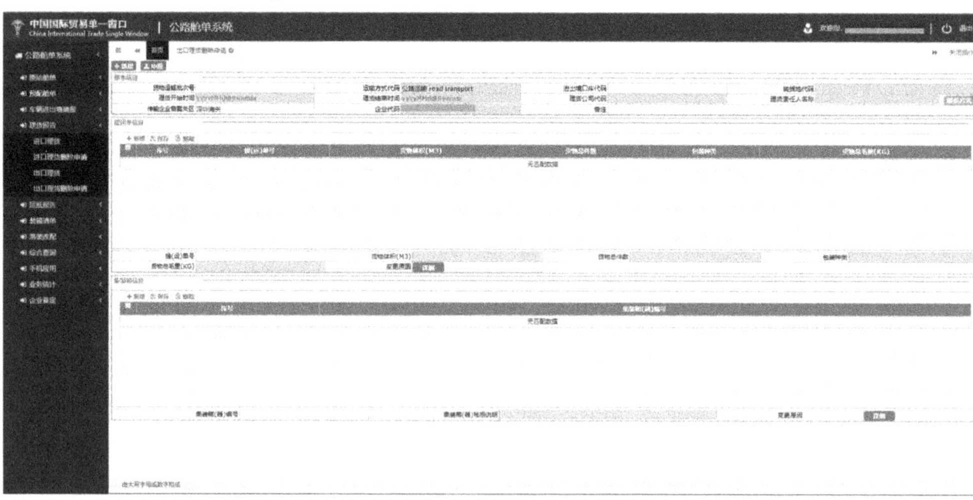

图 6-32　出口理货删除申请界面

(1）表头。

请参考进口理货删除申请表头。

(2）表体。

请参考进口理货删除申请表体。

①新增

请参考进口理货删除申请新增。

②申报

请参考进口理货删除申请申报。

五、运抵报告

实现进出口运抵的新增、修改、申报、删除功能，主要内容包括申报企业基本信息、出口货物信息（提运单信息、集装箱信息）。

（一）出口运抵报告

企业完成出口运抵的数据录入，录入完成后向海关发送申报信息。海关收到运抵报告信息后，由关员进行审核，审核后将审核结果发送到公路舱单申报系统。企业可通过公路舱单申报系统查询审核结果。出口运抵功能模块包括舱单数据录入、新增、暂存、删除、申报功能。

1. 录入

点击左侧菜单栏“运抵报告”→“出口运抵报告”，右侧区域展示录入界面如图6-33所示。界面分为表头和表体（提运单信息和集装箱信息）。

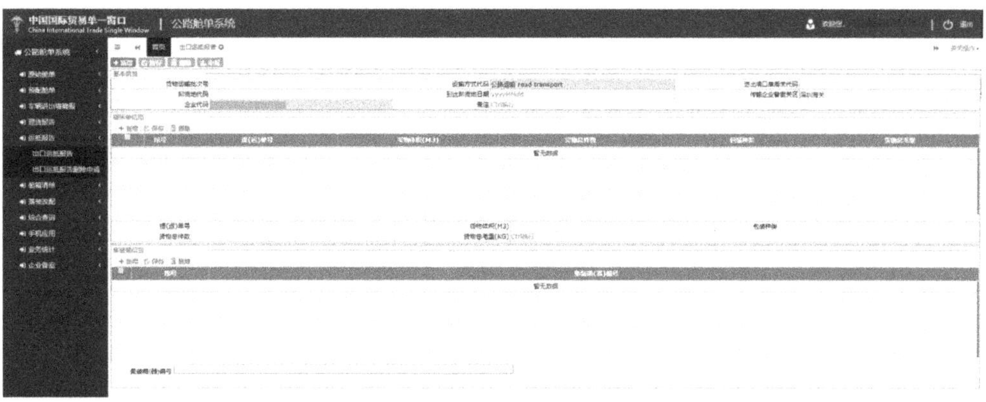

图 6-33　出口运抵报告界面

（1）表头。

点击界面上方蓝色按钮所进行的操作，将影响当前的整票数据。

①各录入字段中，带黄色输入框的字段为必填项，置灰输入框的字段为系统返填项或不可修改项。

②暂存前，表头必填项信息必须填写，否则不可暂存。

③系统根据企业备案信息自动返填该企业的“传输企业备案关区”“企业代码”。

④表头信息录入完成后，点击“暂存”按钮，系统保存表头数据，然后可以依次录入表体信息，表头信息不暂存时，表体信息仍可录入。

（2）表体。

出口运抵表体包括集装箱信息和提运单信息，可以进行新增、删除、修改操作。

①新增

A. 提运单或者集装箱表体录入信息后，点击“出口运抵报告”界面中提运单的“新增”白色按钮，提运单或者集装箱列表中新增一条提运单或者集装箱信息。

B. 录入提运单信息时，应该先录入信息再点击提运单的“新增”按钮。直接点击“新增”按钮则提示“提（运）单号不能为空”。

C. 录入集装箱信息时，应该先录入信息再点击“新增”按钮。直接点击“新增”按钮则提示“集装箱（器）编号不能为空”。

D. 录入提运单或集装箱信息时，可使用如下方式进行录入：先录入完信息至最后一项后点击回车键增加一条表体信息。

②删除

在“出口运抵报告”界面表体列表中选择一条提运单或者集装箱信息，点击“删除”白色按钮，再点击“确定”按钮，将删除本条表体数据。如未选择任何一个表体数据则出现“请选中一行数据”的提示。

③修改

在“出口运抵报告”界面表体列表中选某条提运单或者集装箱信息，当前提运单或者集装箱信息会显示在输入框中，直接在输入框内修改。修改完成后点击“新增”或“保存”按钮，则成功修改当前提运单或集装箱信息。

2. 新增

点击“出口运抵报告”界面上方的蓝色“新增”按钮，页面初始化。

（1）界面各录入字段中，带黄色输入框的字段为必填项，置灰输入框的字段为系统返填项或不可修改项。

（2）系统根据企业备案信息自动返填该企业的“传输企业备案关区”“企业代码”。

3. 暂存

录入表头必填项，点击“出口运抵报告”界面上方的蓝色“暂存”按钮，可对当前录入的内容进行保存，系统弹出提示框提示“暂存成功”。

4. 删除

点击“出口运抵报告”界面上方的蓝色“删除”按钮，可删除出口运抵报告数据。系统将提示用户是否删除当前数据，删除的数据将不可恢复，需谨慎操作。

小提示

当出口运抵报告暂存成功后，“删除”“申报”按钮方可激活，点击操作。

5. 申报

出口运抵报告数据录入完毕，点击“出口运抵报告”界面上方的“申报”按钮进行申报。

小提示

1. 申报即意味着录入的数据将向相关业务主管部门发送，并等待其审批。

2. 申报时，必须选择提运单或者集装箱信息，才能申报成功，否则系统会提示“请选中一行数据”。

3. 申报时，表头和表体中的必填项必须录入相关数据，才能申报成功。

（二）出口运抵报告删除申请

企业完成出口运抵删除申请的数据录入，录入完成申报后向海关发送申报信息。出口运抵删除申请功能模块包括舱单数据录入、新增、申报功能。

点击左侧菜单栏“运抵报告”→“出口运抵报告删除申请”，右侧区域展示录入界面如图 6-34 所示。界面分为表头和表体（提运单信息、集装箱信息）。

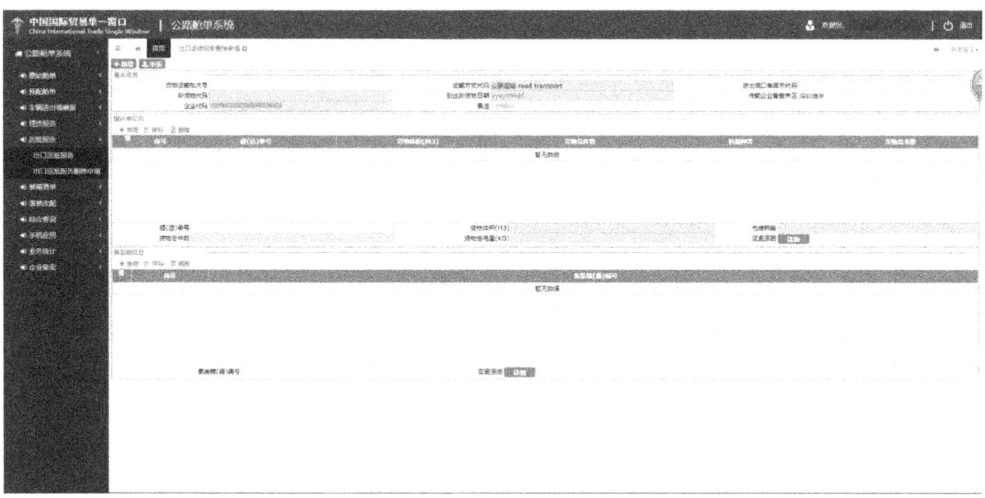

图 6-34 出口运抵报告删除申请界面

1. 录入

（1）表头。

点击界面上方蓝色按钮所进行的操作，将影响当前的整票数据。

出口运抵报告删除申请可以通过录入货物运输批次号返填已经申报过的运

抵报告数据，如果页面未返填数据，也可以通过手动录入数据进行申报。

①对于录入货物运输批次号后，点击回车键未返填运抵报告数据，可通过在出口运抵报告删除申请界面手动录入运抵报告删除申请数据。

②通过“出口运抵报告删除申请”界面表头输入货物运输批次号，点击回车键返填已申报的运抵报告数据，选择需要删除的提运单表体数据或集装箱表体数据，进行变更原因录入，具体步骤可参考表体录入。点击“出口运抵报告删除申请”界面右上方的“申报”按钮进行申报。

小提示

“出口运抵报告删除申请”界面中，带有黄色输入框的字段为必填项，否则可能无法继续进行申报操作。

（2）表体。

①录入出口运抵报告删除页面数据完毕，选中需要删除的提运单或集装箱表体数据，点击表体“变更原因”按钮，进入变更原因录入页面。

②观察变更原因描述、变更申请联系人姓名、变更申请联系人电话录入框底纹颜色，如果为黄色底纹，则该三个录入框必须录入正确内容；如果为白色底纹，则可录入内容或者不录入任何内容。

③点击“关闭”按钮，关闭变更原因页面。

④点击提运单或集装箱表体的“保存”按钮，将保存操作。

小提示

变更原因描述等三个录入框为白色底纹时，如果选择录入，则三个录入框必须全部填写完整。

2. 新增

点击“出口运抵报告删除申请”界面右上方的蓝色“新增”按钮，页面初始化。

（1）各录入字段中，带黄色输入框的字段为必填项，置灰输入框的字段为系统返填项或不可修改项。

（2）系统根据企业备案信息自动返填该企业的“传输企业备案关区”“企业代码”。

3. 申报

（1）录入出口运抵报告删除申请数据完毕，点击“出口运抵报告删除申请”界面右上方的“申报”按钮进行申报。

（2）申报成功，出现“申报成功”的弹窗提示。

六、装箱清单

实现出口装箱清单的录入、新增、暂存、删除、申报功能，主要内容包括申报企业基本信息、出口货物信息（提运单信息列表）。

（一）装箱清单

企业完成装箱清单的数据录入，录入完成后向海关发送申报信息。海关收到装箱清单信息后，由关员进行审核，审核后将审核结果发送到公路舱单申报系统。企业可通过公路舱单申报系统查询审核结果。装箱能模块包括舱单数据录入、新增、暂存、删除、申报功能。

1. 录入

点击左侧菜单栏“装箱清单”→“装箱清单”，右侧区域展示录入界面如图 6-35 所示。界面分为表头和表体（提运单信息列表）。

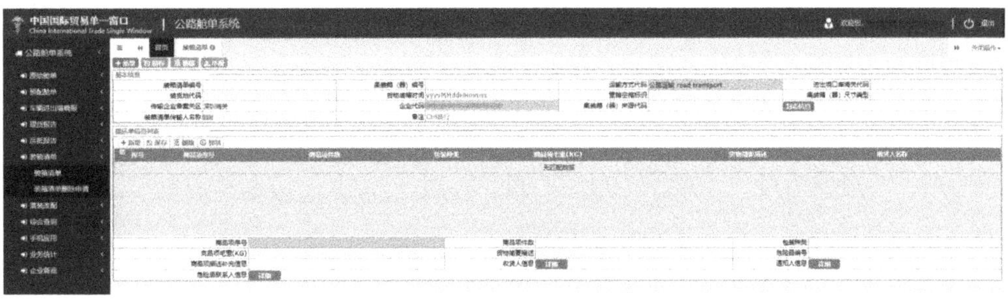

图 6-35　装箱清单界面

（1）表头。

点击界面上方蓝色按钮所进行的操作，将影响当前的整票数据。

①各录入字段中，带黄色输入框的字段为必填项，置灰输入框的字段为系统返填项或不可修改项。

②暂存前，表头必填项信息必须填写，否则不可暂存。

③系统根据企业备案信息自动返填该企业的“传输企业备案关区”“企业代码”。

④表头信息录入完成后，点击“暂存”按钮，系统保存表头数据，然后可以依次录入表体信息。表头信息不暂存时，表体信息仍可录入。

（2）表体。

装箱清单表体只有提运单信息，包括新增、删除、修改、复制功能。

①新增

A. 提运单表体录入信息后，点击“装箱清单”界面中提运单的“新增”白色按钮，提运单列表中新增一条提运单信息。

B. 录入提运单信息时，应该先录入信息再点击“新增”按钮。直接点击

“新增”按钮则提示“商品项件数不能为空”。

②删除

在“装箱清单”界面中至少选择一条提运单信息，点击“删除”白色按钮，再点击“确定”按钮，将删除本条表体数据。如未选择则出现“请勾选需删除的数据”提示。

③修改

在“装箱清单”界面中勾选某条提运单，当前提运单信息会显示在输入框中，直接在输入框中修改。修改完成后点击“新增”或“保存”按钮，则成功修改当前提运单信息。

④复制

在“装箱清单”界面勾选一条提运单，点击提运单信息列表下方的“复制”白色按钮，系统将复制当前界面已录入提运单的数据，同时新复制的提运单商品项序号自动递增。不勾选提运单，直接点击复制按钮，系统则提示“请选中一行数据”。

2. 新增

点击“装箱清单”界面上方的蓝色“新增”按钮，页面初始化。

(1) 各录入字段中，带黄色输入框的字段为必填项，置灰输入框的字段为系统返填项或不可修改项。

(2) 系统根据企业备案信息自动返填该企业的“传输企业备案关区”“企业代码”“装箱清单传输人名称”。

3. 暂存

录入表头必填项数据后，点击“装箱清单”界面上方的“暂存”按钮，可对当前录入的内容进行保存，系统弹出提示框提示“暂存成功”。

4. 删除

点击“装箱清单”界面上方的蓝色“删除”按钮，系统将提示用户是否删除，点击“确认”按钮，将删除整票装箱清单数据。删除的数据将不可恢复，需谨慎操作。

小提示

装箱清单暂存成功后，“删除”“申报”按钮方可激活，点击操作。

5. 申报

装箱清单数据录入完毕，点击“装箱清单”界面上方的“申报”按钮进行申报，系统弹出提示框提示“申报成功”。

小提示

1. 申报即意味着录入的数据将向相关业务主管部门发送，并等待其审批。

2. 申报时，必须选择提运单，才能申报成功，否则系统会提示“申报失败，无提（运）单信息”。

3. 申报时，表头和表体中的必填项必须录入相关数据，才能申报成功。

（二）装箱清单删除申请

企业完成进装箱清单删除申请的数据录入，录入完成后向海关发送申报信息。装箱清单删除申请功能模块包括舱单数据录入、新增、申报功能。

点击左侧菜单栏“装箱清单”→“装箱清单删除申请”，右侧区域展示录入界面如图 6-36 所示。界面分为表头和表体（提运单信息列表）。

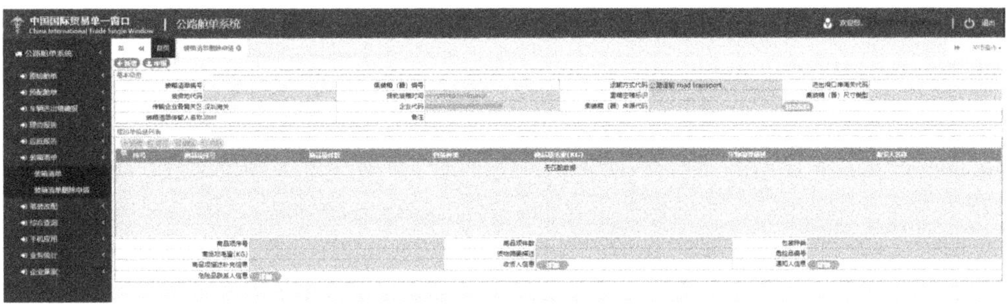

图 6-36 装箱清单删除申请界面

1. 录入

（1）表头。

点击界面上方蓝色按钮所进行的操作，将影响当前的整票数据。

装箱清单删除申请可以通过录入装箱清单编号和集装箱（器）编号返填已经申报过的装箱清单数据，如果页面未返填数据，也可以通过手动录入数据进行申报。

①对于录入业务主键后，点击回车键未返填装箱清单数据，可通过在装箱清单删除申请界面手动录入装箱清单删除申请表头数据。

②通过在“装箱清单删除申请”界面表头输入业务主键，点击回车键返填已申报的装箱清单数据，勾选需要删除的提运单信息列表。删除完成后，点击界面右上方的“申报”按钮进行申报。

小提示

“装箱清单删除申请”界面中，带有黄色输入框的字段为必填项，否则可能无法继续进行申报操作。

（2）表体。

“装箱清单删除申请”界面表体置灰，不可录入和修改。

2. 新增

点击“装箱清单删除申请”界面右上方的蓝色“新增”按钮，页面初始化。

（1）各录入字段中，带黄色输入框的字段为必填项，置灰输入框的字段为系统返填项或不可修改项。

（2）系统根据企业备案信息自动返填该企业的“传输企业备案关区”“企业代码”“装箱清单传输人名称”。

3. 申报

（1）录入装箱清单删除申请数据完毕，点击“装箱清单删除申请”界面右上方的“申报”按钮进行申报。

（2）申报成功，出现“申报成功”的弹窗提示。

七、落装申请

落装申请是指进出境某票提运单的货物因特殊原因未能装载到原车辆上进境或出境，舱单传输人应当向海关提交落装申请。该功能模块实现出进出口落装的新增、暂存、删除、申报功能。

（一）进口落装申请

企业完成进口落装的数据录入，录入完成后向海关发送申报信息。海关收到进口落装申请信息后，由关员进行审核，审核后将审核结果发送到公路舱单申报系统。企业可通过公路舱单申报系统查询审核结果。进口落装功能模块包括舱单数据录入、新增、暂存、删除、申报功能。

1. 录入

点击左侧菜单栏“落装改配”→“进口落装申请”，右侧区域展示录入界面如图 6-37 所示，界面分为表头和表体（提运单信息）。

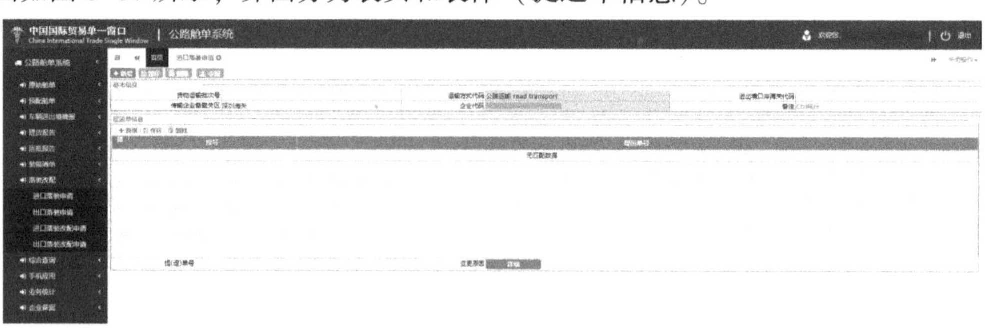

图 6-37　进口落装申请界面

（1）表头。

点击界面上方的蓝色按钮所进行的操作，将影响当前的整票数据。

①各录入字段中，带黄色输入框的字段为必填项，置灰输入框的字段为系统返填项或不可修改项。

②暂存前，表头必填项信息必须填写，否则不可暂存。

③系统根据企业备案信息自动返填该企业的“传输企业备案关区”“企业代码”。

④表头信息录入完成后，点击“暂存”按钮，系统保存表头数据，然后可以依次录入表体信息。表头信息不暂存时，表体信息仍可录入。

（2）表体。

“进口落装申请”界面的表体数据只有提运单信息。

①新增

A. 录入提运单信息时，应该先录入信息再点击提运单的“新增”按钮。直接点击“新增”按钮则提示“提（运）单号不能为空”。

B. 录入完提运单信息后，点击表体变更原因左侧的“详细”按钮，进入变更原因录入页面。

C. 观察变更原因描述、变更申请联系人姓名、变更申请联系人电话录入框底纹颜色，如果为黄色底纹，则该三个录入框必须录入正确内容；如果为白色底纹，则可录入内容或者不录入任何内容。

D. 点击“关闭”按钮，关闭变更原因页面。

E. 录入提运单信息和变更原因详细信息后，点击“进口落装申请”界面中提运单的“新增”白色按钮，提运单列表中新增一条提运单信息。

小提示

变更原因描述等三个录入框为白色底纹时，如果选择录入，则三个录入框必须全部填写完整。

②删除

在“进口落装申请”界面表体列表中选择一条提运单信息，点击“删除”白色按钮，再点击“确定”按钮，将删除本条表体数据。如未选择任何一个表体数据则出现“请选中一行数据”的提示。

③修改

在“进口落装申请”界面表体列表中选某条提运单，当前提运单信息会显示在输入框中，直接在输入框中修改。修改完成后点击“新增”或“保存”按钮，则成功修改当前提运单信息。

2. 新增

点击“进口落装申请”界面上方的蓝色“新增”按钮，页面初始化。

（1）各录入字段中，带黄色输入框的字段为必填项，置灰输入框的字段为系统返填项或不可修改项。

（2）系统根据企业备案信息自动返填该企业的“传输企业备案关区”“企业代码”。

3. 暂存

录入表头必填项数据后，点击“进口落装申请”界面上方的蓝色“暂存”按钮，可对当前录入的内容进行保存，系统弹出提示框提示“暂存成功”。

4. 删除

点击“进口落装申请”界面上方的蓝色“删除”按钮，系统将提示用户是否删除，点击“确认”按钮，将删除整票进口落装申请数据。删除的数据将不可恢复，需谨慎操作。

小提示

进口落装申请暂存成功后，“删除”和“申报”按钮方可激活，点击操作。

5. 申报

进口落装申请数据录入完毕，点击“进口落装申请”界面上方的“申报”进行申报，直至系统提示“申报成功”。

小提示

1. 申报即意味着录入的数据将向相关业务主管部门发送，并等待其审批。

2. 申报时，必须选择提运单，才能申报成功，否则系统会提示“请至少添加一条表体记录”。

3. 申报时，表头和表体中的必填项必须录入相关数据，才能申报成功。

（二）出口落装申请

企业完成出口落装的数据录入，录入完成后向海关发送申报信息。海关收到出口落装信息后，由关员进行审核，审核后将审核结果发送到公路舱单申报系统。企业可通过公路舱单申报系统查询审核结果。出口落装功能模块包括舱单数据录入、暂存、删除、申报功能。

1. 录入

点击左侧菜单栏“落装改配”→“出口落装申请”，右侧区域展示录入界面如图 6-38 所示。界面分为表头和表体（提运单信息）。

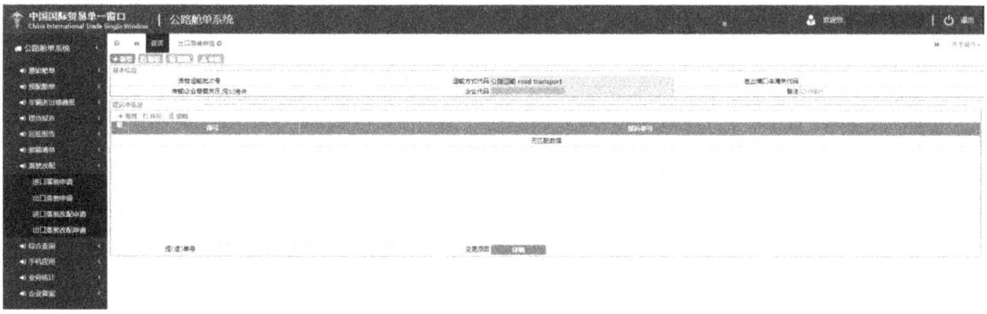

图 6-38　出口落装申请界面

（1）表头。

请参考进口落装申请表头。

（2）表体。

请参考进口落装申请表体。

①新增

请参考进口落装申请表体新增。

②删除

请参考进口落装申请表体删除。

③修改

请参考进口落装申请表体修改。

2. 暂存

请参考进口落装申请暂存。

3. 删除

请参考进口落装申请删除。

4. 申报

请参考进口落装申请申报。

八、落装改配

对于已办理落装手续的货物，如需改装其他车辆出境，舱单传输人应当向海关提交改配申请，经海关审批通过后再办理其他后续手续。

（一）进口落装改配申请

企业完成进口落装改配的数据录入，录入完成后向海关发送申报信息。进口落装改配功能模块包括舱单数据录入、暂存、删除、申报功能。

1. 录入

点击左侧菜单栏“落装改配”→“进口落装改配申请”，右侧区域展示录入界面如图 6-39 所示。界面分为表头和表体（提运单信息和集装箱信息）。

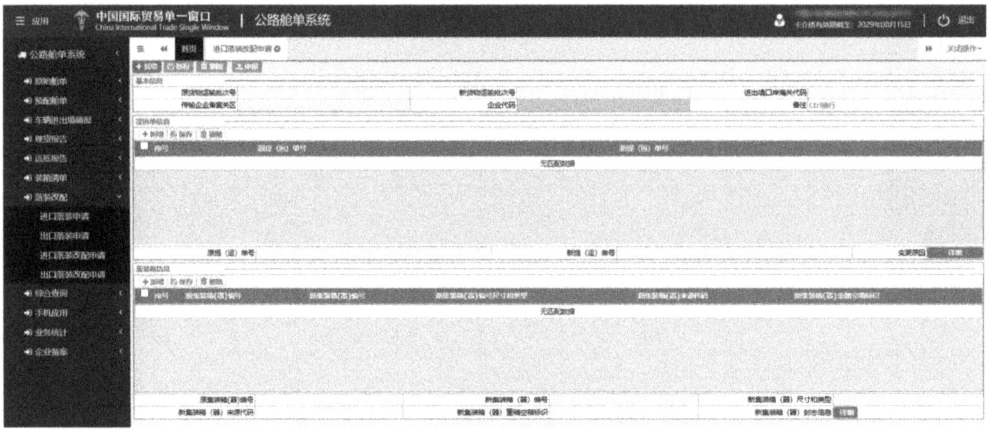

图 6-39　进口落装改配申请界面

（1）表头。

点击界面上方的蓝色按钮所进行的操作，将影响当前的整票数据。

①各录入字段中，带黄色输入框的字段为必填项，置灰输入框的字段为系统返填项或不可修改项。

②暂存前，表头必填项信息必须填写，否则不可暂存。

③系统根据企业备案信息自动返填该企业的“传输企业备案关区”“企业代码”。

④表头信息录入完成后，点击“暂存”按钮，系统保存表头数据，然后可以依次录入表体信息，表头信息不暂存时，表体信息仍可录入。

（2）表体。

进口落装改配表体为集装箱表体和提运单表体，包括新增、暂存、删除、申报功能。

①新增

A. 录入提运单信息时，应该先录入信息再点击提运单的“新增”按钮。直接点击“新增”按钮则提示“提（运）单号不能为空”。

B. 录入提运单信息时，点击变更原因“详细”按钮。

C. 观察变更原因描述、变更申请联系人姓名、变更申请联系人电话录入框底纹颜色，如果为黄色底纹，则该三个录入框必须录入正确内容；如果为白色底纹，则可录入内容或者不录入任何内容。之后，点击“关闭”按钮，关闭变更原因页面。

D. 录入集装箱信息时，应该先录入信息再点击“新增”按钮。直接点击“新增”按钮则提示“集装箱（器）编号不能为空”。

E. 提运单或者集装箱表体录入信息后，点击“进口落装改配申请”界面中提运单的“新增”白色按钮，提运单或者集装箱列表中新增一条提运单或者集装箱信息。

F. 新增集装箱信息的时候，必须选中一条提运单数据，提运单信息会显示在录入框中，否则系统会提示“请选中一条提运单数据”。

②删除

在“进口落装改配申请”界面表体列表中选择一条提运单或者集装箱信息，点击“删除”白色按钮，再点击“确定”按钮，将删除本条表体数据。如果未选择任何一个表体数据则出现“请勾选需删除的数据”的提示。

③修改

在“进口落装改配申请”界面表体列表中选某条提运单或者集装箱信息，当前提运单或者集装箱信息会显示在输入框中，直接在输入框中修改。修改完成后点击“新增”或“保存”按钮，则成功修改当前提运单或集装箱信息。

2. 暂存

表头必填项录入完成之后，点击“进口落装改配申请”界面上方的“暂存”按钮，可对当前录入的内容进行保存，系统弹出提示框提示“暂存”成功。

3. 删除

可删除整票进口落装改配数据。点击“进口落装改配申请”界面上方的“删除”按钮，系统将提示用户是否删除当前数据，删除的数据将不可恢复，需谨慎操作。

小提示

进口落装改配申请暂存成功后，“删除”和“申报”按钮方可激活，点击操作。

4. 申报

进口落装改配数据录入完毕，可点击“进口落装改配申请”界面上方的“申报”按钮，进行申报。

小提示

1. 申报即意味着录入的数据将向相关业务主管部门发送，并等待其审批。

2. 申报时，必须选择提运单，才能申报成功，否则系统会提示“申报失败，请选中至少一条提运单信息”。

（二）出口落装改配申请

企业完成出口落装改配的数据录入，录入完成后向海关发送申报信息。出口落装改配申请功能模块包括舱单数据录入、暂存、删除、申报功能。

1. 录入

点击左侧菜单栏“落装改配”→“出口落装改配申请”，右侧区域展示录入界面如图 6-40 所示。界面分为表头和表体（提运单信息、集装箱信息）。

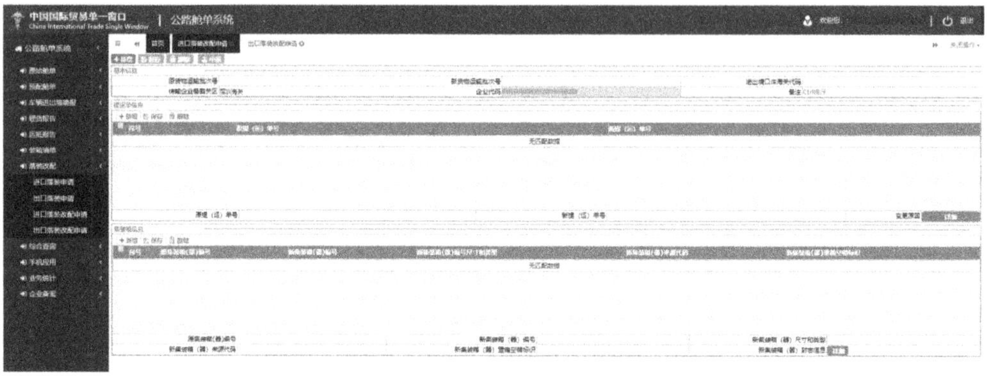

图 6-40　出口落装改配申请界面

（1）表头。

请参进口落装改配申请表头。

（2）表体。

请参进口落装改配申请表体。

①新增

请参进口落装改配申请表体新增。

②删除

请参进口落装改配申请表体删除。

③修改

请参进口落装改配申请表体修改。

2. 暂存

请参进口落装改配申请暂存。

3. 删除

请参进口落装改配申请删除。

4. 申报

请参进口落装改配申请申报。

九、综合查询

企业完成舱单录入和申报后，可通过公路舱单申报系统查询申报结果，公路舱单申报系统提供“单证状态查询”和“海关回执查询”。

（一）单证状态查询

企业录入舱单数据后，点击“暂存”或“申报”后，即可通过单证状态查询模块，查询单证状态。

点击左侧菜单栏“综合查询”→“单证状态查询”，进入“单证状态查询”界面，如图 6-41 所示。

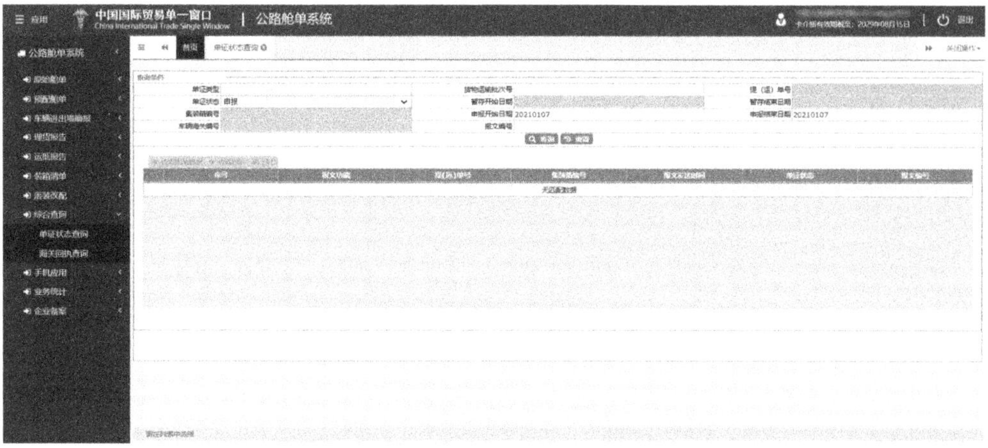

图 6-41　单证状态查询界面

输入相应的查询条件，点击“查询”按钮，系统查找符合条件的记录显示在查询列表中，如图 6-42 所示。点击“重置”按钮，则清空当前录入框内容和表体内容。

图 6-42　单证状态查询列表界面

小提示

查询条件中，单证类型必填；货物运输批次号、申报日期（需为时间段）、报文编号这三个条件至少填写一个。

1. 查看数据明细

在“单证状态查询列表”界面中，选择一条单证记录，点击“查看明细数据”按钮，页面跳转至相应的单证页面，页面返填会显示相应的数据。此时，数据允许编辑、修改，如图 6-43 所示。

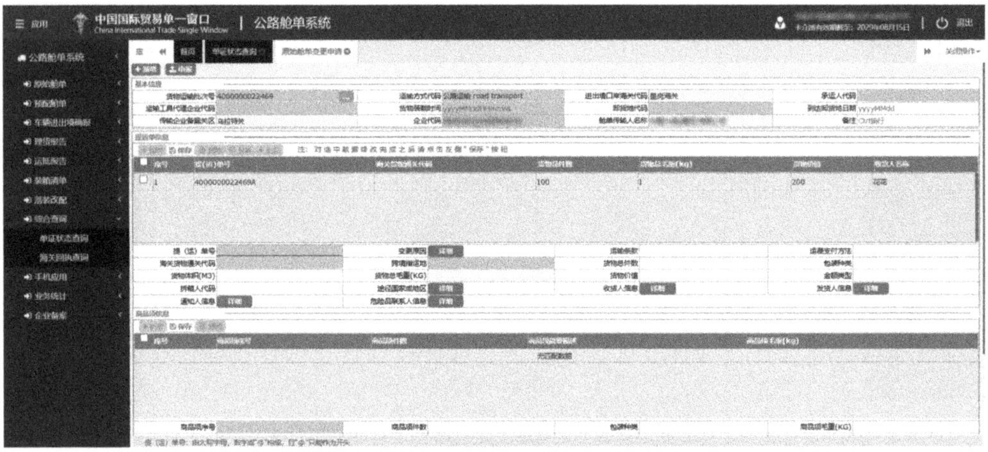

图 6-43　单证状态查询明细界面

小提示

1. 根据数据不同的单证状态，可进行不同的操作修改，如：申报过的数据修改后只能申报，暂存的数据可以进行暂存、删除或申报。

2. 修改需遵循当前单证页面的业务规则。

2. 查看回执

在“单证状态查询列表”界面中，选择一条单证记录，点击“查看回执明细”按钮，系统会跳转至“海关查询回执”界面，可在该界面查看海关回执的详细内容，如图 6-44 所示。

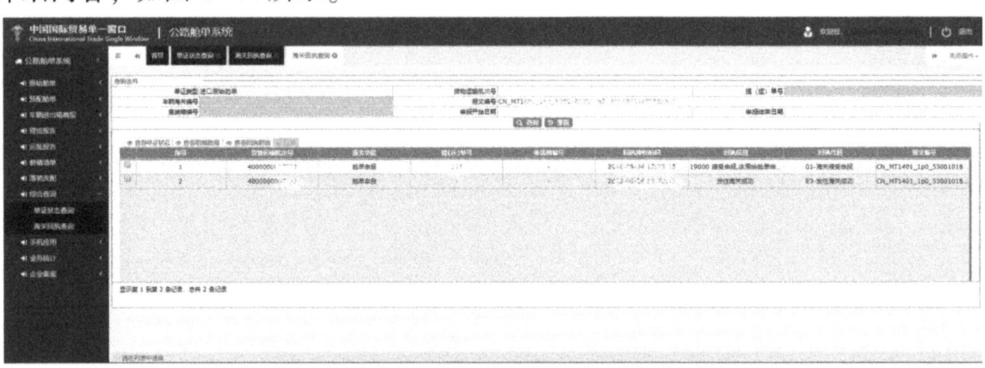

图 6-44　海关查询回执界面

3. 打印

在“单证状态查询列表”界面中，用户点击“打印”按钮，系统将生成一个 PDF 文件，可直接打印或保存文件。

小提示

满足如下两个条件才能激活“打印”按钮，其他情况置灰显示，不可点击。

1. 只能是载货车辆进出境确报的单证且申报过的。
2. 进出境口岸海关代码必须为 53 开头。

（二）海关回执查询

企业完成数据录入和申报后向海关发送申报信息。海关收到申报信息后，由关员进行审核，审核后将审核结果发送到公路舱单申报系统。企业可通过公路舱单申报系统中海关回执查询审核结果。

点击左侧菜单栏“综合查询”→“海关回执查询”，进入“海关回执查询”界面，如图 6-45 所示。

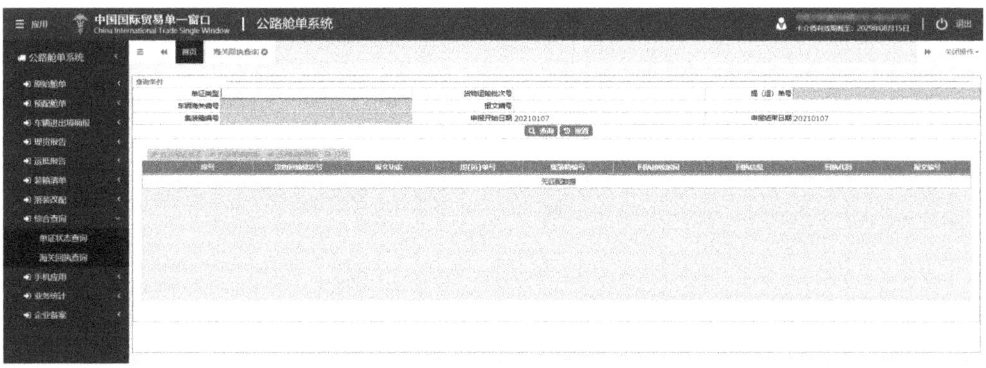

图 6-45　海关回执查询界面

输入相应的查询条件，点击“查询”按钮，系统查找符合条件的记录显示在查询列表中，点击“重置”按钮，则清空录入内容和表体数据。

小提示

查询条件中，单证类型必填；货物运输批次号、申报日期（需为时间段）、报文编号这三个条件至少填写一个。

1. 查看明细数据

海关回执查看数据明细可参考单证状态查询明细。

2. 查看回执明细

在“海关回执查询”界面中，选择一条海关回执记录，点击“查看回执明细"按钮，查看海关回执的详细内容，如图 6-46 所示。

图 6-46 海关回执明细界面

3. 查看单证状态

在"海关回执查询"界面中，选择一条海关回执记录，点击"查看单证状态"按钮，系统会跳转至单证状态查询页面，可在该页面查看单证状态的详细内容，如图 6-47 所示。

图 6-47 单证状态的详细界面

4. 打印

“海关回执查询”界面的“打印”按钮可参考“单证状态查询”界面的“打印”按钮。

十、手机应用

为配合手机端功能，公路舱单系统提供手机端申报设置和查询等操作，包括手机用户授权管理、手机应用设置、人工确认申报和已确认申报数据这四个功能模块。

（一）手机用户授权管理

提供查看授权信息、修改授权信息、删除授权信息和新增授权信息功能。

点击左侧菜单栏“手机应用”→“手机应用授权管理”，进入“手机应用授权管理”界面，如图 6-48 所示。

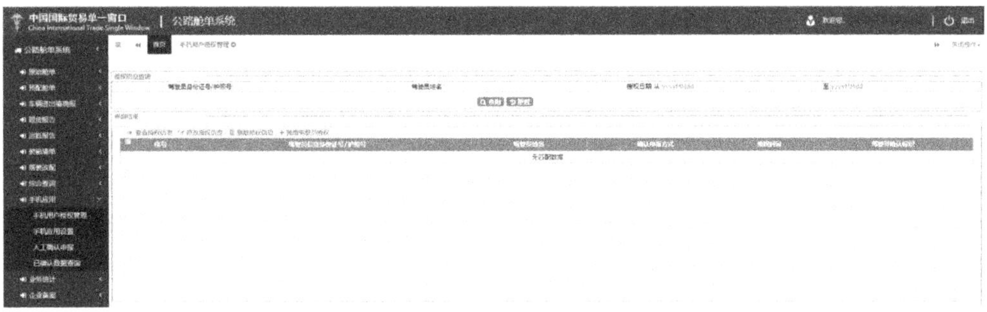

图 6-48　手机用户授权管理界面

输入相应的查询条件，点击“查询”按钮，系统查找符合条件的记录显示在查询列表中，点击“重置”按钮，则清空录入内容和表体数据。

小提示

查询条件中的驾驶员身份证号/护照号、驾驶员姓名和授权日期三个条件必须录入其中之一，否则出现“查询条件不能都为空，请填写”的提示。

1. 查看授权信息

在“手机用户授权管理”界面中，选择一条表体记录，点击“查看授权信息”按钮，弹出授权详细信息页面，页面返填会显示相应的数据。此时，数据不允许编辑，只允许查看，如图 6-49 所示。

图6-49 授权详细信息界面

2. 修改授权信息

在“手机用户授权管理”界面中，选择一条表体记录，点击“修改授权信息”按钮，弹出“修改授权详细信息”界面（如图6-50所示），页面返填显示相应的数据。此时，数据允许编辑，可以更改授权车辆信息和确认申报方式，修改完成后点击页面下方的“保存”按钮保存操作。

图6-50 修改授权信息界面

3. 删除授权信息

在“手机用户授权管理”界面中，选择一条表体记录，点击“删除授权信息”

按钮，页面弹出提示框，提示“确定要删除选中的记录吗”，点击“是”，删除该条授权信息；点击“否”不做任何操作。删除的数据将不可恢复，需谨慎操作。

4. 新增授权信息

在“手机用户授权管理”界面中，点击“新增驾驶员授权信息”按钮，弹出“驾驶员授权”界面（如图 6-51 所示），录入授权信息之后，点击页面下方“保存”按钮，保存操作。

图 6-51　驾驶员授权界面

（二）手机应用设置

点击左侧菜单栏“手机应用”→“手机应用设置”，进入“手机应用设置”界面，如图 6-52 所示。

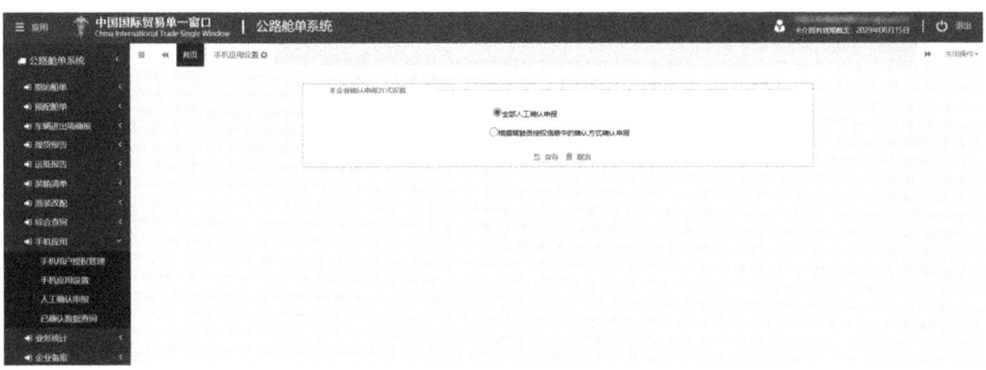

图 6-52　手机应用设置界面

有两种申报方式可选择：第一，全部人工确认申报；第二，根据驾驶员授权信息中的确认方式确认申报。选择申报方式之后，点击“手机应用设置”界面上的“保存”按钮，保存操作，也可选择点击“取消”按钮取消设置。

（三）人工确认申报

驾驶员通过手机端提交空载车辆进出境确报或者是空箱车辆进出境确报数据。需要人工确认申报的数据，会首先提交到人工确认申报模块。企业可以通过该模块查看驾驶员提交的数据明细，对数据进行申报或者是退回操作等。进入“人工确认申报”界面（如图 6-53 所示）时，首先会显示所有需要人工申报的数据，也可以手动录入查询条件查询。

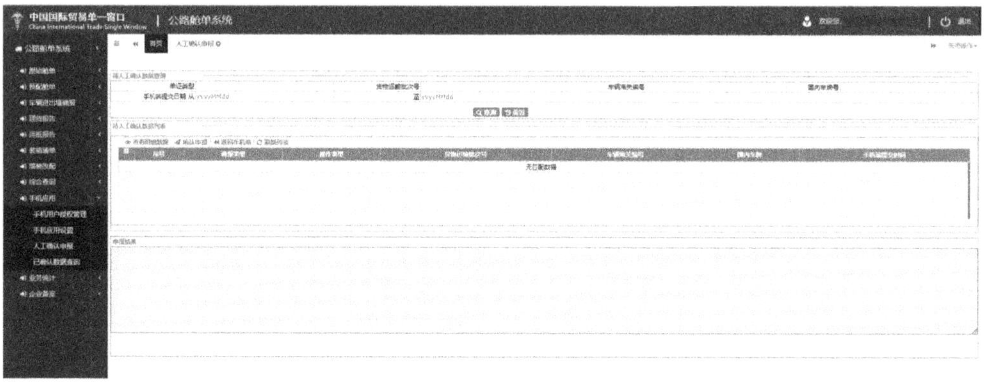

图 6-53　人工确认申报界面

1. 查看数据明细

在“人工确认申报”界面中，选择一条单证记录，点击“查看明细数据”按钮，页面跳转至相应的单证页面，返填显示相应的数据。此时，数据允许编辑，如图 6-54 所示。

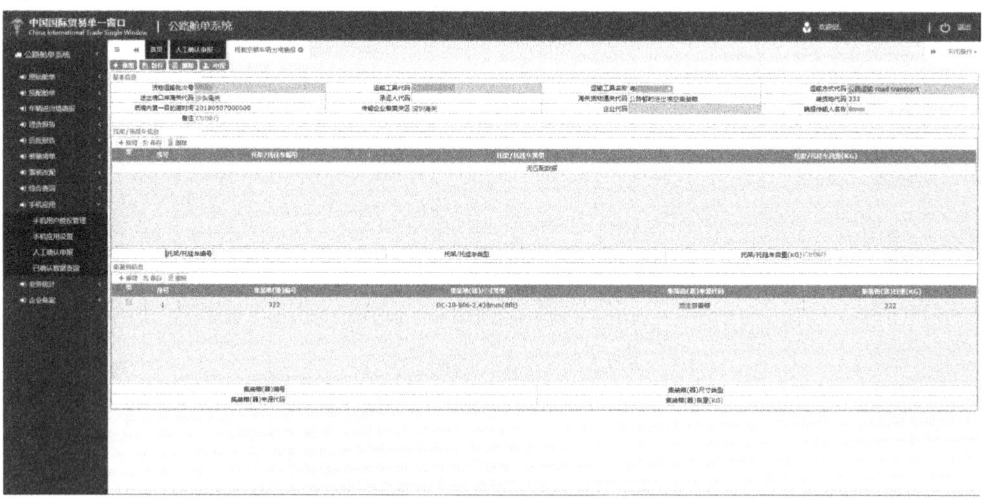

图 6-54　查看数据明细界面

小提示

1. 可以对数据进行修改，然后再申报，或者直接进行申报操作。
2. 修改需遵循当前单证页面的业务规则。

2. 确认申报

选中“人工确认申报”界面表体列表中的一条数据，点击“人工确认申报”界面上方的“确认申报”按钮。点击该按钮之后，如果申报成功，将会在人工确认申报下方的申报结果模块显示申报成功或者申报失败的结果。

小提示

申报即意味着录入的数据将向相关业务主管部门发送，并等待其审批。

3. 退回手机端

该模块可以实现一键退单操作。

选中“人工确认申报”界面需要退回手机端的数据，点击“人工确认申报”界面上方的“退回手机端”按钮，数据将被退回至手机端。“人工确认申报”界面的表体数据会被刷新，退回手机端的数据也将从表体中删除。

4. 刷新列表

点击“人工确认申报”界面上的“刷新列表”按钮，进行刷新操作。

（四）已确认申报数据

企业可以通过该模块查询通过手机端申报的数据，即已确认数据查询界面（如图6-55所示）。

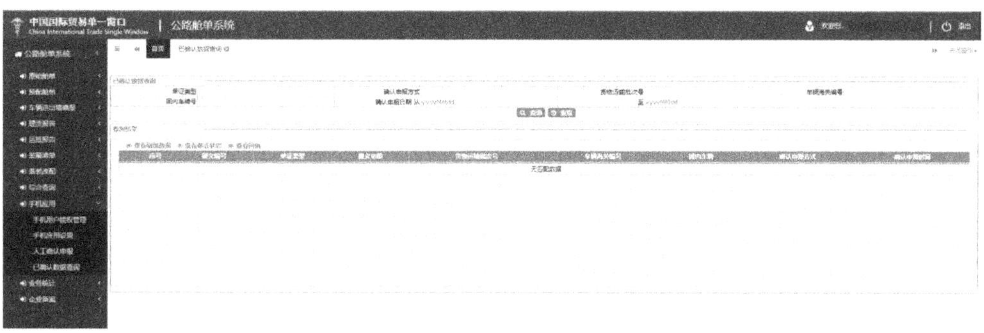

图6-55 已确认数据查询界面

输入相应的查询条件，点击“查询”按钮，系统查找符合条件的记录并显示在查询列表中；点击“重置”按钮，则清空当前录入框内容和表体内容。

1. 查看明细数据

请参考综合查询模块中的单证状态查询模块查看明细数据。

2. 查看单证状态

请参考综合查询模块中的海关回执查询模块查看单证状态。

3. 查看回执

请参考综合查询模块中的单证状态查询模块查看回执。

十一、业务统计

为运输企业开发业务统计功能，可按月统计舱单和确报的数量及某辆车的确报情况，并可导出统计结果。

（一）运输企业

点击左侧菜单栏“业务统计”→“运输企业”，右侧区域展示录入界面如图 6-56 所示。

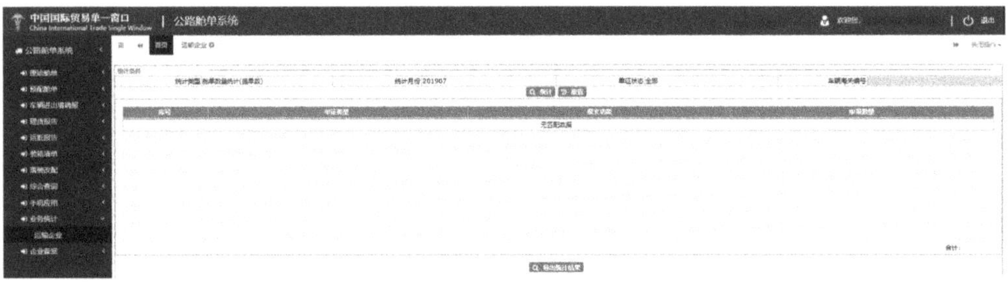

图 6-56　运输企业业务统计界面

输入相应的统计条件，点击“统计”按钮，系统查找符合条件的记录并显示在查询列表中，如图 6-57 所示；点击“重置”按钮，则清空当前录入框内容和表体内容。点击蓝色“导出统计结果”按钮，结果将被直接下载到默认文件夹。

图 6-57 统计结果界面

（二）企业备案

请参考水运和空运舱单企业备案模块。

第三节　常见问题

问题 1　通过导入客户端导入报文，在国际贸易“单一窗口”界面录入业务主键，查询不到数据，无法对数据做修改。

答　导入的数据需要通过综合查询界面进行查询，如图 6-58 所示，录入货物批次号或者报文编号之后，点击“查询”按钮，查看数据明细。页面跳转至申报界面，就可以对数据进行修改操作了。

图 6-58　综合查询——查询数据明细界面

问题 2 预配舱单申报的时候提示“收货人信息不能为空”，修改之后，再次申报还是不成功。

答 收货人姓名为必填项。选中需要申报的提运单，当提运单数据返填到表体录入框中之后，点击收货人信息“详细”按钮（如图 6-59 所示），录入完成收货人信息之后，关闭弹框，再次点击提运单表体左上方的“保存”按钮，最后再勾选需要申报的提运单表体，点击表头“申报”按钮，进行申报。

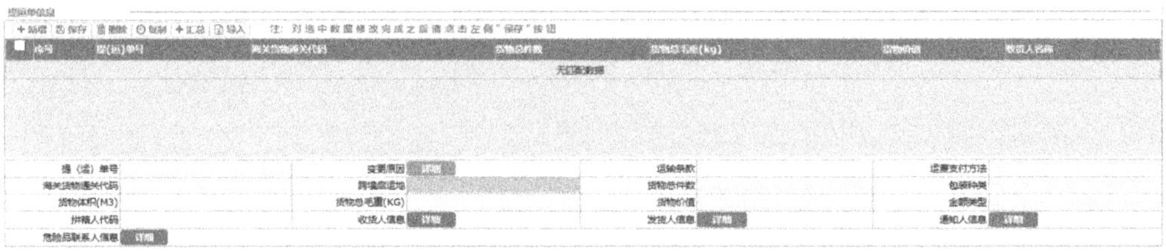

图 6-59 预配舱单申报操作明细界面

问题 3 企业在进行原始舱单或者预配舱单变更申请或删除申请界面录入完成变更原因描述、变更申请联系人姓名、变更申请联系人电话之后，点击界面上方的“保存”按钮，提示“变更原因不能为空”，但是变更原因已经填写完成了，应如何处理。

答 变更原因界面上方的“新增”“保存”“删除”按钮是对变更原因的新增、保存、删除操作，下方的三个录入框填写完成即可。如果需要修改或者删除这三个录入框中的内容，所有数据填写完整之后，点击最下方的“关闭”按钮即可。

问题 4 企业在预配舱单录入 HS 编码申报的时候，有时候会出现提示“HS 编码不能为空”，有的时候没有提示。应如何判断什么时候该填写 HS 编码，什么时候不该填写 HS 编码？

答 可参考表头“中蒙数据交换项”录入框（如图 6-60 所示），如果该录入框返填内容，则 HS 编码必填，如果该录入框为空，则 HS 编码选填。

图 6-60 “中蒙数据交换项”录入框界面

问题 5 原始舱单或预配舱单申报的时候出现提示“申报失败，商品项不能为空”，录入商品项信息之后，点击表头申报按钮还是申报失败，请问是什么原因？

答 商品项信息和集装箱信息录入的时候，需要选中提运单信息（提运单信息返填到提运单表体录入框中，如图 6-61 所示），然后再录入商品项信息，录入完商品项信息之后，点击商品项信息表体的“保存”或“新增”按钮，最后选中需要申报的提运单表体，点击表头的“申报”按钮进行数据申报。

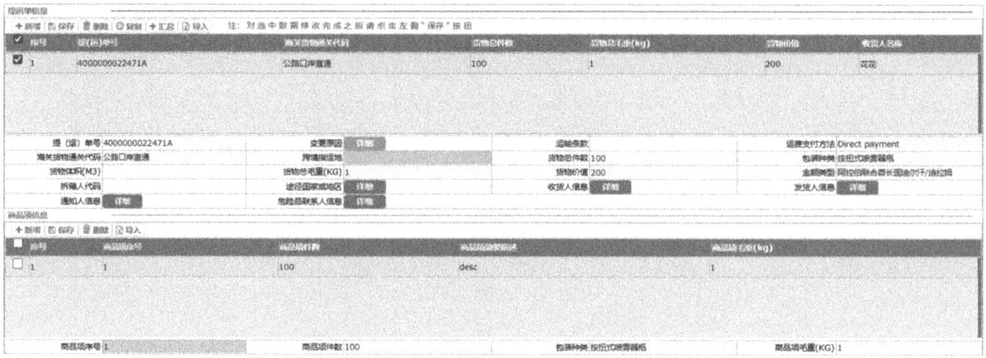

图 6-61　提运单表体录入框界面

问题 6　原始舱单数据已经申报过并且海关已经接受申报，其中某提运单需要改配，通过国际贸易“单一窗口”公路舱单申报系统的落装改配模块提交进口落装改配申请之后，海关接受申报，但是这个时候发现有数据填写错误，需要删除该数据，应如何怎么操作？

答　“单一窗口”公路舱单申报系统的原始舱单和预配舱单模块提供舱单变更和舱单删除功能。如果用户发现已经申报并且单证状态为海关接受申报状态的数据有错误，可以直接通过变更申报进行修改，也可通过删除申报进行删除操作。如果通过落装改配或者落装申请模块进行申报，一定要谨慎操作，因为一旦使用这两个模块申报之后，数据将无法再通过舱单模块的变更申请和删除申请进行修改和删除操作。如果企业出现这种情况，需要直接联系海关修改。

问题 7　应如何快速录入舱单数据？

答　国际贸易“单一窗口”公路舱单申报系统提供提运单复制功能和整单复制功能，如下所述。

提运单复制：录入提运单信息以及该提运单对应的商品项信息和集装箱信息后，在提运单表体中选中该提运单点击提运单表体的白色“复制”按钮，如图 6-62 所示，录入新的提运单号之后，再次点击提运单表体的白色“保存”或“新增”按钮，保存数据。

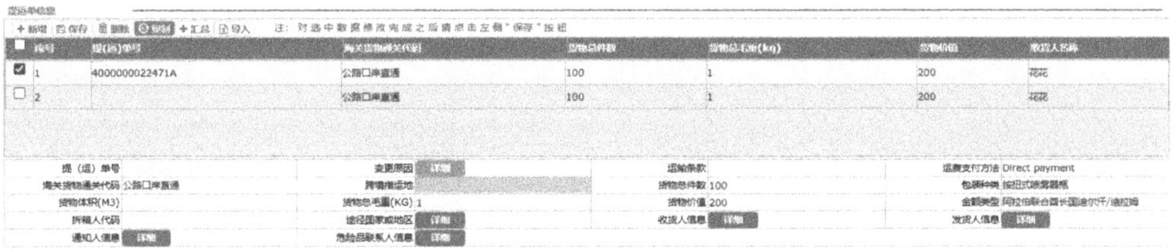

图 6-62　提运单复制界面

整单复制：原始舱单或预配舱单数据暂存或申报之后，点击表头蓝色“复制”按钮，系统将复制一条相同数据返填到界面中，清空货物运输批次号，其他数据保持不变。此时可以快速修改当前数据，修改完成之后，可进行暂存或申报操作。

问题 8　“运抵报告”界面录入几条提运单信息和几条集装箱信息之后，进行暂存操作，然后选中要申报的数据，进行申报操作，这时候，从界面录入货物运输批次号返填的数据和通过综合查询界面查询数据明细的数据不一样，是为什么？

答　所有的单证类型，通过界面录入业务主键之后返填的数据，是暂存操作的时候保存的所有数据，而通过综合查询界面查询到的数据是向海关提交申报的数据，所以有时候会不一样。